JN183908

松下佳代・京都大学高等教育研究開発推進センター［編著］

勁草書房

Marton, F. (2007). Towards a pedagogical theory of learning. In N. Entwistle, P. Tomlinson, & J. Dockrell (Eds.), *Student learning and university teaching*, BJEP Monograph Series II, No.4 (pp.19-30).

Mazur, E. (1997). Understanding or memorization: Are we teaching the right thing? In J. Wilson (Ed.), *Conference on the Introductory Physics Course on the occasion of the retirement of Robert Resnick* (pp.113-124).

プロローグ

日本では、2000年代に入ってから、大学教育における「教育から学習への転換」の鍵としてアクティブラーニングに注目が集まるようになりました。2012年8月に出た中央教育審議会「新たな未来を築くための大学教育の質的転換に向けて（答申）」でも、アクティブラーニングはキーワードの1つとなっています。しかし、日本でのアクティブラーニングのとらえ方は、「学習に対する学生の能動的な参加を取り入れた教授・学習法の総称」といったものであり、アクティブラーニングの実践も往々にして、グループワーク、ディスカッション、プレゼンテーションなどの活動を組み込んだ授業形態というレベルにとどまっているように思われます。

今求められているのは、単なるアクティブラーニングではなく、ディープなアクティブラーニングです。アクティブラーニングが学習の形態に焦点をあてるのに対して、ディープ・ラーニングは学習の質や内容に焦点をあてます。

ディープ・アクティブラーニング（deep active-learning：DAL）とは、学生が他者と関わりながら、対象世界を深く学び、これまでの知識や経験と結びつけると同時にこれからの人生につなげていけるような学習のことを意味します。

ディープ・アクティブラーニングはどのようにして生起するのでしょうか。ディープ・アクティブラーニングを生じさせやすくするには、どのようなカリキュラム、授業、評価、学習環境が求められるのでしょうか。本書では、このような問いに対して、理論と実践を結びつけながら答えていきたいと思います。

松下　佳代

ディープ・アクティブラーニング

――大学授業を深化させるために――

目　次

第Ⅱ部　さまざまなフィールドでの試み

序　章

ディープ・アクティブラーニングへの誘い

松下　佳代

本書で伝えたい中心的なメッセージは、「大学での学習は単にアクティブであるだけではなく、ディープでもあるべきだ」ということである。なぜ、学習はアクティブであるだけでなく、ディープでもなければならないのか。「ディープ」であるとはどういうことか。それを冠することによって、アクティブラーニングはどう違ってくるのだろうか。この序章では、これらの問いに答えながら、「ディープ・アクティブラーニング」への扉を開くことにしよう。

1. アクティブラーニングとは

そもそもアクティブラーニングとは何を意味するのだろうか。ボンウェルとアイソンの "Active Learning: Creating Excitement in the Classroom（「アクティブラーニング―教室に躍動を生み出す―」)" (Bonwell & Eison, 1991) はアクティブラーニングについて整理した先駆的著作で、今でも最もよく引用される論文の1つだ。このなかでは、アクティブラーニングの一般的特徴として以下の点があげられている。

(a) 学生は、授業を聴く以上の関わりをしていること
(b) 情報の伝達より学生のスキルの育成に重きが置かれていること
(c) 学生は高次の思考（分析、総合、評価）に関わっていること
(d) 学生は活動（例：読む、議論する、書く）に関与していること

（e）学生が自分自身の態度や価値観を探究することに重きが置かれていること

その上で、アクティブラーニングを「学生にある物事を行わせ、行っている物事について考えさせること」（p. 2）と定義している。つまり、行為すること、行為についてリフレクションすることを通じて学ぶことが、アクティブラーニングだというわけである。本書にも寄稿してもらったハーバード大学のエリック・マズール（Eric Mazur）は「テレビでマラソンを見ているだけではマラソンランナーになれないのと同じように、科学でも、教師がやっているのを見ているだけではなくて、科学する（doing science）思考プロセスを経験しなければならない」[1)]という。ここでも、科学する思考プロセスを学ぶには、それを実際にやってみた上で、そのプロセスを自覚できること（行為とリフレクション）が重要であることが主張されている。

わが国の大学教育におけるアクティブラーニングは、2012 年 8 月に出された中央教育審議会答申「新たな未来を築くための大学教育の質的転換に向けて―生涯学び続け、主体的に考える力を育成する大学へ―」（いわゆる「質的転換答申」）や、それを受けて開始された「大学教育再生加速プログラム」（AP）によって、いわば“公定の教育方法”になり、普及に拍車がかかった。質的転換答申では、アクティブラーニングを、「教員による一方向的な講義形式の教育とは異なり、学修者の能動的な学修への参加を取り入れた教授・学習法の総称」と定義し、それによって「認知的、倫理的、社会的能力、教養、知識、経験を含めた汎用的能力の育成を図る」とされている。ボンウェルとアイソンの整理した 5 つの特徴と見比べると、(a)(b)(d)が強調されていること、とくに「教員による一方向的な講義形式の教育」との対比が明確に打ち出されていることがわかるだろう。

また、溝上（本書第 1 章）は、「一方向的な知識伝達型講義を聴くという（受動的）学習を乗り越える意味での、あらゆる能動的な学習のこと。能動的な学習には、書く・話す・発表するなどの活動への関与と、そこで生じる認知プロセスの外化を伴う」（p. 32）と定義している。この定義では、上の特徴に加えて、「認知プロセスの外化を伴う」ことにも目が向けられている。

本章では、アクティブラーニングの包括的な定義としてボンウェルとアイソ

ンの定義を採用し、アクティブラーニングの一般的特徴として、(a)〜(e)の特徴に、

（f）認知プロセスの外化を伴うこと

を加えた6つの特徴をあげることにする。その上で、なぜ、大学での学習はアクティブであるだけでなく、ディープでもあるべきなのかを論じていきたい。

2. アクティブラーニングの抱える問題

(1) 調査と事例から

アクティブラーニングは、「大学のユニバーサル化」と「学士力、社会人基礎力などさまざまな〈新しい能力〉の要請」という背景のなかで、かつては“インプットだけの、一方向的で、受動的な講義形式”が主流だった大学授業に引導を渡し、学習者中心のパラダイムへの転換をはかるための牽引役として登場し、普及してきた。

だが、アクティブラーニングは大学授業改革の万能薬ではない。実際、アクティブラーニングが必ずしも期待されているような効果を上げていないこと、それどころかむしろ期待と相反するような結果を招いていることすらあるということを示すいくつかの証拠がある。

①ベネッセが全国の大学生約5千人を対象に実施した「第2回大学生の学習・生活実態調査」（ベネッセ, 2013）によれば、近年、グループワーク、ディスカッション、プレゼンテーションなどを取り入れたアクティブラーニング型授業が増えているにもかかわらず、「単位をとるのが難しくても、自分の興味のある授業がよい」と考える学生より、「あまり興味がなくても、単位を楽にとれる授業がよい」と考える学生が48.9%（2008年）から54.8%（2012年）に増えている。また、学生生活についても、「学生の自主性に任せる」より「大学の教員が指導･支援するほうがよい」と考える学生が、15.3%から30.0%に急増した。アクティブラーニング型授業が普及するほど、学習や学生生活に対する学生の受け身の姿勢が強まるという皮肉な結果になっている。

②MIT（マサチューセッツ工科大学）のTEAL（Technology-Enabled Active Learning）[2)]は、テクノロジーを利用したアクティブラーニングのための学習環

境として知られ、わが国でも、東京大学駒場キャンパスのKALS（Komaba Active Learning Studio）をはじめ学習環境のデザインに大きな影響を与えてきた（本書第1章参照）。TEAL教室には9人がけの大きな丸テーブルが13台並べられ、学生たちは、ネットワーク・コンピュータ、クリッカー、多面スクリーン、ホワイトボードなどを活用しながら、インタラクティブで協働的なアクティブラーニングを展開していく。

だが、TEALの授業が学生に全面的に受け入れられているわけではない[3)]。TEALのことがニューヨークタイムズで紹介されると、賛否両論の激論が巻き起こった。最も多くの支持を得たのはこんな意見だった。「大学は［アクティブラーニングと講義の］両方のオプションを提供すべきだ。アクティブだけれど気が散りやすい騒がしい教室より、熟練の教員に指導を受けアイディアを展開してもらいながら、自分で静かに思慮にふけることのできる環境の方が学びやすいという人もいる。だが、誰にとっても有効なのは、自分のペースで進めるチャンスと、なすことによって学ぶ機会だ」[4)]。

実際、MITでは、TEALでのアクティブラーニングによる科目だけでなく、TEALに講義とレシテーション（クラスをいくつかのグループに分けて行われるディスカッションなどのセッション）を組み合わせた科目や、理論的に高度な内容を教える科目なども並行して提供されている[5)]。

③森（本書第1章コラム）は、さまざまなアクティブラーニングの授業を参観した経験から、アクティブラーニングにおいても、講義形式の授業でみられた「学生の学びの質の格差」という課題は解決されておらず、一方で、「フリーライダーの出現や、グループワークの非活性化、思考と活動に乖離があるアクティブラーニング」（p. 53）など新たな問題が生まれていると指摘している。この指摘は筆者自身の授業経験や授業参観経験とも合致するところが多い。

(2) 双子の過ち

なぜ、このような事態が生じるのだろうか。ウィギンズとマクタイ（Wiggins & McTighe, 2005）は、「網羅（coverage）に焦点を合わせた指導」と「活動に焦点を合わせた指導」を、指導における「双子の過ち」と呼んでいる（邦訳p. 4）。前者は、教科書や講義ノートに書かれた内容をくまなく教えようとするものであり、後者は、授業を聴く以外のさまざまな活動に学習者を参加させることで学ばせようとするものである。

すでにみたように、アクティブラーニングは講義形式の授業、いいかえれば「網羅に焦点を合わせた指導」に対するアンチテーゼとして登場してきた。だが、そのアンチテーゼの振り子が、今度は、「活動に焦点を合わせた指導」の方へ振れてしまったというのが現在の状況ではないだろうか。「双子の過ち」という言葉が示すとおり、「網羅に焦点を合わせた指導」と「活動に焦点を合わせた指導」はどちらも、効果的な学習を生起させていないという点で、表裏一体の関係にある。

アクティブラーニングを導入しても未解決のまま残っている問題、そして新たに生まれてきた問題として以下のような点があげられるだろう。

〈1〉知識（内容）と活動の乖離

アクティブラーニングを行うと、活動に時間を取られて、知識（内容）の伝達に使える授業時間は減る。また、高次の思考を行わせるには、それに見合う知識（内容）の獲得が必要になる。両者はどう関係づけられ、どう両立させることができるのだろうか。

〈2〉能動的学習をめざす授業のもたらす受動性

アクティブラーニングでは、活動が構造化され、学生を活動に参加させる力が強く働く分、逆に学生は自らの意思で活動に参加するかどうかを決定することを求められなくなる。また、アクティブラーニングは往々にしてグループ活動として行われるため、個々の学生の責任がかえって曖昧になることもある。アクティブラーニングが本来めざす能動性を実現するには、何が必要なのだろうか。

〈3〉学習スタイルの多様性への対応

アクティブラーニング型授業が講義よりよい授業だという価値観の下では、アクティブラーニングを好まない学生は、従来型の学習観を変えられなかったり、自分のエネルギーや時間を学習に割くことを忌避したりしている学生とみられやすい（cf. Cain, 2012）。アクティブラーニングは学生の学習スタイルの多様性を考慮することができているか。

このうち、ディープ・アクティブラーニングはとくに、〈1〉の知識（内容）と活動の乖離という問題を中心に、アクティブラーニングを再構築していこうとするものである。まずは、アクティブラーニングの根底にあると思われる理論や考え方を問い直すことから始めよう。

3. 知識と活動の関係[6]

(1) 学習活動の構造

さまざまな学習論において、学習（学び）[7]は、〈学習者（自己）〉と〈対象〉と〈他者〉という3つの構成要素とその相互関係によって描き出されてきた。たとえば、佐藤学は、学びを「学習者と対象世界との関係、学習者と他者との関係、学習者と彼／彼女自身（自己）との関係、という3つの関係を編み直すこと」と定義し、これを「学びの三位一体論」と名づけた（佐藤, 1995）。

活動理論にもとづく学習論を展開しているヘルシンキ大学のエンゲストローム（Engeström, Y.）は、上の三者を〈主体〉、〈対象〉、〈共同体〉と捉えた上で、それらを結びつける媒介項として〈道具〉、〈分業〉、〈ルール〉を措定した「活動システムモデル（activity system model）」を提示している（Engeström, 1987, 1994）。道具には、物質的・外的な道具だけでなく言語・記号・知識などの象徴的・内的な道具も含まれ、分業（division of labor）は、共同体のメンバー間の仕事や役割の分担や権力関係などをさし、ルールは、行為や相互行為（インタラクション）についての明示的あるいは暗黙的な規則・規範・慣習などを意味している。主体は、道具を介して対象に働きかけ、結果へと変換するが、それはまた、主体が、共同体の他のメンバーと仕事・役割を分業・分担し、ルールを共有しながら、共同体に参加していくことでもある。このような活動として学習を捉えるのである（図 序-1 参照）。

講義とアクティブラーニングの違いをこの活動システムによって説明すると、以下のようになる。

講義で活動の**主体**に位置づくのは教員であり、**対象**は学生である。教員は教科書や黒板などを**道具**として学生に知識を伝達し、その**結果**は試験やレポートによって評価される。教員と学生たちは、半期の間せいぜい週に一度顔を合わ

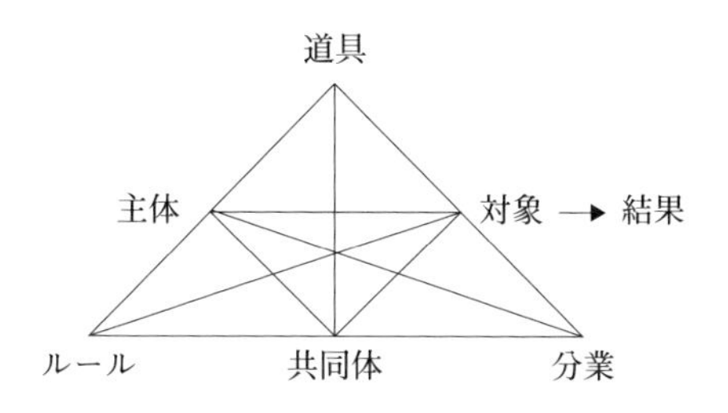

図 序-1　活動システムモデル
（出典）Engeström（1987, 邦訳 p. 79）より一部改変。

せるだけで、**共同体**は形式的にしか存在していない。教員と学生の間には、教員が話し、板書し、学生が聴き、ノートをとるという**分業**が成立している。出席はどのくらい必要か、遅刻や私語はどの程度認められるかなどの**ルール**は、教員から直接伝えられることもあれば、暗黙のうちに示されることもある。

一方、アクティブラーニングでは、学生が**主体**の座にすえられる。授業は、学生が何を行い、何ができるようになったかで記述されるようになる。**対象**は、たとえばPBL（Problem-Based Learning）であれば「問題」であり、学生が取り組む価値とリアリティのある問題が選ばれる（本書第8章参照）。問題の解決のための**道具**として必要な知識は、学生たちが授業外での個別学習で自ら探索するか、同じ時期に講義を通じて提供される。また、PBLでは、授業のプロセスにそって、教員がファシリテータとなり学生同士でグループ学習を行う段階、個々の学生が授業外で個別学習を行う段階というふうに**分業**のしかたが明確に**ルール**化されている。こうして、学生たちが教員の支援の下で問題を解決できれば、それが**結果**となる。このようなPBLを繰り返しながら半期をともに過ごした学生や教員は、通常の講義に比べてはるかに実質的な**共同体**を形成しやすくなるだろう。

ただし、これは、アクティブラーニングがうまくいった場合の話である。グループ活動は、学習を促進するばかりでなく、抑制する方向に働く場合もある。たとえば、そこそこの労力でまあまあの結果を出すということがグループ内で暗黙の了解（暗黙的な**ルール**）となってしまっているような場合だ。また、グループ内での**分業**が許容される程度をこえて不均等になり、フリーライダーの出現を許してしまうこともある。さらに、道具となるべき知識が不十分なまま対象へのアプローチが行われれば、時間ばかりかかって中身の薄い結果しか生まないだろう。

このように、活動システムモデルを用いると、アクティブラーニングの特徴と陥りやすい問題が把握しやすくなる。

(2) 学習活動のプロセス

以上でみてきたのは、学習活動の構造だが、学習活動のプロセスはどのように理論化できるだろうか。ここでもエンゲストロームの論を手がかりにしよう。彼の理論は、マルトンら（Marton & Säljö, 1976）の「深い学習」論（後述）を包含していて、ディープ・アクティブラーニングと親和性が高いからである。

エンゲストロームは、学習活動のプロセスを、図序-2のような6つの学習ステップからなる「学習サイクル（learning cycle）」として描き出している（Engeström, 1994）。

学習サイクルの出発点は、学習者が出会う問題と既有知識や経験との間で生じるコンフリクトである（動機づけ）。つまり、自分のこれまでの知識や経験では目の前の問題に対処できないという事態に学習者が直面することである。このような事態に直面した学習者は、そのコンフリクトの解決をめざして学習活動を始める（方向づけ）。そして、そのために必要な知識を習得する（内化）。学習者は、その知識を実際に適用してコンフリクトの解決を試みるが（外化）、それは単なる知識の適用にとどまらず、往々にして、適用するなかで、その知識の限界が見つかり、再構築する必要に迫られる（批評）。最後に、学習者は、これまでの一連のプロセスを振り返り、必要に応じて修正を行いながら、次の学習プロセスへと向かう（コントロール）。

① 内化と外化

この学習活動のプロセスもまた、アクティブラーニングの特徴と陥りやすい問題点を浮き彫りにする。その1つが内化と外化である。

前述したように、「(f) 認知プロセスの外化を伴うこと」はアクティブラーニングの特徴である。「一方向的な知識伝達型講義」では授業の大半は知識の

動機づけ－方向づけ－内化－外化－批評－コントロール

図 序-2　学習サイクルの6つのステップ

内化に費やされ、外化といえば、記憶した知識を試験ではき出すことくらいしかなかったのに対し、アクティブラーニングは「認知プロセスの外化」を学習活動のなかに正当に位置づけた。これはアクティブラーニングの功績である。

だが、「外化のない内化」がうまく機能しないのと同じように、「内化のない外化」もうまく機能しない。内化なき外化は盲目であり、外化なき内化は空虚である。

アクティブラーニングでは、内化ばかりの講義を批判するあまり、内化がおざなりになりがちである。冒頭にあげたボンウェルとアイソンとの定義では、アクティブラーニングを「学生にある物事を行わせ、行っている物事について考えさせること」としていたが、この定義は、学習サイクルでいえば、ほぼ「外化」と「コントロール」にあたる。

これに対し、ディープ・アクティブラーニングでは、内化と外化をどう組み合わせるかが課題となる。実際、本書で取り上げるディープ・アクティブラーニングの事例では、反転授業（第1章コラム）、ピア・インストラクション（第5章）、PBL（第8章）のいずれにおいても、授業外での知識獲得と授業での問題解決やディスカッションという形で、内化と外化が組み合わせられている。

もっとも、内化と外化の関係は、内化から外化へという一方向的なものではない。いったん内化された知識は、問題解決のために使ったり人に話したり書いたりするなどの外化の活動を通じて再構築され、より深い理解になっていく（内化が深まる）。知識は内化される段階では、活動システムにおける〈対象〉の位置にある（たとえば「遠近法を理解する」というとき、「遠近法」は理解の対象である）。しかし、外化の段階では〈道具〉になる（たとえば「遠近法の点から芸術作品を分析する」というとき、「遠近法」は分析の道具になっている）。そして、道具として用いながら、その知識の理解はさらに深化していくのである。

② 学習サイクルのスパン

学習サイクルは、さまざまなスパンで展開される。1コマの授業でも、半期のコース（授業科目）でも、4年間の学士課程教育プログラムでも生じうる。たとえば、1コマの授業デザインにおいて、最初に問題を提示し、それに関する知識を伝えたあと、知識を活用しながら問題について議論したり発表したりするというのはよくあるやり方だ。コースデザインにおいては、アメリカの多くの大学でみられるように、1週間に50分の授業を3回ほどやり、そのなかで講義とグループディスカッション、演習などを入れれば、内化と外化を組み合わせやすくなる。

4年間の学士課程教育プログラムに広げると、日本の多くの大学・学部では、最終学年で卒業論文、卒業研究などを設定し、論文執筆や発表、口頭試問などさまざまな形態の外化を含む活動に時間をかけて取り組ませている。こうした外化が質の高いものになるためには、講義や学生自身の自学を通じて内化した知識理解の深さが不可欠である。

このように、学習サイクルは、授業単位でも、コース単位でも、プログラム単位でも具体化できるが、注意したいのは、〈学習サイクルが、教員だけでなく学生にも見えているか〉ということである。たとえば、理工系の教員のなかには、すぐれた卒業研究ができるには低学年時に基礎的な数学や物理学をしっかりたたき込むことが必要だと主張する人がいる。この場合、教員は4年間のスパンで学習サイクルを見ているのだが、学生にもそれが見えているとは限らない。学生にも学習サイクルが見えるようにするには、コースツリーを利用したり、卒業研究や修士研究を終えて基礎の重要性を感じている先輩学生と交流させたりすることが有効かもしれない。だがより有効なのは、4年間のスパンのなかに、もっと短い単位で学習サイクルを埋め込んで、学生自身に繰り返し学習サイクルを経験させ、学び方を学ばせていくことだろう。立教大学経営学部のように、リーダーシップ・プログラムと専門選択科目を並行的に配置し、リーダーシップと専門知識が自転車の両輪となるようカリキュラムを組んでいるところもある（河合塾, 2014；本書第9章参照）。また、新潟大学歯学部でも、PBLを中核として、その内容と関連づけながら講義やセミナーを配置することによって、学習サイクルを繰り返し経験させている（第8章参照）。

4.「深さ」の系譜

ここまで、アクティブラーニングの特徴やその陥りやすい問題点を検討しながら、ディープ・アクティブラーニングへの水路づけを行ってきた。では、「ディープ」であるとはどういうことなのか。以下では、ディープ・アクティブラーニングの理論的基盤として、学生の学習をめぐる「深さ」の系譜を整理してみたい。

(1) 深い学習

ディープ・アクティブラーニングの発想の元になったのは、「深い学習(deep learning)」、「学習への深いアプローチ(deep approach to learning)」の概念である(松下, 2009)。ヨーテボリ大学のマルトン(Marton, F.)やエディンバラ大学のエントウィスル(Entwistle, N.)らによって理論化され、イギリス、北欧、オーストラリアなどでは大学教育実践に広く浸透している。

① 学習への深いアプローチ

この研究の出発点となったのは、マルトンら(Marton & Säljö, 1976)によるこんな研究だった。学生は、後で質問するからと言われ、一編の論文を読むよう指示される。すると、学生たちのなかに、はっきりと異なる2つのアプローチが現れた。ある学生たちはテキストが伝えようとしている意味に焦点をあて、それをしっかり理解しようとしたのに対し、ある学生たちは、テストに出そうな情報の断片だけに焦点を合わせ、テキストそのままを自分の頭のなかに移し入れようとしたのである。マルトンらは前者を「深いアプローチ」、後者を「浅いアプローチ」と名づけた(表 序-1)。

その後の研究で、深いアプローチには、アイディアを関連づけながら全体のパターンや原理を探ろうとする「全体論(holist)」タイプと、証拠を検討しながら議論のロジックを組み立てようとする「段階論(serialist)」タイプがあるということがわかってきた。さらに、高い学習成果に結びつくアプローチとして、深いアプローチの他に、「戦略的なアプローチ(strategic approach)」が抽

表 序-1　学習へのアプローチの特徴

深いアプローチ……………………………………………意味を追求すること

意図：概念を自分で理解すること

〈によって〉

- 概念を既有の知識や経験に関連づける
- 共通するパターンや根底にある原理を探す
- 証拠をチェックし、結論と関係づける
- 論理と議論を、周到かつ批判的に吟味する
- 必要なら、暗記学習を用いる

〈その結果〉

- 理解が深まるにつれ、自分の理解のレベルを認識する
- 科目の内容に、より積極的な関心をもつようになる

浅いアプローチ…………………………………………………再生産すること

意図：授業で求められることをこなすこと

〈によって〉

- 授業を、互いに無関係な知識の断片としてとらえる
- 事実をひたすら暗記する、決まった手続きをひたすら繰り返す
- 目的もストラテジーも検討することなく勉強する

〈その結果〉

- 新しい概念を意味づけることが困難となる
- 授業や設定された課題にほとんど価値も意義も見出せない
- 課題に対して、過度のプレッシャーや不安を感じる

（出典）Entwistle（2009, p. 36）より訳出。

出された（対概念は、「無気力なアプローチ（apathetic approach）」）。深いアプローチの特徴が内容や意味に関心を向けることにあるのに対して、戦略的なアプローチの特徴は、メタ認知や学習の自己調整を意識的に行うことにある。エントウィスルは、これらの研究の知見を、図序-3のように整理している（Entwistle, 2000）。

なお、この図からはわかりにくいが、戦略的なアプローチは深いアプローチだけでなく、浅いアプローチとも結びつくことがある。たとえば、内容を十分に理解していないが試験対策に長けている学生は、「浅い戦略的なアプローチ」をとっているということになる。

②　ティーチングや評価の影響

学習アプローチは学習スタイルとは異なる。学習スタイルは、学習場面での

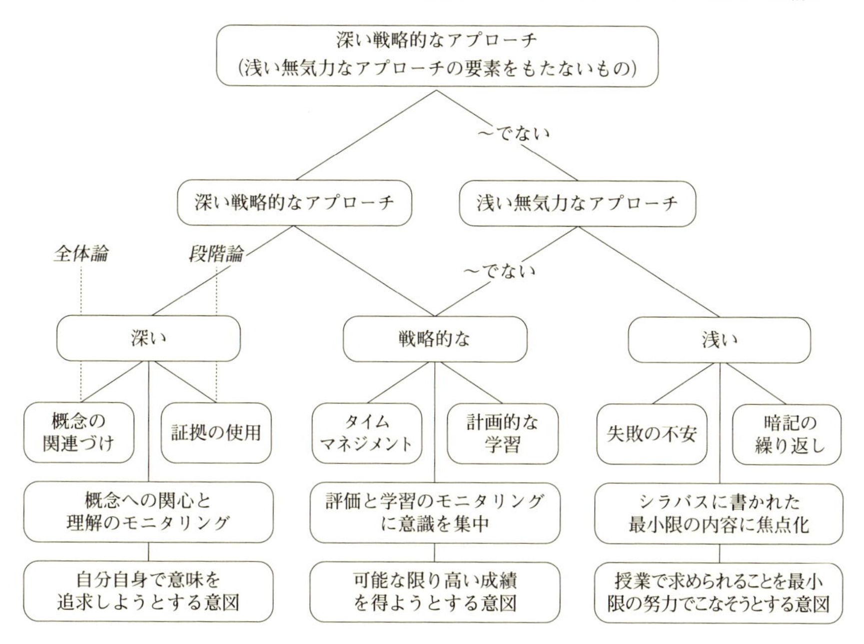

図 序-3　学習アプローチ
（出典）Entwistle（2000, p. 4）より訳出。

情報の獲得や処理の特徴的な様式であり、生得的な要因も含まれていて変化させにくい（青木, 2005)。これに対し、学習アプローチは、ある学生がある学習場面に置かれたときに、相対的にどのアプローチをとるかを示すものであり、したがって、学生と学習場面の相互作用の結果だといえる。

「深い戦略的なアプローチ」は、一般的に高い学習成果につながりやすいが、それは、評価方法が概念理解をきちんと評価するものである場合に限られる。評価方法が概念理解を評価するものでない場合はむしろ、浅い戦略的なアプローチの方が好成績をおさめることになってしまう。そして、それは長期的には高い学習成果にはつながらないのである。ここからわかるように、学生に深いアプローチをとるよう促すには、それにみあった教育のしかたが、ティーチング（カリキュラムや授業）だけでなく評価においても必要になる。ビッグズ(Biggs, J.) は、学生に身につけさせたい学習成果と、ティーチングや評価とを連動させることを「構成的な整合性（constructive alignment)」と呼んでいるが

(Biggs & Tang, 2011; 加藤, 2013)、この考え方は学習アプローチにもあてはまる。

③ 学習対象とバリエーション理論

エントウィスルとともに学習アプローチの理論を構築してきたマルトンが、深い学習を促す上で、近年、最も重視しているのが「学習対象（object of learning)」である（本書第3章参照)。マルトンはまず、学習対象のフェーズとして「意図された（intended）学習対象」、「実演された（enacted）学習対象」、「生きられた（lived）学習対象」を区別し、それぞれを学習目標、学習空間、学習成果と対応させている。教育する側からいえば、目標（カリキュラム)、授業、評価にあたる。

マルトンはまた、学習内容を「直接的な学習対象」、能力（capability）を「間接的な学習対象」と位置づけることによって、学習内容と能力を「学習対象」という概念の下に統合しようとしている。たとえば、「2次方程式**を解くことができる**」「光合成**を理解する**」「さまざまな統治形態の類似性と相違**を見ることができる**」「つなぐものと切り離すもの**という点から**、さまざまな宗教**を見ることができる**」といった学習目標（意図された学習対象）を例にとると、「2次方程式」「光合成」「統治形態」「宗教」が直接的な対象であるのに対し、「……を解くことができる」「……を理解する」「……という点から、……を見ることができる」といった能力は、間接的な対象にあたる（p. 97)。こうして、学習対象は、〈意図された―実演された―生きられた〉と〈直接的―間接的〉という2つの次元で捉えられることになる。

学習アプローチ論によってマルトンが把握しようとしたのは、同じテキストであっても、学習アプローチの違いによって、「生きられた学習対象」にいかにバリエーションが生じるか、ということであった。それに対して、本書のバリエーション理論では、直接的な学習対象に焦点をしぼり、それをどのようなバリエーションで提示するかによって、学習対象の理解がどう異なるかを明らかにしようとしている。つまり「意図された学習対象」や「実演された学習対象」にも目を向けることによって、教授学理論の構築に歩を進めたといえる。

オーストラリア・RMIT大学のボウデン（Bowden, J.）との共著 *The University of Learning: Beyond Quality and Competence*（『学習の大学―質とコ

ンピテンスをこえて―』）において、マルトンは、能力ベースの高等教育改革に警鐘を鳴らし、むしろ、予測困難な時代においてこそ、汎用的な能力以上に、対象を適確に認識することが重要になるのだと論じた（Bowden & Marton, 1998）。バリエーション理論は、この主張とつながる理論的試みである。

(2) 深い理解

学生の学習をめぐる「深さ」の第２の系譜としてあげたいのは、「深い理解」である。理解は深い学習の特徴でもあり、「深い学習」論と「深い理解」論には重なりがある。にもかかわらず、あえて別の系譜として取り出したのは、深いか浅いかという二分法にとどまらない理解の「深さ」の軸に光をあてたかったからである。

Understanding by Design（邦題『理解をもたらすカリキュラム設計』）で知られるカリキュラム研究者のマクタイ（McTighe, J.）とウィギンズ（Wiggins, G.）は、知の構造を図 序-4 のように図式化している（McTighe & Wiggins, 2004）。

この知の構造の特徴は、第１に理解の「深さ」の軸を描き出している点、第２に知識と知的操作の対応関係を示している点にある。

最も浅いレベルには、事実的知識と個別的スキルが、より深いレベルには、転移可能な概念と複雑なプロセスが、そして最も深いレベルには、原理と一般化が位置づけられている。転移可能な概念や複雑なプロセス、原理と一般化が「永続的理解（enduring understandings）」を構成する。永続的理解とは、「これから数年たって、学生が詳細を忘れ去った後に、何を理解しておいてほしいか、何を活用できる能力があってほしいか？」という問いへの答えとなるような理解であり、「学問の中心にあり、新しい状況に転移可能なもの」である（Wiggins & McTighe, 2005, 邦訳 p. 389f）。

ここで注意しておきたいのは、ウィギンズらの「理解」の概念である。彼らのいう「理解」は、説明、解釈、応用、パースペクティブ（批判的で洞察に富んだ見方）、共感（他の人の感情や世界観の内部に入る能力）、自己認識（自分の無知や、理解や偏見についての自覚）の６側面からなる複合的な概念である。

このような理解の捉え方は、アクティブラーニング論におけるそれとは異なっている。多くのアクティブラーニング論では、「ブルーム・タキソノミー

事実的知識	個別的スキル
(例) ・ヒトラーの台頭	(例) ・年表の作成
転移可能な概念	複雑なプロセス
(例) ・戦争における手段と目的(e.g. 原爆)	(例) ・歴史的な探究
原理と一般化	
(例) ・戦争の中には“正義の”戦争とみなされるものがある	

図 序-4　知の構造

（出典）McTighe & Wiggins（2004, p. 66）をもとに作成。

(Bloom's Taxonomy)」[8]にしたがって、認知領域を、〈知識―理解―応用―分析―総合―評価〉という階層的構造をなすものとして捉えているようにみえる。たとえば、ボンウェルらのいう「高次の思考（分析、総合、評価）」とは、まさにブルーム・タキソノミーにおける高次の認知過程にほかならない。一方、「知識」や「理解」は、ブルーム・タキソノミーでは低次の認知過程として位置づけられてきた。このことが、アクティブラーニング論において知識や理解があまり重視されてこなかった遠因にもなっているように思われる。だが、現在では、ブルーム・タキソノミー自体が改訂され、知識が「認知過程次元」とは独立した「知識次元」として正当に位置づけ直されている（石井, 2011, 第 3 章参照）。

ウィギンズらの「理解（understanding)」は、ブルーム・タキソノミーでの「理解（comprehension)」とは異なり、解釈や応用のようなより高次の段階も含み、概念的知識だけでなく手続的知識やメタ認知的知識も含む包括的な知の働きである。

これまでに述べてきたように、ディープ・アクティブラーニングでは、内化と外化を繰り返すなかで理解が深化するという見方をとっている。ウィギンズらの理解概念は、こうしたディープ・アクティブラーニングの理論的基盤となりうるものである。

(3) 深い関与

学生の学習をめぐる「深さ」の第3の系譜としてあげたいのは、学生の関与（student engagement）における「深さ」である。

学生の関与（involvement あるいは engagement）が大学教育のテーマとして注目されるようになったのは、1990年代初め頃からである（Pascarella & Terenzini, 1991）。さらに、北米でこの概念が広く浸透する推進力となったのが、1999年に開始された学生関与に関する調査、National Survey of Student Engagement（NSSE）であった。この調査は、学生が大学のリソースや教室内外の学習機会――正課の授業、留学やサービスラーニングなどの準正課のプログラム（co-curriculum）、クラブやサークルなどの正課外の活動――にどのくらいの時間や努力を投入して関与し、それによって自分の学びや成長につなげているか、逆にいえば、大学がそのようなリソースや機会を提供することによって、どのくらい学生の学びや成長にインパクトを与えられているか、を調査するものである[9)]。

NSSEのいう学生の関与とは、正課だけでなく準正課や正課外を含む教室内外の学習機会への学生の関与を意味しているが、本書でとくに焦点をあてているのは、正課の授業である。バークレー（Barkley, E. F.）は、大学授業における学生の関与を「ある連続体上で経験され、動機づけとアクティブラーニングの間の相乗的な相互作用から生み出されるプロセスとプロダクト（産物）である」（本書第2章, p. 65）と定義した上で、動機づけとアクティブラーニングからなる「二重らせんモデル」によって学生の関与を描いている。

ここでまず注目されるのは、学生の関与を連続体として捉えている点である。つまり、関与には、非関与から浅い関与、深い関与まで「深さ」の軸がある。「深い関与」は、幸福や創造性の研究で知られる心理学者チクセントミハイ（Csikszentmihalyi, M.）のいう「フロー（flow）」の概念に近い。いわば、熱中、没入、忘我の状態である。大学授業で、このような深い関与にまでいたることはそうないだろうが、「きょうの授業は面白くて時間が経つのが速く感じられた」といったことは多くの人が経験したことがあるだろう。このような主観的な時間感覚は、関与の深さを示す指標の１つである。

バークレーは、学生の関与を動機づけとアクティブラーニングの相互作用とみる。そして、「動機づけ」を期待（この課題が自分にやれそうか）と価値（この課題はやる価値があるか）の相互作用とし、アクティブラーニングを「頭（mind）がアクティブに関与しているということ」（p. 75）と定義している。深い学習（学習への深いアプローチ）や深い理解では隠れたテーマであった動機づけが、ここでは主題化されていることに注目しよう。これによって「深さ」の軸の情意面にも目が向けられることになった。もう１つ注目されることは、アクティブラーニングを、身体的に活発な学習（hands-on）よりもむしろ知的に活発な学習（minds-on）と捉えている点である。バークレーは、協働学習の技法に関するハンドブック（Barkley, Cross & Major, 2005）を書くほどの協働学習のエキスパートだが、その彼女の見方だけにこの定義には重みがある。

(4) ディープ・アクティブラーニングの意味

「深い学習」「深い理解」「深い関与」という、互いに異なるが関連しあう「深さ」の系譜をふまえれば、アクティブラーニングにおける能動性を、〈内的活動における能動性〉と〈外的活動における能動性〉に概念的に区別し、図序-5のように２次元的に描けるだろう（松下, 2009）。

バークレーの「頭（mind）がアクティブに関与しているということ」というアクティブラーニングの定義は、身体的活動と混同されやすいアクティブラーニングの現状に対して、〈内的活動における能動性〉を強調したものである（A または B）。つまり、「深い関与」とは内的活動の深まりを表わす言葉である。一方、ウィギンズらの指摘する「活動に焦点を合わせた指導」とは、外的活動は活発でも内的活動は不活発な学習（C）に終わっている指導であり、「網羅に焦点を合わせた指導」とは内容を網羅することだけに目を向けているがために、外的活動だけでなく内的活動も不活発な学習（D）に終わっている指導のことをさすとみることができる。どちらも〈内的活動における能動性〉をもたらすことに失敗しているという点において「双子の過ち」なのである。

ディープ・アクティブラーニングとは、外的活動における能動性だけでなく

		内的活動	
		低	高
外的活動	低	D	B
	高	C	A

図 序-5　学習の能動性

内的活動における能動性も重視した学習（A）である。「ディープ」という言葉を冠することには、〈外的活動における能動性〉を重視するあまり、〈内的活動における能動性〉がなおざりになりがちなアクティブラーニング型授業に対する批判がこめられている。

とはいえ、ディープ・アクティブラーニングは何かまったく新しい理論や実践を提案しようというものではない。むしろ、これまでにアクティブラーニングとして提案されてきた理論や実践のうち、「深さ」の次元への配慮のあるものを抽出し、光をあてようとする試みである。

5. 各章へのイントロダクション

本書は大きく、2つのパートに分かれる。第Ⅰ部「ディープ・アクティブラーニングの理論的基盤」は、ディープ・アクティブラーニングの基盤となるような理論的検討を行った章を集めたパートである。第1章「アクティブラーニング論から見たディープ・アクティブラーニング」（溝上慎一）は、アクティブラーニングの理論と実践の動向を整理し、その観点から、「深い学習」（ディープ・ラーニング）にとどまらず、「ディープ・アクティブラーニング」であるべき必然性を論じている。従来の教授パラダイムを乗り越えるアクティブラーニング（構図A）から、積極的に学生の学びと成長をはかるためのアクティブラーニング（構図B）への移行という整理は、アクティブラーニングの現状を把握するための枠組みを与えてくれる（p.36, 図1-1参照）。

第1章では、アクティブラーニングの実践的動向として、①授業外学習時間の把握、②逆向き設計とアセスメント、③カリキュラム・ディベロップメント、

④週複数回授業、⑤学習環境の整備、⑥反転授業、の６つがあげられている。このうち、ここ2、3年で急速に普及しつつあるのが、⑥の反転授業である。第１章のコラム「反転授業―知識理解と連動したアクティブラーニングのための授業枠組み―」（森朋子）では、まず、現在行われている反転授業を、「完全習得学習型」と「高次能力育成型」の２つのタイプに類型化する。その上で、反転授業が、アクティブラーニングにおける知識の重要性を改めて注目させ、個人の産物である〈わかったつもり〉を他者との相互作用のなかで〈わかった〉へと再構築していく普遍的な学習モデルを提案していることが指摘されている。知識理解と連動したアクティブラーニングという主張は、本書の「ディープ・アクティブラーニング」とぴったり重なりあう。

第２章「関与の条件―大学授業への学生の関与を理解し促すということ―」（エリザベス・F・バークレー）と第３章「学習の教授学理論に向けて」（フェレンス・マルトン）の内容については、すでに前節でかなり言及したので、ここでは別の観点から紹介することにしよう。バークレーは、シリコンバレーにあり高い教育水準で知られる２年制カレッジ、フットヒル・カレッジで長年、音楽教育に携わってきた実践的研究者である。第２章では、授業における学生の関与について、神経科学や認知心理学などの知見に依拠しながら、主として理論的な検討がなされているが、それは人種も年齢も経歴も多様な学生たちを相手に行われてきた著者の実践のフィルターを通して確かめられてきたものであることを付言しておきたい。マルトンは、早くも1970年代に、現在の「深い学習」論の端緒を開いた心理学者である。「学習への深いアプローチ」が学習者の側のバリエーションを記述・分析する研究だったのに対し、第３章で展開されているバリエーション理論では、学習対象におけるバリエーションと不変（invariance）を経験させることの重要性が主張されている。概念形成の原点に戻ったかのような議論であるが、ここには、間接的な学習対象である「能力」を強調するあまり、直接的な学習対象である「内容」への関心が弱まっている、現在の大学教育に対する警鐘の意図が読み取れる。

バークレーは、学生の「深い関与」を促す条件として、①課題は適度にチャレンジングなものであること、②コミュニティの感覚、③学生がホリスティックに学べるよう教えること、という３つの条件をあげている。このうち、第４

章「協同による活動性の高い授業づくり―深い変化成長を実感できる授業をめざして―」（安永悟）では、とくに②の条件に焦点をあわせて、グループ学習の技法にとどまらず学習コミュニティの構築につながるような協同学習の方法が、言語技術教育の具体例をまじえて紹介されている（著者は、バークレーの著作『協同学習の技法―大学授業の改善手引き―』の監訳者でもある）。序章の「深さ」の系譜では扱えなかった「深さ」の意味として、「深い変化成長」が主題化されている点も貴重である。

第Ⅱ部「さまざまなフィールドでの試み」は、学問分野の異なるさまざまなフィールドで行われている実践のなかから、ディープ・アクティブラーニング的性格を含んだ実践を集めたパートである。学問分野は物理学、哲学、教員養成、歯学、経営学（リーダーシップ論）と多岐にわたり、実践のフォーカスも多様である。第5章「理解か、暗記か？―私たちは正しいことを教えているのか―」（エリック・マズール）は、いまや世界各国で物理学以外の多くの分野でも実践されているピア・インストラクションの開発譚ともいうべきものである。ピア・インストラクションは現在では、クリッカーの利用や学生同士のインタラクションによって大人数講義でのアクティブラーニングを実現する方法として理解されている向きもあるが、第5章を読むと、むしろ、初修物理学の授業の主眼を数理計算から概念の「深い理解」にシフトさせることこそが、本来のねらいであったことが明らかになる。学生同士のインタラクションを講義のなかに入れると、ディスカッションに時間を取られて講義内容が以前のようにカバーできなくなるというデメリットがあるが、マズールはこれについても、必要な知識の習得を授業の外（前）に回すことで、授業内でピア・インストラクションによる概念理解にあてる時間を確保できるという。このやり方は反転授業に通じる。実際、英語版Wikipediaの「反転授業（Flipped Classroom）」の項目では、Historyの項目の最初にマズールのピア・インストラクションが言及されている。つまり、ピア・インストラクションは反転授業の先駆的実践ということもできよう。

第6章「コンセプトマップを使った深い学習―哲学系入門科目での試み―」（田口真奈・松下佳代）で描かれているのは、いわゆる「アクティブラーニング」にはなじみくいとされてきた哲学系入門科目での研究的な実践である。講義型のリレー授業は多くの大学で行われているが、その最終回の授業でコンセプトマップを用いることで、コンセプトマップがディープ・アクティブラーニングの学習ツールだけでなく、評価ツールにもなりうることが示されている。学生たちの描いたコンセプトマップを評価する際にはルーブリックが用いられており、学生のプロダクトからルーブリックを作成する手続きを伝える内容にもなっている。

第7章「意味のある学習を意識した授業デザイン—教師としての素養を学び磨くというストーリー—」（関田一彦・三津村正和）は、章自体が2部構成をとっている。関田による実践編と三津村による検証編であり、実践報告と実践についての質的研究を組み合わせたものになっている。この章では、ディープ・アクティブラーニングの1つの形として、「意味のある学習」という概念が提案されている。①今学んでいることは自分と関わり（意味）があると感じ、②学んだことを使ってみたい、試してみたいと思い、③学んだことが自身の成長につながっている（学ぶことで自分は有能になっている）と感じる、そのような学びである。「意味のある学習」を生起させるためのさまざまな仕掛けも紹介されている。

第5章から第7章までが、いずれも1つの授業科目を対象にしていたのに対し、第8章「教室と現場をつなぐPBL—学習としての評価を中心に—」（小野和宏・松下佳代）は、歯学部の学士課程教育全体のカリキュラムを視野に入れながら、その中核にPBL（Problem-Based Learning）を位置づけた実践の報告である。PBLで課題とされてきたのが、①知識獲得と問題解決をどう両立させるか、②評価をどのように行うのか、である。①については、マズールと同様に、PBLでも、問題解決に必要な知識を、授業外での個別学習や同時並行で行われる講義を通じて習得させ、授業でのグループによる問題解決のなかで深化させるというやり方がとられている。②については、改良版トリプルジャンプという評価法が開発・実施され、その効果が分析されている。目標－カリキュラム－授業－評価をつなぐ「構成的な整合性」（Biggs & Tang, 2011）の好例といえよう。

最後の第9章「新しいリーダーシップ教育とディープ・アクティブラーニング」（日向野幹也）は、「『学び』の質を保証するアクティブラーニングの事例」

（河合塾, 2014）として知られる立教大学経営学部のビジネス・リーダーシップ・プログラム（BLP）の成果の裏づけをもって書かれたリーダーシップ教育論である。著者によれば、「（権限や役職に関係なく）ビジョンを示して他人を巻き込む」ことがリーダーシップなのであり、この捉え方にしたがえば、「学生のリーダーシップ発揮を通じた学習」としてアクティブラーニングを再定義できる。さらに、著者は、学習が「ディープ」であることの指標を、学生が教室・大学の外や卒業後も教員の支援（補助輪）なしで学習を組織できることに置いている。前にもふれたように、立教大学経営学部のカリキュラムは、BLPを通して学ぶリーダーシップと専門選択科目を通して学ぶ専門知識を自転車の両輪として回しながら、補助輪を外していくことで、リーダーシップを学生が自分のものにするよう仕組まれている。歯学と経営学というかけ離れた分野ではありながら、知識獲得と問題解決を両立させる仕組みにおいて、PBLとBLPの間には類似性が見てとれる。ディープ・アクティブラーニングのためのカリキュラム論である。

＊　　　＊

以上のような本書の各章の中身をふまえて定義するならば、ディープ・アクティブラーニングとは、「学生が他者と関わりながら、対象世界を深く学び、これまでの知識や経験と結びつけると同時にこれからの人生につなげていけるような学習」ということができる。本書の各章のディープ・アクティブラーニングへのアプローチは多様である。だが、アクティブラーニングの急速な普及を目の前にして、アクティブラーニングに、明示的であれ暗黙的であれ、「深さ」という性格をもたせようと試みている点で共通している。

本書で繰り広げられているさまざまな理論的・実践的な営みを通して、あなたにとってのディープ・アクティブラーニングをつかみとっていただければ幸いである。

【まとめ】

■アクティブラーニングとは、行為すること、行為についてのリフレクションを通じて学ぶことを意味している。わが国の大学教育では、政策的な後押しもあり、ユニバーサル化や能力（スキル）の形成という課題に対応する教育方法として急速に普及してきた。

■アクティブラーニングは、一方向的な知識伝達型講義に対するアンチテーゼとして登場してきたが、「網羅に焦点を合わせた指導」への批判のあまり、今度は「活動に焦点を合わせた指導」の問題を抱えることになってしまっている。

■「活動システムモデル」や「学習サイクル」の理論に依拠することによって、アクティブラーニングの特徴と陥りやすい問題が把握しやすくなる。学生が高次の思考に関わったり、認知プロセスの外化を行ったりすることは、本来アクティブラーニングがもつべき特徴だが、そのためには前提として、知識の習得や理解（内化）が不可欠である。講義とアクティブラーニング型授業は対立するものではなく、学習サイクル全体のなかで、〈内化と外化〉、あるいは、〈知識の習得と知識を用いた高次の思考〉のどちらに重きを置いているかの違いであり相補的なものとみなすことができる。学習サイクルは、1コマの授業、半期の科目、4年間のプログラムのどのスパンでも具体化できるが、教員だけでなく学生にも、学習サイクルが見えていることが必要である。

■ディープ・アクティブラーニングでは学習の「深さ」に目を向けるが、「深さ」の系譜として、少なくとも「深い学習」「深い理解」「深い関与」をあげることができる。アクティブラーニングにおける能動性を、〈内的活動における能動性〉と〈外的活動における能動性〉の2次元で捉えれば、ディープ・アクティブラーニングとは、外的活動における能動性だけでなく内的活動における能動性も重視した学習ということができる。

注

1）At M. I. T., Large lectures are going the way of the blackboard. New York Times, January 12, 2009.（http://www.nytimes.com/2009/01/13/us/13physics.html）

2）Enabled の代わりに Enhanced と表記されることもある。

3）筆者は 2013 年 3 月に MIT とハーバード大学を訪問し、TEAL での授業、ハーバードでの講義形式の授業、マズール教授によるPBL（Project-Based Learning）の授業を参観する機会を得た。少なくとも参観した授業に関するかぎり、TEALでの学生の学習態度はそれほどアクティブといえるものではなかった。詳しくは、松下ほか（2014）参照。

4）注1の記事に対する読者のコメントのHighlightsより。

5）MITの1年生向け物理学科目に関するウェブページ（http://web.mit.edu/firstyear/advisors/academics/physics.html）参照。

6）本節は、松下・田口（2012）の「1-2　学習をどうみるか」を大幅に加筆・修正したものである。

7）佐藤（1995）は「学習」に代えて「学び」という語を用いているが、本章では、佐藤の学び論に共感しつつも、煩雑さを避けて、「学び」と「学習」を互換的に用いている。

8）ブルーム・タキソノミーとは、ブルーム（Bloom, B. S.）らによって開発された「教育目標の分類学（taxonomy）」のことである。ブルーム・タキソノミーは、もともと、大学教育においてテスト項目等を作成する際の理論枠組みとして開発されたものであり、認知領域（1956年公表）、情意領域（1964年公表）、精神運動領域（未完）の3領域からなる。このうち、最も影響力があり、また、アクティブラーニングにも直接関連しているのは認知領域のタキソノミーである。ブルーム・タキソノミー（認知領域）はその後、認知心理学などの成果を取り入れながら、ブルームの教え子や共同研究者たちの手で修正され、「改訂版ブルーム・タキソノミー（Revised Bloom's Taxonomy）」が作られている。改訂版の大きな特徴は、オリジナル版では低次の認知に置かれていた「知識」を、認知過程とは独立した次元として位置づけ直したこと、また、認知過程次元を、〈知識－理解－応用－分析－総合－評価〉から〈記憶する－理解する－応用する－分析する－評価する－創造する〉へと修正したこと、にある。詳しくは石井（2011）参照。

9）調査は1年生と4年生を対象に実施され、各大学は学士課程における学生の伸びや自分の大学と似たタイプの他の大学との比較に関するデータを収集し、大学評価に活かすことができるとされる。NSSEのウェブサイト（http://nsse.iub.edu/）参照。

文　献

青木久美子（2005）「学習スタイルの概念と理論―欧米の研究から学ぶ―」『メディア教育研究』2巻1号, 197-212.

Barkley, E. F., Cross, K. P., & Major, C. H. (2005). *Collaborative learning techniques: A handbook for college faculty*. San Francisco, CA: Jossey-Bass.

ベネッセ（2013）「第2回大学生の学習・生活実態調査」（http://benesse.jp/berd/center/open/report/daigaku_jittai/2012/hon/index.html, 2013年7月

31 日検索).

Biggs, J., & Tang, C. (2011). *Teaching for quality learning at university.* (4th ed.). Berkshire: The Society for Research into Higher Education & Open University Press.

Bonwell, C. C., & Eison, J. A. (1991). *Active learning: Creating excitement in the classroom.* ASHE-ERIC Higher Education Report No. 1.

Bowden, J., & Marton, F. (1998). *The university of learning: Beyond quality and competence.* London: Kogan Page.

Cain, S. (2012). *Quiet: The power of introverts in a world that can't stop talking.* New York: Broadway Books. ケイン, S. (2013)『内向型人間の時代―社会を変える静かな人の力―』(古草秀子訳) 講談社.

中央教育審議会 (2012)「新たな未来を築くための大学教育の質的転換に向けて―生涯学び続け，主体的に考える力を育成する大学へ― (答申)」.

Engeström, Y. (1987). *Learning by expanding: An activity-theoretical approach to developmental research.* Helsinki: Orienta-Konsultit. エンゲストローム, Y. (1999)『拡張による学習―活動理論からのアプローチ―』(山住勝広・松下佳代・百合草禎二他訳) 新曜社.

Engeström, Y. (1994). *Training for change: New approach to instruction and learning in working life.* Paris: International Labour Office. エンゲストローム, Y. (2010)『変革を生む研修のデザイン―仕事を教える人への活動理論―』(松下佳代・三輪建二監訳) 鳳書房.

Entwistle, N. (2000). Promoting deep learning through teaching and assessment: Conceptual frameworks and educational contexts. Paper to be presented at TLRP Conference, Leicester, November, 2000 (http://www.tlrp.org/acadpub/Entwistle2000.pdf, 2014 年 5 月 31 日検索).

Entwistle, N. (2009). *Teaching for understanding at university: Deep approaches and distinctive ways of thinking.* New York: Palgrave Macmillan. エントウィスル, N. (2010)『学生の理解を重視する大学授業』(山口栄一訳) 玉川大学出版部.

石井英真 (2011)『現代アメリカにおける学力形成論の展開―スタンダード論に基づくカリキュラムの設計―』東信堂.

加藤かおり (2013)「学習者中心の大学教育における学習をどう捉えるか―深いアプローチを手掛かりに―」『大学教育学会誌』35 巻 1 号, 57-61.

河合塾 (編著) (2014)『「学び」の質を保証するアクティブラーニング―3 年間の全国大学調査から―』東信堂.

Marton, F., & Säljö, R. (1976). On qualitative differences in learning: I Outcome and process. *British Journal of Educational Psychology, 46,* 4-11.

松下佳代 (2009)「主体的な学び」の原点―学習論の視座から―」『大学教育学会

誌』31 巻 1 号, 14–18.
松下佳代・田口真奈（2012）「大学授業」京都大学高等教育研究開発推進センター（編）『生成する大学教育学』（pp. 77–109）ナカニシヤ出版.
松下佳代・大山牧子・畑野快・蒋妍（2014）「ハーバード・MIT 訪問調査報告」『京都大学高等教育叢書』33, 366–385.
McTighe, J., & Wiggins, G. (2004). *Understanding by design: Professional development workbook.* Alexandria, VA: Association for Supervision and Curriculum Development.
Pascarella, E., & Terenzini, P. (1991). *How college affects students.* San Francisco, CA: Jossey-Bass.
佐藤学（1995）「学びの対話的実践へ」佐伯胖・藤田英典・佐藤学（編）『学びへの誘い（シリーズ 学びと文化①）』(pp. 49–91), 東京大学出版会.
Wiggins, G., & McTighe, J. (2005). *Understanding by design* (Expanded 2nd ed.). Alexandria, VA: Association for Supervision and Curriculum Development. ウィギンズ, G.・マクタイ, J. (2012)『理解をもたらすカリキュラム設計─「逆向き設計」の理論と方法─』（西岡加名恵訳）日本標準.

【さらに学びたい人に】

■エンゲストローム, Y.（2010）『変革を生む研修のデザイン─仕事を教える人への活動理論─』（松下佳代・三輪建二監訳）鳳書房.

原著は 1994 年刊行で、しかも、成人の職業研修を念頭において書かれた本だが、ここで提示された理論枠組みは、学校教育にも適用できる。とりわけ、アクティブラーニング全盛の現在の大学教育を再考する手がかりを与えてくれる。近年の学習理論になじみがない人には少し読みづらいかもしれないが、長めの訳者解説をつけてあるので、ガイドとして役立てていただきたい。

■ケイン, S.（2013）『内向型人間の時代─社会を変える静かな人の力─』（古草秀子訳）講談社.

こちらは読みやすい一般書である。ありふれた性格診断のようなタイトルだが、そうではない。現代の教育は「外向型」であることを要求してくるが、著者によれば、社会を変革するようなイノベーションや運動を起こしてきた人の多くが実は「内向型」であったという。時代や社会によって変わる生きやすさ・生きにくさについて考えさせられる。アクティブラーニングはどうだろうか。

第Ⅰ部

ディープ・アクティブラーニングの理論的基盤

第１章

【アクティブラーニングの現在】

アクティブラーニング論から見た ディープ・アクティブラーニング

溝上　慎一

本章では、ディープ・アクティブラーニングの元となる「アクティブラーニング」について、「一方向的な知識伝達型講義を聴くという（受動的）学習を乗り越える意味での、あらゆる能動的な学習のこと。能動的な学習には、書く・話す・発表するなどの活動への関与と、そこで生じる認知プロセスの外化を伴う」と定義し、その含意について概説する。その上で、アクティブラーニングが、従来の教授パラダイムを乗り越える構図Ａから、積極的に、学生の学びと成長をはかる構図Ｂへと移行してきたことを説明する。章の後半では、アクティブラーニングの質を高めるための実践的動向として、①授業外学習時間をチェックする、②逆向き設計とアセスメント、③カリキュラム・ディベロップメント、④授業を週複数回にする、⑤アクティブラーニングのための学習環境の整備、⑥反転授業をおこなう、を紹介する。最後には、アクティブラーニング論から見て、ディープ・アクティブラーニングがどこで必然的なものとなるかを論じる。

1. アクティブラーニングとは？

(1) アクティブラーニングの定義

アクティブラーニングは包括的な用語であり、どの専門分野の専門家・実践家にも納得してもらえるような定義をすることは不可能である。そのことを前

提として、ここでは、アクティブラーニング（active learning）を、

> 一方向的な知識伝達型講義を聴くという（受動的）学習を乗り越える意味での、あらゆる能動的な学習のこと。能動的な学習には、書く・話す・発表するなどの活動への関与と、そこで生じる認知プロセスの外化を伴う。

と定義する。

アクティブラーニングの定義をはやくからおこなったことでよく知られるボンウェルとアイソン（Bonwell & Eison, 1991）は、著作"Active Learning"の冒頭において、「能動的（active）」を同定することの難しさについて述べている。ボンウェルらが挙げる、次のような伝統的な保守派教員からのアクティブラーニングに対する批判的コメントは、この用語を理解する上で重要なものである。

（A）そもそも、受動的な学習なんてあるのか

（B）しっかり講義を聴くことも能動的な学習ではないか

ここでは、この２つの批判的コメントに応答するかたちで、ここでの定義の含意を述べていく。

まず、(A)の批判的コメントについて。メイヤーズとジョーンズ（Meyers & Jones, 1993）のアクティブラーニングのとらえ方――「学習はそれ自体が能動的なプロセスなのだ」（p.20）と積極的に仮定した上で、それを実現させるための戦略としてアクティブラーニングがあると考える立場――でないとすれば、この批判的コメントは、学習を「行為（action）」それ自体と見なすものである。つまり、act（行為する）の名詞はaction、形容詞はactiveなので、学習が行為（action）であると見なせる限りにおいて、学習は常にactiveなものであろう、と考えてのものである。行為しない状態にポジショニングして、そこから「行為する」という静から動への動きが生じる、その瞬間の動きをイメージしてもいい。この意味において、受動的（passive）な学習なるものは論理矛盾であって、存在しないという批判である。

ところが、これでは行為それ自体の性質については示していても、どのように学習しているのかという行為の相対的な特徴については、何ら述べていない

ことになる。人は、ある行為の特徴を、ある基準から見て相対的に形容したいという動機を持っている。その特徴を形容する言葉の1つが、「能動的／受動的」である。だから、active learning、passive learningと言っているときの「能動的／受動的」は、行為それ自体の性質を指す言葉ではなく、ある基準から見たときの行為の相対的な特徴、「より能動的な」「より受動的な」を指す言葉として理解されなければならない。

筆者は、その基準を、定義の前半部で「一方向的な知識伝達型講義を聴くという学習」(＝受動的学習）として示した（cf. Biggs & Tang, 2011; Meyers & Jones, 1993; Prince, 2004)。先の行為の性質から考えると、「聴く」は行為の1つであるから、「聴く」自体の性質は能動的なものである。しかし、筆者は「聴く」を操作的に「受動的学習」だと定義したのである。これは、学習の相対的な特徴を形容するための基準化の作業である。この作業を通してようやく、ある学習が、その受動的学習という基準から見て、受動的か、能動的かと形容していくことができるのである。そして、基準から見て、少しでも能動的な特徴を示すものであれば、それがアクティブラーニングだと言えることになる。

それでは、「一方向的な知識伝達型講義を聴くという学習」を受動的学習だと見なした根拠は何だろうか。筆者のこれへの回答は、「教えるから学ぶへ(from teaching to learning)」のパラダイム転換である（Barr & Tagg, 1995; Tagg, 2003)。つまり、アクティブラーニングは、それまでの一方向的な知識伝達型講義（教授パラダイム）での聴くという学習を受動的学習と見なし、そうではないという意味での能動的な特徴をもって、学習パラダイムを支える学習として提唱されている。

しかし、「一方向的な知識伝達型講義を聴くという（受動的）学習を乗り越える」だけでは、まだ何が能動的な学習なのかを示していることにはならない。そこで定義の後半部では、「書く・話す・発表するなどの活動への関与と、そこで生じる認知プロセスの外化を伴う」ものが、能動的な学習と見なす観点であることを示している。書く・話す・発表する等は、一方向的な知識伝達型授業の「聴く」を乗り越えるために示されている具体的な活動例であり、ここに教授パラダイムから学習パラダイムへの転換の含意が、活動レヴェルで示されている。そして、書く・話す・発表するなどの活動を学習に採り入れ、それに関与するということは、学生にとって、ただ聴くだけのときにはあまり働かせていなかったさまざまな認知機能を働かせ、そのプロセスを外化することを意味する。

ちなみに、書く・話す・発表する等の活動を求めることは、同時に、認知プロセスの外化を求めることでもあり、定義のなかで重ねて説明をする必要はないとも言える。しかし、活動させればそれで良しというような、認知機能が知識と絡み合ってどのように働いているかまで目が向かないアクティブラーニングの実践が、実際には少なからずあるし、アクティブラーニングには、社会の変化への対応として、認知機能の育成、すなわち技能・態度（能力）の育成という課題も込められている。これらのことをふまえて、定義では二重表現を採って、活動への関与と、活動に関連する認知プロセスの外化、その十分な協奏を強調している。なお、「認知プロセス」とは、認知心理学の枠組みを参考にして、知覚・記憶・言語、思考（論理的／批判的／創造的思考、推論、判断、意思決定、問題解決など）といった心的表象としての情報処理プロセスを指す（cf. 楠見, 2010）。このような情報処理プロセスが、学習においては頭のなかで起こっていると考える。

したがって、先の話と繋げて、受動的学習という基準から見て能動的な特徴を示す学習とは何かと答えると、それは、一方向的な知識伝達型授業を「聴く」という学習を乗り越えて、書く・話す・発表するなどの活動への関与と、そこで生じる認知プロセスの外化を伴う学習のことである、となる。少しでもこの特徴を持っていれば、それはアクティブラーニングだと呼べることになる。

次に、(B)の批判的コメントについてであるが、以上の理解にもとづけば、それが少なくとも本書で扱うアクティブラーニングを指すものでないことは明らかであろう。「しっかり講義を聴く」であろうと「ぼうっと聴く」であろうと、ともに「聴く」を問題とする以上、教授パラダイムにおいての学習を指すものである。ひいては、受動的学習と見なされるものである。アクティブラーニングの active の意味を、基準なしで、それ自体だけで理解しようとすると、こういうことが往々にして起こってしまう。アクティブラーニングは、アクティブなラーニングのことではなく、操作的に定義された用語なのである。ボンウェルらは、アクティブラーニングの直観的理解だと揶揄している。

(2) 構図Aから構図Bへの移行

アクティブラーニングへの注目は、高等教育の大衆化、学生の多様化と密接な関連があるが、学習パラダイム、ひいてはアクティブラーニングがいったん採られるようになるや否や、単に高等教育の大衆化・学生の多様化といった理由だけでなく、もっと積極的な意義をつけて、学習パラダイム・アクティブラーニングを推進しようとする動きが生じてくる。ボンウェルとアイソン（Bonwell & Eison, 1991）のアクティブラーニングの定義がそうだし、フィンク（Fink, 2003）の意義ある学習経験は、ボンウェルとエイソンのそれ以上に、思想的な教授学習観が基礎となって、積極的な学習パラダイム・アクティブラーニングを説くものとなっている。先の定義にもとづいて言い換えれば、受動的学習を乗り越えるという意味でのアクティブラーニングを推進する構図から、単に受動的学習を乗り越えるだけでなく、乗り越えた先の「アクティブ」のポイントまで積極的に特定しようとする構図への移行である。

日本では、1990年代半ば頃より徐々に、アクティブラーニングの実践が見られ始めた。そこでは、講義をただ聴くだけではなく、講義の最後にコメントシートを書かせることで、少しでも学生を講義に参加させようとしていた。今から見れば、それはいまだ受動的学習を乗り越える程度のアクティブラーニングの実践であり、「アクティブ」のポイントを積極的に特定しようとする動きではなかった。ところが、今日の実践の多くは、中央教育審議会の『新たな未来を築くための大学教育の質的転換に向けて—生涯学び続け、主体的に考える力を育成する大学へ—（答申）』（2012年8月28日）（以下「質的転換答申」）に典型的に見られるように、アクティブラーニングの「アクティブ」のポイントを積極的に特定しようとしている。そこでは、「アクティブ」のポイントが、認知的、倫理的、社会的能力、教養、知識、経験を含めた汎用的能力の育成を図ることにつながるものだと述べられている。

この構図の違い、ひいては両構図の移行は、力学的なポジショニング概念を使用すると、よく理解される。「ポジショニング（positioning）」とは、あるモノ（事象や人も含む）の他のモノに対する相対的位置を採ることと定義される（溝上, 2008）。ある地点にポジション（位置）を採って、そこから世界を見るというようにも使える概念である。

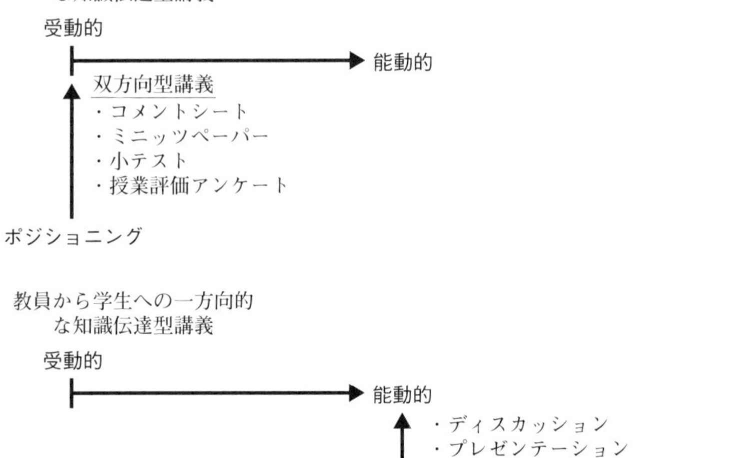

図 1-1　ポジショニングで説明するアクティブラーニングの移行

この概念を用いると、アクティブラーニングには、力学的に、少なくともA・Bの異なる2つの構図のあることがわかる（図 1-1 を参照）。構図Aは、伝統的な、教員から学生への一方向的な知識伝達型講義における受動的学習にポジショニングして、そこから能動的学習を考えるものである。構図Aは、あくまで受動的学習を乗り越えることに注力しているので、そこでの教授法は、一方向的な知識伝達型講義をわずかに乗り越える程度のものが目指される。コメントシートやミニッツペーパー、小テスト、授業評価アンケートなどを導入しての、学生のただ講義を聴くだけではない参加形態を実現しようとするものがそうである。構図Aにおいての能動的学習とは、すでに何度も述べたように、受動的学習を乗り越える程度の意味しかもたない。

ところが、構図Aにポジショニングする（できる）ようになると、そのポジショニングがやがて構図Bのものに移行していくことがある（もちろん、移行しないこともある)。構図Ｂでは、もはや受動的学習を乗り越えることは当たり前になっており、「能動的（アクティブ)」学習のポイントが積極的に特定されようとする。質的転換答申の、認知的、倫理的、社会的能力、教養、知識、経験を含めた汎用的能力の育成を図ることとは、この構図Ｂに従ってのものと理解される。

アクティブラーニングにおける「能動的（アクティブ)」のポイントを積極的に特定する構図Ｂは、言い換えれば、アクティブラーニング、学習パラダイムにもとづくあらゆる活動を、学生の成長の一環だと見なすものとして理解される。単に、高等教育が大衆化したから、学生が多様化したから、学生が講義を聴かなくなったから、といった消極的な理由ではなく、学習や広く正課内外の活動に積極的に参加させて（＝学生関与 student involvement／engagement)、学生の知識・技能・態度（能力）の育成を、真正面から大学教育の課題としようとする動きである。これは、いわゆる、「学生の学びと成長（student learning and development)」として理解される流れでもある。

フィンク（Fink, 2003）の意義ある学習経験論は、「基礎的知識」「応用」「統合」「人間の次元」「関心を向ける」「学び方を学ぶ」の習得を目指すものであり、知識の習得、技能・態度（能力）の開発を超えて、広く人格的・人間的成長にまで及ぶ目標が示されている。まさに、学生の学びと成長を、体系的・包括的に示したものとして理解される。そして、アクティブラーニングと呼ばなくとも、学習パラダイムに乗って学生の学習を徹底的に作り、学生を育てようとする授業デザインや教授法を説く多くのものは、この構図Ｂに従ったものであると考えられる。もはや、この段階になると、学習をアクティブラーニングと呼んで特徴づける必然性は大いに弱くなる。

2. アクティブラーニングの質を高めるための実践的動向

構図Ｂにもとづくアクティブラーニング型授業（アクティブラーニングを採り入れた授業）が一定程度できるようになった段階で、もう１歩、２歩、その質を高めるための工夫が必要である。アクティブラーニングを採りつつ、学習内容の深い理解を目指す、すなわち本書のテーマであるディープ・アクティブラーニング（DAL）はその1つである。DALについては、本書で詳細に説明されているので、ここでは説明を省略し、それ以外のものとして、①授業外学習時間のチェック、②逆向き設計とアセスメント、③カリキュラム・ディベロップメント、④週複数回授業、⑤学習環境の整備、⑥反転授業、の6点を紹介する。

(1) 授業外学習時間をチェックする

戦略性の高い学生主導型のアクティブラーニング型授業は、教室内での学習のみならず、教室外の学習まで含めて、総合的にデザインされているものが多い（cf. Fink, 2003）。マズール（Mazur, 1997）のピアインストラクションでは、テキストの予習が授業展開の基礎となっているし、LTD話し合い学習法（安永, 2006, 2012）もPBL（Problem-Based Learning）（たとえばAlbanese & Mitchell, 1993; Barrows & Tanblyn, 1980）も、どれを取ってみても、教室内での学習だけで十分だと考える戦略はないといっても過言ではないほどである。授業外学習時間が長ければよいというわけではないが、短すぎたり、授業外学習自体がまったくなされていなかったりするのは問題である。授業外学習時間のチェックは、学生の教室外での学習状況を知るための作業である。

授業外学習は、予習や復習、宿題や課題といった作業を含めて、学生自身が、学習内容をしっかり理解するための活動となることが基本である。アクティブラーニング型授業は、その戦略性が高まれば高まるほど、授業時間内でのさまざまなユニットが分単位で構成されることになり、教員は矢継ぎ早に次々と課題を提示し、学生に活動（グループ学習やディスカッションなど）をさせることになる。その結果、学生は授業時間内で、ゆっくり理解したり考えたりする時間が十分に取れないことが多くなる。その点からすると、学生にとって授業外学習は、単に予習や復習、課題を済ませれば終わりなのではなく、自身の理解を確認したり、既有知識や経験とつなげたり、授業で出てきたわからない言葉や知識を調べたりして、積極的に学習内容の理解の質を高めるための「個人的な学習時間・空間」とならなければならない。また、教員は、そうなるための指導を、事あるごとに授業内でしていかなければならない。授業外学習時間の実態がわかってくれば、学生の授業外学習の質に踏み込んでいくことも、アクティブラーニングの質を高めるための工夫となる。

(2) 逆向き設計とアセスメント

アクティブラーニング型授業の質を高める第二の工夫は、ウィギンズとマクタイ（Wiggins & McTighe, 2005）の提唱する「逆向き設計（backward design）」で、授業・コースをデザインすることと、それに併せて、多角的にアセスメントをおこなうことである。

逆向き設計とは、「真正のアセスメント（authentic assessment）」論（学校のなかで閉じた評価ではなく、仕事や市民生活といった実社会に通ずるパフォーマンス課題や活動をアセスメントするもの）のなかで出されたもので、たとえば15回のコース（科目）を、ひいてはそれぞれの授業をデザインするときに、「①求められる学習成果を見定める」「②アセスメントの方法・根拠を決める」「③授業のしかたと学習の進め方を計画する」の順序で考える、授業・コースデザインの方法のことである。

逆向き設計は、従来の授業・コースデザインと、方向性（向き）の点で大きく異なる。従来の一般的な方法だと、授業・コースデザインは、何を、どのように教えるかを考えて、それにもとづいて授業・コースをデザインしていくことが多かった。もっとも、アクティブラーニング導入以前の、伝統的な教員から学生への一方向的な知識伝達型講義であれば、「どのように教えるか」はほとんどなくて、「何を教えるか」だけで、授業やコースがデザインされたのかもしれない。それに対して逆向き設計は、言葉通り、コースの終点から逆向きに授業をデザインする、成果焦点型（results-focused）の授業・コースデザインである。つまり、コースの最後で、どのような学習成果を学生に求めるかを最初に見定めて、そのためにどのような方法・根拠でアセスメントをおこなうかを決め、それにもとづいてどのように各回の授業をおこなうか、どのような学習を学生に促すか、といったように、コースの終点を見定めてから、起点以降の授業やコース、アセスメントを計画するのである。

また、アセスメントや評価について、これまでは、コースの最後に試験やレポートで評価するだけ、あるいは、試験の問題やレポートの課題も、後から（コースの終わりに近づいたところで）考えることが多かったかもしれない。しかし、逆向き設計では、先にアセスメントの方法や根拠を考えて、それにもとづいて授業のしかた（内容や方法など）や学生の学習を後から計画する。

逆向き設計は、より質の高いアクティブラーニングを実現するために提唱されたものではない。しかしながら、大学教育が、「教員から学生へ」「知識は教員から伝達されるもの」を特徴とする教授パラダイムから、「学習は学生中心」「学習を産み出すこと」「知識は構成され、創造され、獲得されるもの」「プロセス」「変化」を特徴とする学習パラダイムに移行するにつれ、また、検索型の知識基盤社会に呼応して、「情報の知識化」「知識の活用」「知識の共有化・社会化」「知識の組織化・マネジメント」といった情報・知識リテラシーの育成が求められるようになるにつれ、大学での教授学習には、これまでの知識理解以上の学習成果が求められるようになっている。逆向き設計は、そのような高度で多次元化した学習成果に、学生をしっかり導くべく、学習成果やルーブリック・ポートフォリオなどを用いたアセスメントをしっかり見定めてから、授業・コースデザインをおこなうことを目指すものである。

(3) カリキュラム・ディベロップメント

次に紹介する工夫は、大学や学部がアクティブラーニング型授業の質を、カリキュラム（他のコースとの関連や学年配置など）の観点から組織的に発展させることである。

アクティブラーニングは、一授業のなかでの話が基本である。なぜなら、学習の形態を、一授業のなかで問うのがアクティブラーニングだからである。しかし、大学の授業は、学習の形態だけで問えるものではない。多くの場合、アクティブラーニング型授業をいったん採り入れ、授業を、学習内容も含めた学習目標の到達に向けてしっかりデザインしようとすると、すぐさま、それはコースデザインの問題となる。コースデザインの話として発展すれば、この話は必然的にカリキュラムデザインの問題にまで発展する。中央教育審議会『我が国の高等教育の将来像（答申）』（2005年1月28日）ではじめて提示された３つのポリシー（アドミッション・ポリシー／カリキュラム・ポリシー／ディプロマ・ポリシー）のなかで、ディプロマ・ポリシーにしたがったカリキュラム・ポリシーの策定を出すまでもなく、近年のカリキュラムは教育の質保証、出口の学習成果をにらんで、成果ベース（outcomes-based）で構築されるようになってきている。個別のコースの学習目標は、この出口の学習成果をにらんで、カリキュラムとして位置づけられ、設定されるようになってきている。

この問題意識それ自体は、質保証から３つのポリシーへと分解して、その観点からの学士課程教育の構築を促すものである。アクティブラーニングは、この話に直接的には関係がない。しかし、学士力の構成要素のなかに、知識・理解だけでなく、技能・態度（能力）（汎用的技能 / 態度・志向性 / 統合的な学習経験と創造的思考力）が入ってきており、もはや知識の習得だけで学士課程教育が成り立つわけでないことは、周知のとおりである。出口の学習成果として求められる知識・技能・態度（能力）の育成が、４年間（６年間）の学士課程教育のなかで、どのようにカリキュラム化されるかが問われているのである。アクティブラーニングは、ここで絡んでくる。こうして、１授業・１コースの問題として考えられてきたアクティブラーニングが、カリキュラムの観点からも考えられなければならなくなっており、その観点からの１授業・１コースの再設計が、アクティブラーニング型授業の質を高める工夫だと言えることになる。

(4) 授業を週複数回にする

米国の講義中心のコースを見ると、多くの場合、１コース（授業科目）は週に複数回分けて実施されている。しかも、講義中心のコースであっても、講義だけで授業がなされることは少なく、たとえば、講義を週２〜３回、月・水曜日、あるいは月・水・金曜日とおこない、それにTA（ティーチングアシスタント）によるセミナーと呼ばれる演習の授業を、たとえば金・土曜日に加えて、結果週３〜４回の授業から成るコースとするのが一般的である。それに対して、日本のコースは、週に１回だけ、しかも、多くは「講義科目」「演習科目」の二項的分類のもと、授業がおこなわれているのが一般的である。

アクティブラーニングの観点から見ると、週複数回授業を基盤とした、講義＋演習のコース形態はたいへん興味深いものであり、それが工夫の観点ともなる。授業と授業の間にさほどの日にちがあかないので、学生にとっては、予習や復習など、集中して学習に取り組めることとなり、教員にとっては、比較的細やかに作業課題を課したり、学生の既有知識や理解度を見て、学習の進度や課題を追加・修正したりすることができる。日本のような、90分1授業のなかで、講義と演習（アクティブラーニング）を両立させるのは、実際にはなかなか難しいので、週複数回授業、講義＋演習のコース形態が採れれば、アクティブラーニング型授業は格段にやりやすくなる。もちろん、コース形態だけで、アクティブラーニング型授業の抱えるさまざまな問題が解決されるとまでは言わない。しかしながら、少なくとも、講義型コースで、アクティブラーニング型授業を戦略的に進めていくには、理想的な形態だと考えられる。

(5) アクティブラーニングのための学習環境の整備

アクティブラーニング型授業の質を高めるさらなる工夫は、アクティブラーニングのための学習環境を整備することである。林（2011）は、アクティブラーニングを支援していくために、①アクティブラーニングスタジオ、②ラーニングコモンズ、③コミュニケーションスペースの学習環境を創り出す重要性を指摘している。ここでは、①、②について取り上げる。

①のアクティブラーニングスタジオの実践例の1つとして、林は、マサチューセッツ工科大学（MIT）のTEAL教室（TEALはTechnology-Enabled Active Learningの略称）を紹介している。教室は、円形のテーブルで議論しやすい空間となっており、また、ディスプレイや電子黒板、クリッカーなどの情報環境が装備され、個人やグループの思考や討論を支援する学習環境となっている。林（2011）では、この他にも東京大学のKALS（駒場アクティブラーニングスタジオ）や嘉悦大学のKALC（Kaetu Active Learning Classroom）など、多くの事例を紹介している。以上のような学習環境がないと、良いアクティブラーニング（型授業）ができないわけではないが、あれば、いろいろな種類の学習を学生に提供することができる。授業デザインにも幅ができる。所属の教員に対して、大学や学部が組織的にアクティブラーニングを推進していることのメッセージにもなる。ひいては、アクティブラーニング型授業の質が高まる。

林が挙げる2つ目の学習環境は、ラーニングコモンズである。「ラーニングコモンズ（learning commons）」とは、図書館、情報技術その他のアカデミック支援を統合して、スタッフの知識と技能、適切な場所への紹介など、使用者に一連のサービスを提供する、機能的・空間的な場のことである。かつ、探究や協働、議論や相談を通して、使用者に学習を促すダイナミックな場のことである（McMullen, 2008）。

ソマヴィルとハーラン（Somerville & Harlan, 2008）が述べるように、ラーニングコモンズは、教授パラダイムから学習パラダイムへと転換する大学教育での新しい学習とつながって、また、図書館機能におけるコモンズ概念を転換させて、創られ始めた新しい学習環境である。それは、一方で、図書館内の機能拡張として理解されるものだが、他方で、図書館外の学習空間へと超えて、連携して、総合的に機能させるべきものでもある。大学や学部のなかには、図書館以外の場所にも、学生がグループ学習やプロジェクト学習をおこなえる部屋やスペースを提供するものもある。それらのなかには、ラーニングコモンズと呼ばれていないものもあるが、それらも含めて、大学のラーニングコモンズを機能させ、学生の学習を育てていかなければならない。学習パラダイムを基礎としたラーニングコモンズの機能的充実は、学生のアクティブラーニングの質を高め、ひいてはアクティブラーニング授業の質を高めると考えられる。

(6) 反転授業をおこなう

アクティブラーニング型授業の質を高める工夫として、最後に紹介するのは、反転授業である。日本では、この2年ほどのなかで急速に普及したものである。

「反転授業（flipped classroom／inverted classroom）」とは、従来教室の中（授業学習）でおこなわれていたことを外（授業外学習）にして、外でおこなわれていたことを中でおこなうという形で入れ替える教授学習の様式だと定義される（Lage, Platt & Treglia, 2000）。授業では、その授業外学習で学んだことをもとに、知識の確認や定着、活用、さらには協同学習など、アクティブラーニングをおこなうのである。このような学習が可能になってきたのは、学校や家庭でコンピュータやインターネットが一般的に普及するようになったこと、YouTube に典型的に見られるデジタルビデオ教材のインターネット上での共有化、高等教育で言えば、OCW（OpenCourseWare）や、最近では Coursera や edX などによって大規模公開オンライン講座（Massive Open Online Course: MOOC）が提供されるようになったことにある（重田, 2014）。オンライン教材は、予習教材として、従来教室内でおこなわれてきた講義を代替するものとして使用される。

筆者は、反転授業をアクティブラーニング型授業の１つとして理解したいと考えている。というのも、反転授業は、従来の講義パートを授業外学習にし、授業では、アクティブラーニングを思う存分デザインすることができるからである。前節で示した構図Ａ・構図Ｂをふまえると、反転授業は、もはや受動的学習を乗り越える程度の、構図Ａのアクティブラーニングではなく、積極的に、「能動的（アクティブ）」学習のポイントを特定する構図Ｂのアクティブラーニングを実現する。

しかも、講義を含めた一般的な構図Ｂのアクティブラーニング型授業より、アクティブラーニングにはるかに長い時間を充てることができるので、その意味では、「能動的（アクティブ）」のポイントをしっかり目的化・デザイン化し、授業外学習をしっかりさせる反転授業であれば、それは、一般的な構図Ｂのアクティブラーニングよりも、はるかに徹底したアクティブラーニング（型授業）となる。当然、その質は高まるものとなる。

3. どこでディープ・アクティブラーニングが必然となるか

アクティブラーニング論から見ると、ディープ・アクティブラーニング（DAL）は、学習内容の深い理解を目指すことで、アクティブラーニングの質を高めようとするものである。その意味で、前節の「アクティブラーニングの質を高めるための実践的動向」の１つとして紹介されるべきものである。しかし、ディープラーニングとDALとの境界線については、もう少し別の観点から説明が必要かと考え、本書のテーマがDALであることもふまえて、ここで節として取り出し概説することとする。

(1) 学習への深いアプローチ

「学習へのアプローチ」という概念の起源は、スウェーデンのマルトンとセーリョ（Marton & Säljö, 1976）に戻るとされる。マルトンらは、大学生に、教科書にある章ページや新聞記事を読ませ、その教科書や記事をどのように読んだかを尋ねた。そして、教科書や新聞記事の理解、さらには5〜6週間後の記

表 1-1　学習への深いアプローチと浅いアプローチの特徴

深いアプローチ
- これまで持っていた知識や経験に考えを関連づけること
- パターンや重要な原理を探すこと
- 根拠を持ち、それを結論に関連づけること
- 論理や議論を注意深く、批判的に検討すること
- 学びながら成長していることを自覚的に理解すること
- コース内容に積極的に関心を持つこと

浅いアプローチ
- コースを知識と関連づけないこと
- 事実を棒暗記し、手続きをただ実行すること
- 新しい考えが示されるときに意味を理解するのに困難を覚えること
- コースか課題のいずれにも価値や意味をほとんど求めないこと
- 目的や戦略を反映させずに勉強すること
- 過度のプレッシャーを感じ、学習について心配すること

*Entwistle, McCune, & Walker (2010), Table 5. 2 (p. 109) の一部を翻訳。

憶保持を学習成果として分析をした結果、読み方と学習成果との関係には、大きく2つのタイプのあることが明らかとなった。1つのタイプは、教科書や新聞記事をしっかり理解しようとせず、ただ問題点を見つけ、文章のある側面だけに着目するという読み方である。このような学生たちの学習成果は十分なものではなかった。もう1つのタイプは、著者が何を意図しているのか、記事の要点はどのようなものか、どのように結論が導かれているかなどに着目して、教科書や新聞記事全体の意味をつかもうとする読み方であった。そのような学生たちの学習成果は良いものであった。

このような差異は、後々、学習に対する異なる意図にもとづくアプローチの差異として、広く知られるようになる（Entwistle, McCune, & Walker, 2010）。すなわち、「学習への深いアプローチ（deep approach to learning）」とは、意味を求めての学習であり、「学習への浅いアプローチ（surface approach to learning）」とは、個別の用語や事実だけに着目して、課題にしっかりコミットすることなく、課題を仕上げようとする学習のことである。それぞれ、単純に「深い学習（deep learning）」、「浅い学習（surface learning）」と呼ばれることもある。それぞれの特徴をまとめると、表1-1のようになる。

表 1-2　活動の「動詞」から見る学習への深いアプローチと浅いアプローチの特徴

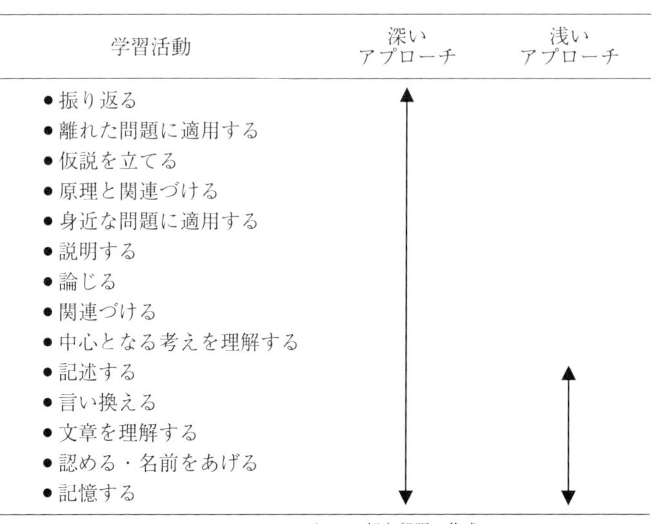

学習活動	深い アプローチ	浅い アプローチ
●振り返る		
●離れた問題に適用する		
●仮説を立てる		
●原理と関連づける		
●身近な問題に適用する		
●説明する		
●論じる		
●関連づける		
●中心となる考えを理解する		
●記述する		
●言い換える		
●文章を理解する		
●認める・名前をあげる		
●記憶する		

*Biggs & Tang (2011), Figure 2. 1 (p. 29) の一部を翻訳・作成。

ビッグスとタング（Biggs & Tang, 2011）は、このような学習への深いアプローチと浅いアプローチの特徴を、学習活動の「動詞」を用いてまとめている。表 1-2 に示すように、深いアプローチは、学習課題に対して「振り返る」「離れた問題に適用する」「仮説を立てる」「原理と関連づける」といった高次の認知機能をふんだんに用いて、課題に取り組むことを特徴とする。それに対して、浅いアプローチは、「記憶する」「認める・名前をあげる」「文章を理解する」「言い換える」「記述する」といった、繰り返しで非反省的な記憶のしかた、形式的な問題解決を特徴とする。この表の秀逸なのは、深いアプローチが、決して浅いアプローチで問題となる動詞を用いないということではなく、表で示されるあらゆる動詞を用いて学習がおこなわれることを明示している点である。深いアプローチであろうとも、学習課題や状況によっては、「記憶する」「文章を理解する」「言い換える」といった動詞を用いて学習がおこなわれるのであって、その意味で、むしろ浅いアプローチが問題なのは、「振り返る」「離れた問題に適用する」「仮説を立てる」「原理と関連づける」といった動詞を用いた、高次の認知機能を用いた学習が欠如していることにある（Biggs & Tang, 2011）。

(2) 学習スタイルではなく、学習アプローチとして

ビッグス（Biggs, 2003）は、学習への深いアプローチ、浅いアプローチは、教授学習状況に依存するので、それを学生個人の学習スタイル（style）（cf. Pask, 1976）と混同してはならないと警鐘を鳴らす。たしかに、学生の深い・浅いアプローチを採る傾向や好みといったスタイルはあるだろう。しかし、授業実践においては、1人でも多くの学生が、深いアプローチを採るような教授学習状況を作り出すことが重要である。授業実践においては、この学生は深いスタイルだからOKとか、浅いスタイルだからダメだと類型していくのは、ナンセンスなことだということである。教授学習状況が、浅いアプローチしか求めないような、すなわち伝統的な講義のようなものであるなら、たとえ深いアプローチの学習スタイルを持つ学生でも、浅いアプローチを採らざるを得ないだろうし、戦略的なアクティブラーニング型授業であれば、浅いアプローチの学習スタイルを持つ学生でも、深いアプローチを採らざるを得ないだろう。

学習スタイルではない、学習アプローチという観点から表1-2をもう1度見てみると、ここでの学習活動には、授業者がアクティブラーニング型授業をしっかりデザインしておかないと、多くの学生が自発的にはなかなか採らないであろう活動が多く含まれていることがわかる。たとえば、「説明する」「論じる」は、他者を相手におこなう活動であり、講義を聴いていて、1人頭のなかでおこなうことのできる「原理と結びつける」「（既有知識と）関連づける」といった活動とは、根本的に異なるものである。授業のなかで、「説明する」「論じる」活動と時間をしっかりデザインしておかなければ、授業以外の時間で「説明する」「論じる」を自発的におこなう学生は、まずいないと思って間違いないだろう。同様の観点から、「離れた問題に適用する」「身近な問題に適用する」――これは、いわゆる知識の活用と呼ばれるものである――にも同じことが言える。

以上をふまえると、学習への深いアプローチを表す表1-2のなかには、従来の伝統的講義でも引き出せる活動から、しっかりとデザインされた戦略性の高いアクティブラーニング型授業（構図B, 図1-1参照）でないと、十分に引き出

せない活動まで、さまざまに並んでいることがわかる。我々は、ディープラーニング（学習への深いアプローチ）だけでは表現しきれない、ディープ・アクティブラーニング（DAL）の必然性を、ここにつかみ取ることができるのである。

【まとめ】

■アクティブラーニングとは、「一方向的な知識伝達型講義を聴くという（受動的）学習を乗り越える意味での、あらゆる能動的な学習のこと。能動的な学習には、書く・話す・発表するなどの活動への関与と、そこで生じる認知プロセスの外化を伴う」と定義された。

■アクティブラーニングへの注目は、高等教育の大衆化、学生の多様化と密接な関連があるが、学習パラダイム、ひいてはアクティブラーニングがいったん採られるようになるや否や、単に高等教育の大衆化・学生の多様化といった理由だけでなく、もっと積極的な意義をつけて、学習パラダイム・アクティブラーニングを推進しようとする動きが生じてくる。本章では、この動きを、従来の教授パラダイムを乗り越える構図Aのアクティブラーニングから、積極的に、学生の学びと成長をはかる構図Bのアクティブラーニングへの移行と説明した。

■アクティブラーニングの質を高めるための実践的動向として、①授業外学習時間をチェックする、②逆向き設計とアセスメント、③カリキュラム・ディベロップメント、④授業を週複数回にする、⑤アクティブラーニングのための学習環境の整備、⑥反転授業をおこなう、を挙げた。

■学習への深い・浅いアプローチの特徴的な活動を「動詞」で示したビッグスとタングの論にもとづけば、学習への浅いアプローチの問題点は、「振り返る」「離れた問題に適用する」「仮説を立てる」「原理を関連づける」といった動詞が示す、高次の認知機能を用いた活動が欠如していることにある。これらの動詞が示す活動のなかには、構図Bの戦略性の高いアクティブラーニング型授業でないと、十分に引き出せない活動が含まれており、ここではじめて、ディープラーニング（学習への深いアプローチ）だけでは表現しきれない、ディープ・アクティブラーニング（DAL）の必然性をつかみ取ることができると考えられた。

文献

Albanese, M. A., & Mitchell, S. (1993). Problem-based learning: A review of literature on its outcomes and implementation issues. *Academic Medicine, 68* (1), 52-81.

Barr, R. B., & Tagg, J. (1995). From teaching to learning: A new paradigm for undergraduate education. *Change, 27* (6), 12-25.

Barrows, H. S., & Tanblyn, R. M. (1980). *Problem-based learning: An approach to medical education.* New York: Springer.

Biggs, J. (2003). *Teaching for quality learning at university.* (2nd ed.). The Society for Research into Higher Education & Open University Press.

Biggs, J., & Tang, C. (2011). *Teaching for quality learning at university.* (4th ed.). Berkshire: The Society for Research into Higher Education & Open University Press.

Bonwell, C. C., & Eison, J. A. (1991). *Active learning: Creating excitement in the classroom.* ASHE-ERIC Higher Education Report No. 1.

Entwistle, N., McCune V., & Walker, P. (2010). Conceptions, styles, and approaches within higher education: Analytic abstractions and everyday experience. In R. J. Sternberg, & L. F. Zhang (Eds.), *Perspectives on thinking, learning, and cognitive styles* (pp. 103-136). New York: Routledge.

Fink, L. D. (2003). *Creating significant learning experiences: An integrated approach to designing college courses.* San Francisco, CA: Jossey-Bass.

林一雅 (2011)「世界のアクティブラーニングと東京大学 KALS の取り組み」河合塾 (編)『アクティブラーニングでなぜ学生が成長するのか―経済系・工学系の全国大学調査からみえてきたこと―』(pp. 231-250) 東信堂.

楠見孝 (編) (2010)『思考と言語 (現代の認知心理学 3)』北大路書房.

Lage, M. J., Platt, G. J., & Treglia, M. (2000). Inverting the classroom: A gateway to creating an inclusive learning environment. *Journal of Economic Education, 31* (1), 30-43.

Marton, F., & Säljö, R. (1976). On qualitative differences in learning I: Outcome and process. *British Journal of Educational Psychology, 46*, 4-11.

Mazur, E. (1997). *Peer instruction: A user's manual.* New Jersey: Prentice Hall.

McMullen, S. (2008). US academic libraries: Today's learning commons model. *Librarian Publications*, Paper 14. (http://docs.rwu.edu/librarypub/14/, 2014年10月20日検索)

Meyers, C., & Jones, T. B. (1993). *Promoting active learning: Strategies for the college classroom*. San Francisco, CA: Jossy-Bass.

溝上慎一（2008）『自己形成の心理学―他者の森をかけ抜けて自己になる―』世界思想社.

Pask, G. (1976). Styles and strategies of learning. *British Journal of Educational Psychology, 46*(2), 128-148.

Prince, M. (2004). Does active learning work ?: A review of the research. *Journal of Engineering Education, 93*(3), 223-231.

重田勝介（2014）「反転授業―ICT による教育改革の進展―」『情報管理』56 巻 10 号, 677-684.

Somerville, M. M., & Harlan, S. (2008). From information commons to learning commons and learning spaces: An evolutionary context. In B. Schader (Ed.), *Learning commons: Evolution and collaborative essentials* (pp.1-36). Oxford: Chandos Publishing.

Tagg, J. (2003). *The learning paradigm college*. Bolton, MA: Anker.

Wiggins, G., & McTighe, J. (2005). *Understanding by design*. (Expanded 2nd ed.). Upper Saddle River, NJ: Pearson Merrill Prentice Hall.

安永悟（2006）『実践・LTD 話し合い学習法』ナカニシヤ出版.

安永悟（2012）『活動性を高める授業づくり―協同学習のすすめ―』医学書院.

【さらに学びたい人に】

■溝上慎一（2014）『アクティブラーニングと教授学習パラダイムの転換』東信堂

本章で提示したアクティブラーニングの定義が、他の論者の定義との比較において説明されている。その他、アクティブラーニングの提唱の社会的・歴史的背景、アクティブラーニングを通して育成されると考えられる情報・知識リテラシーなどが概説されている。

■河合塾（編）（2011）『アクティブラーニングでなぜ学生が成長するのか―経済系・工学系の全国大学調査からみえてきたこと―』東信堂／河合塾（編）（2013）『「深い学び」につながるアクティブラーニング―全国大学の学科調査報告とカリキュラム設計の課題―』東信堂／河合塾（編）（2014）『「学び」の質を保証するアクティブラーニング―3 年間の全国大学調査から―』東信堂

河合塾のアクティブラーニング事業に関する三部作で、カリキュラム化に関する全国大学調査の結果と、すぐれた事例が紹介されている。また、調査成果をおこなったセミナーでの講演や事例報告の記録もある。

［付記］

本章の主たる説明は、拙著（2014）『アクティブラーニングと教授学習パラダイムの転換』（東信堂）の関連箇所をまとめたものである。詳しくは、そちらを参照してほしい。

【コラム】

反転授業

——知識理解と連動したアクティブラーニングのための授業枠組み——

森　朋子

●反転授業とは

20世紀後半にアメリカで生まれ、草の根で広まった反転授業は、説明中心の講義などをeラーニング化することで学習者に事前学習を促し、対面授業では理解の促進や定着を図るために演習課題、または発展的な学習内容を扱う授業形態である。近年では、MOOC（Massive Open Online Courses、大規模公開オンライン講座）と結びついて新たな教育改革のキーワードとなっている。草の根で広まったその理由の1つは、反転授業を通じて、学習者の理解が格段と高まった事例がいくつか報告されたことにある（Bergmann & Sams, 2012; Fulton, 2012; Khan, 2012）。しかし、その学びのプロセスや構造はまだ明らかになっておらず、どのような要素がその効果を支えているのかは、まさにこれからの実践的研究による知見の蓄積が待たれるところだ。

●アクティブラーニングと反転授業

反転授業は、一見、革新的な教育デザインのようにも見えるが実はそうではない。他の教育方法と同様、授業担当者が実践の中で試行錯誤しながら少しずつ改善を繰り返してきた歴史がある。教育工学では、eラーニングと対面授業を組み合わせたブレンド型学習の一形態として位置づけられている。その一方で、リーディング・アサインメント（事前に配布資料を読み込んでから議論を行う授業形態）など、講義動画以外の教材を活用し、事前学習を促すことで対面授業のアクティブラーニングを活性化する教育方法もすでにいくつか存在している。事実、効果が上がっている反転授業では、対面授業において学習者同士の学びあいや教えあいを基盤とするグループワークを導入するデザインがほとんどであり、そこで見られる学習者の活動は、まさにアクティブラーニングのそれと同様だ。つまり反転授業の高い成果には、アクティブラーニングによる効果も大きく含まれているといえるだろう。

そもそも反転授業は、1つの完成された教育デザインというよりも、多様な活動を組み合わせる大きなフレームのようなものだ。従来の授業では学習者の主体性に大きく任されていた授業外学習の部分にも、対面授業同様、教員の意図を大きく反映させることが可能になる。その授業の教育目標を達成するために、授業外学習と対面授業の双方において、どのような学習活動を組み合わせるのか。その支援は，授業内に留まる学びから授業内・外をつなぐ学びへと対象を拡張していく。

●アクティブラーニングの現状

最近の大学教育におけるアクティブラーニングのブームに水を差すわけではないが、その効果をおおいに期待する私としては、多少なりとも現状に危機を感じているのも事実である。私は担当教員の協力を得て、いろいろなアクティブラーニングの授業を参観しているが、そこにはアクティブラーニング導入で乗り越えたはずの課題が未解決のまま置き去りにされていることがある。その中でも最大の懸念事項は、学生の学びの質の格差だ。主体的に教員の話を聞いている学生と、そうでない学生との間に学びの質の二極化が指摘される講義形式だが、同様にアクティブラーニング授業においても、その縮小図が展開されている。具体的にはフリーライダーの出現や、グループワークの非活性化、思考と活動に乖離があるアクティブラーニングなどなどである。まさに受講者全員にある一定の理解を担保しながら、それに伴う多くの経験をプロデュースするアクティブラーニングを展開することは至難の業であり、担当教員の優れた名人技が不可欠だ。しかし残念ながらFD活動を通じても、それら名人技はなかなか他教員にたやすく共有されることはない。

教育・学習の質を保証するために、個人技に頼らぬ効果的なアクティブラーニングをどのように展開していったらよいのか。反転授業はもしかしたらその1つの可能性かもしれない。

●反転授業の種類と実践

今現在の反転授業は、大きく分けて2つのアクティブラーニングを含むデザインがある。ここでは双方のデザインを説明した上で、2013年度に実際の授業で試行した島根大学での実践を紹介しよう。

A. 完全習得学習型

1つ目は〈完全習得学習型〉といわれている方法で、ある教育内容のレベルを受講者全員が達成することを目標に掲げ、事前学習で学んだ内容を対面授業のアクティブラーニングで定着・発展させる方法である。このタイプは、ある条件をクリアすれば、教員の個人技が関与する余地が少ないことから、比較的、授業デザインの転移が容易であることが大きな特徴だ。ある条件とは、①事前の動画講義による〈教える〉を通じて学生個々の〈わかったつもり〉状況を作ること、②対面授業のグループワークにおいて、その〈わかったつもり〉を揺さぶること、③躊躇やとまどいを通じて新たな〈わかった〉を再構築することである。知識の積み上げを基盤とする自然科学系の学問領域での導入で、大きな成果を上げている。実際に事例を見てみよう。

【事例】自然科学系「基礎水理学」授業

生物資源科学部の宗村広昭先生は、水の流れに関する力学の基礎を扱う専門科目「基礎水理学」に反転授業を取り入れた。何かと時間がない教員にとって、一番の難関は事前学習用の動画の作成である。これは作成していたパワーポイントに音声を記録しつつ直筆の書き込みができるソフトを活用し、15分ほどの動画を作成した。評価はその学びのプロセスを大事にするため、一括した期末試験ではなく、3回に分けた小テストの合算とした。

授業デザインは表1の通りである。調査の結果、毎回の事前学習時間の平均時間は、約2時間強だった。90分の対面授業は教員による導入終了後、すぐに協調的なグループ学習に入る。事前に提示された演習問題を、グループ全員がすべて理解することを目的に、学び合いが始まるのだ。最初は多少ぎくしゃくしているグループでも、個人学習で理解しきれなかった学生を中心に他者を活用して必死に自らの理解を進めようとする学生の様子がうかがえた。さらには、理解したと思っていた学生が、わからない学生の質問に答えるなかで、自らの間違いに気

表1　完全習得学習型の授業デザイン例

教育活動	学習活動
事前学習１	●講義動画視聴
事前学習２	●該当箇所のノート作成
事前学習３	●演習問題への解答
対面活動（４人１組の協調活動）	●演習の続き
	●教員による個別チェック
	●演習の解答説明/講義

付く場面もある。たとえば、以下のような会話である。

学生Ａ「えっ？　でもここはどうしてこの計算になるの？」
学生Ｂ「うーんと例題あるから……」
２人で一緒に計算する
学生Ａ「だって圧力一緒なんだから、これなんじゃない？」
学生Ｂ「あっ、本当だ、こっちだ」　（2014年1月30日）

その間、教員は１名のTAと手分けをして各グループを回り、個人のノートの作成具合や理解度をチェック・指導して回る。時には笑いを引き起こしながら各グループの質問に答えている様子は、授業でありながらまるでオフィスアワーのようだ。授業の締めくくりの最後の10分間は、演習の解答を講義形式で教員が説明するが、実際に自分が思考したあとの講義とあって、学生は身を乗り出して話に聞き入る様子が観察されている。この反転授業の成績を前年度の講義形式授業と比較した結果、平均点にも向上が見られた。学習時間の確保と対面での協調的な活動が、力学を苦手とする学生を引き上げることにつながったのではないだろうか。

B. 高次能力育成型

２つ目のデザインは〈高次能力育成型〉である。１つ目の〈完全習得学習型〉では、事前学習の内容を、対面授業において繰り返し考えることで定着させるこ

表2　高次能力育成型の授業デザイン例

教育活動	学習活動
事前学習1	●講義動画視聴
事前学習2	●確認テスト
対面活動（4人1組の協調活動）	●プロジェクト活動
	●教員による個別チェック
	●プレゼンテーション
	●学生の相互評価

とが達成目標に置かれているが、〈高次能力育成型〉は、事前学習で得た知識を活用し、対面授業ではさらに発展的な活動を行うことを目的としている。演習や調査ケーススタディを伴う学問分野に親和性が高く、他分野であっても PBL (Project based learning、プロジェクト型学習) 等のアクティブラーニング授業に導入できる。その活動基盤となる知識や共通認識の構築については、その部分を動画化し、事前学習とすることで、対面授業でのアクティブラーニングに多く時間が割けるという魅力がある。知識を前提とするアクティブラーニングには、大変有効だ。ただ課題としては、対面授業をマネジメントする担当教員の力に大きくその成果が依存している点にある。その力量次第では、前項に挙げたアクティブラーニングの課題がそのまま〈高次能力育成型〉(表2) にも引き継がれることになる。

事例を見てみよう。

【事例】情報系「ヒューマン・コンピューター・インタラクション」授業

総合理工学部の平川正人先生は、使いやすいコンピューターシステムを構築する上で必要となる基本事項について、理論的事項からシステム実現まで幅広く学ぶことを目的とする授業「ヒューマン・コンピューター・インタラクション」に反転授業を導入した。15回の授業を講義部分と PBL に分け、メリハリがあるコースデザインとなっている。講義部分は、パワーポイントを使って作成した事前学習資料に音声で説明を加えた動画 (20分前後) を作成し、事前に視聴することを指導した。内容によっては、YouTube などに提供されているビデオ映像を関連事例として紹介した。簡単な確認テストを毎回用意し、理解内容を確認するように求めた。この確認テストは直接的に成績に反映されるものではなく、あくまでも理解を促すために設けたものであり、何度でも繰り返しトライアルができるように設定した。対面授業では、2回のプロジェクト演習を行う。テーマは「スマホ向けの「お天気アプリ」の企画」と「不自由なインタフェース事例の洗い出し」である。お天気アプリの活動では、①利用者のニーズを整理する、②利用イメージをコンテ化する（ストーリーボード)、③解決策（画面インタフェース）をスケッチにまとめる、④本当に望まれたものか意見を集め、必要な修正を行う、という学習活動をグループで行い、最終的にプレゼンテーションで作品を見える化し、学生同士の相互評価を行った。

●アクティブラーニングを再考する

知識基盤社会の現代では求められる能力や知識のあり方も大きく変容しつつある。固定された知識を早く正確に取り出すよりも、時代の変化に対応しつつ、自らの既存知識を新しい情報を結び付けて再構築していく能力が求められている。深く学び、理解したとしてもそれを固定してしまっては、現実社会で活かすことはできない。個人の産物である〈わかったつもり〉を、他者との相互作用の中での揺らぎや躊躇を通じて、再度、自らの〈わかった〉を再構築していくプロセスは、まさに生涯学習にも通じる普遍的な学習モデルである。大学教育という大きなフレームの中で、反転授業を通じて現代に適した〈学び方を学ぶ〉ことは、学生にとっても大きなメリットだ。反転授業で新たに注目されたアクティブラーニングにおける知識の重要性は、今後、ますます大きくなることだろう。そしてこの学びは授業に留まらない。今後は、研修やワークショップ、さらには企業教育やMOOCと結びついた生涯教育など、さまざまな学びの場で展開されていく。反転授業は、まさに反転学習となり、知識と連動したアクティブラーニングの学びのフレームとして新たなデザインにつながる。

第2章

【学生の関与の重要性】

関与の条件

——大学授業への学生の関与を理解し促すということ——

エリザベス・F・バークレー

訳：松下佳代

40年ほど前に大学で教えはじめた頃、私は、「学生の関与（student engagement）」という言い回しを耳にしたことがなかった。もし、誰かに、「学生の関与」こそが授業で促してもらいたいことなのだ、といわれたとしたら、ひどく驚いたことだろう。私や同僚の多くは、大学教員の仕事は講義することであり、学生の仕事はそれを聴き、勉強し、テストを受けることだ、と思っていたからだ。その後、10年ほど、私は、学部長の仕事をするために授業現場を離れた。1990年代半ばに教室に戻ったとき、授業現場の光景は一変していた。目の前に座っている学生たちはほとんどが、本当はそこにはいたくない、とでもいうかのようだった。学生たちを刺激的な議論に巻き込もうとする懸命な努力にもかかわらず、学生たちは、まったくの無関心か、むきだしの敵意の表情で、私を見ていた。授業が進むにつれて状況はいっそう悪くなっていった。学期が始まって3週間たった頃、私の後任の学部長から、学部長室に呼ばれた。とくに授業に不満をもった数人の学生から寄せられた苦情の数々を、学部長がリーガルサイズの紙を手にして読み上げるのを、私は呆然としながら聞いていた。私は授業に復帰するのを長い間待ち望んでいたのだが、今ではもうプライドを傷つけられ困り果ててしまっていた。わずか10年前には、授業をうまくやる人気教師だったのに、“旧式のやり方”ではもはやうまくいかないことは明らかだった。退職するには若すぎたので、学生を授業に関与させることを第1の関心事に据えることにした。

私の経験は珍しいものではないはずだ。米国でもよその国でも、今の時代、教えるということはタフな仕事だ、と大学教員たちは口にする。われわれ大学教員の多くは、どこかの時点で、自分の専門分野への情熱をかきたてられて、その分野を選んだ人間だ。大学人としてのキャリアの魅力の一部は、そうした情熱を他者と分かちあい、うまくいけば教え子をその学問分野に導き入れる機会が得られる、ということにある。だから、教室を見渡して、退屈や無関心を隠す努力すらしない学生たちの姿を目にすると、本当にがっかりする。成績のことばかり気にして、その成績の表している学習の中身にはほとんど関心を示さない学生たちも、苦痛の種だ。教わっている内容を学ぶことに興味がないのなら、なぜわざわざその科目を履修するのだろうか。考えたり関心をもったり関与したりするよう学生を仕向けることが、なぜこんなにも大変なのだろうか。このような問題は、今日、学生の関与についての国際的な対話の場でも話題になっている。

現在の高等教育は驚くほど多様なので、対話のテーマもさまざまだ。さしあたっての注目は、数百名規模の大人数クラスでの学生の関与に向けられているが、関与は12名程度の平均的クラスサイズの授業でも取り組むべき課題になる。教員の中には、学生を高次の思考に挑戦させる方法を見つけようとしている者もいれば、まず、クラスに顔を出し、携帯電話を脇に置き、イヤホンを耳から外して、基本的なアカデミックスキルを伸ばすことに集中させようと奮闘している者もいる。多くの教員は、旧来の対面の環境で提供される授業に学生を関与させようとしているが、部分的あるいは全面的にオンラインの環境で提供される授業に学生を関与させる方法を探している教員も徐々に増えている。

これらをつなぐ糸は「関与」だが、そもそも「学生の関与」とはどういうことなのだろうか。その答えは、人によって意味はさまざま、ということだ。“Engaged Learning: Are We All on the Same Page?”（「関与のある学習―われわれはみな共通の認識をもっているのか―」）という論文の中で、ボーウェン（Bowen, S.）は次のように述べている。関与のある学習（engaged learning）、関与する学習者（engaged learners）を生み出そうとする改革運動についての構想、戦略プラン、学習成果、議題の数に示されるように、今日、関与ということが重視されるようになってきたが、「関与とは実のところ何を意味するのかということやなぜそれが重要なのかということについてのはっきりした合意は、いまだ欠落している」(Bowen, 2005, p. 3) と。

本稿の目的は、学生の関与について理解するための概念的な枠組みを構築することにある。そのために、まず、学生の関与という言い回しの背景を明らかにし、次に、大学授業の文脈でそれが意味するものについて授業ベースのモデルを提案する。

1.「学生の関与」という言葉を定義する

関与という言葉を学習と結びつけた初期の試みに、学生に対する大学のインパクトを扱ったパスカレラとテレンジーニ (Pascarella, F. & Terenzini, P.) の論文がある。「おそらく、引き出すことのできる最も強い結論は、最も驚きの少ない結論である。簡単にいえば、学業や大学でのアカデミックな経験に対する学生の関与 (involvement or engagement) が大きくなればなるほど、学生の知識獲得や一般的な認知発達のレベルも大きくなるということである」(Pascarella & Terenzini, 1991)。その 10 年後に、ラス・エジャートン (Russ Edgerton) は、反響を呼んだ著作、*Higher Education White Paper*（『高等教育白書』）の中で、ある学問分野の概念を本当に理解するには、その分野の専門家たちが遂行する「課題」に学生も「関与する」必要がある、と指摘した (Edgerton, 2001, p. 32)。この著作の中で、エジャートンは、関与の教授法 (pedagogies of engagement) という言い回しを作り出して、こう述べている。「“物事についての”学習では、学生が 21 世紀を生きていくのに必要な能力や理解を獲得させることができない。われわれにとって必要なのは新しい関与の教授法であり、それが現在のアメリカが求めている臨機応変で積極的に関わる労働者や市民を生み出すのである」(p. 38)。シュルマン (Shulman, L. S.) は、エジャートンや他の研究に依拠しながら、彼の学習の分類学の土台部分に、関与を据えている。「学習は学生の関与から始まる」(Shulman, 2002, p. 2) のである。

アメリカでは、National Survey on Student Engagement (NSSE) や同系列の Community College Survey on Student Engagement (CCSSE) のような取り組みが、学生の関与の測定をめざして行われている。これらの調査では、関

与を〈学生が効果的な教育実践とみなされるような活動にひんぱんに参加すること〉と定義し、〈大学入学から卒業までの教室内外でのさまざまな活動や相互作用への関与（involvement）のパターン〉ととらえている。「学生の関与は２つの重要要素からなる」とNSSEの副ディレクター、ジリアン・キンジー（Jillian Kinzie）は説明している。「第１の要素は、学生が、勉強や他の活動に投入する時間と努力の量である。それは学生の成功を構成する経験や成果につながる。第２の要素は、機関が、資源を配分し、学習の機会やサービスを組織するやり方である。それによって、学生はそうした活動に参加し、そこから利益を得られるよう方向づけられるのである」（Kinzie, 2008）。

こうした「関与」という言葉の使い方の整理は、全国レベルや機関レベルでの一般的動向をみるときにはうまく機能するが、大学という社会の“塹壕で”、日常的に学生を関与させようとしている大学教員にとってあまり役に立つものではない。そこで、大学の授業において、何が学生の関与を構成するのか、もう少し詳しくみてみよう。

(1) 学生の関与を理解するための教室ベースのモデルに向けて
——ベン図モデル——

学生の関与について述べるとき、たいていの大学教員は、以下の２つのやり方のうちどちらか一方で取り組もうとする。第１のやり方は、「関与している学生は、自分が学習している事柄に本当に関心をもっている」とか、「関与しているときには、学生は、こちらの期待を上回り、要求されていることを超えて進む」とか、「私にとって、学生の関与を表現する言葉は、情熱と興奮だ」といった言い回しを使うものである（Barkley, 2009）。こうした言い回しは、動機づけに根ざした関与観を反映している。“engagement”という語の語源は、この見方に手がかりを与えてくれる。“engage”は、人の命や名誉をかける（pledge）ことや誰かを味方につけるほど魅了することを言い表す古代フランス語である。どちらの意味も、教員の抱く動機づけベースの関与観と共鳴する——われわれは、学生たちに自分の学問分野への情熱を分かちもってほしいし、授業がとても面白いので喜んで（いや熱中して）全身全霊を学習プロセスに傾けたくなると感じてほしいのだ。

多くの大学教員が学生の関与について述べる第2のやり方は、「関与している学生は、学んでいる事柄を理解しようとしている」とか、「関与している学生は、眼前の課題に没頭していて、高次の思考スキルを使っている」といった言い回しを使うものである（Barkley, 2009）。こうした教員は、関与をアクティブラーニングと関連づけている。学習とは、新しい情報を既知の事柄と結びつけて意味と意義を構成することからなるダイナミックなプロセスだということを、彼らは認識している。ボンウェルとアイソン（Bonwell & Eison, 1991）は、アクティブラーニングを「考えていることを行い、行っていることを考えること」[1)]と、手際よく定義している。エジャートンは、「ある考えを本当に理解するには、その考えを必要とするさまざまなパフォーマンスを実行できなければならない。学生は、本を読み講義を聴くことで化学について知るが、化学を本当に理解するには、化学者が遂行している課題に関与する必要がある」という。そしてさらにこうつけ加える。「PBL（Problem-Based Learning）や協働学習／協同学習（collaborative learning）や学生による研究（undergraduate research）といった授業アプローチは、『関与の教授法』である。というのも、それらは学生に、学問分野の課題を“行い”ながらアクティブに学ぶことを求めるからである」（Edgerton, 2001, p. 32）。ボーウェンは、NSSE は「こうした教授法が使われている程度を測定しており、関与の事実上の操作的定義になっている」（Bowen, 2005, p. 4）と指摘している。

主として関与の動機づけ要素とアクティブラーニング要素のどちらで考えているにせよ、両方とも必要だということを、教員たちはすぐにも認めるだろう。高い動機づけをもち熱中している学生にあふれた教室はすばらしい。だが、それが結果的に学習につながらなければ、教育的には無意味だ。逆に、アクティブに学習していても、しぶしぶ、いやいやながらやっている学生は、関与していることにはならない。したがって、学生の関与は、動機づけとアクティブラーニングの産物なのである。合計というより産物（プロダクト）である。なぜなら、片方の要素が欠けていれば、関与は起こらないからだ。どちらか一方だけでは、関与は生まれない。動機づけとアクティブラーニングの重なり合う空間で関与は生成されるのである（図2–1参照）。

動機づけとアクティブラーニングが結びつくと、基本的な学生の関与が促さ

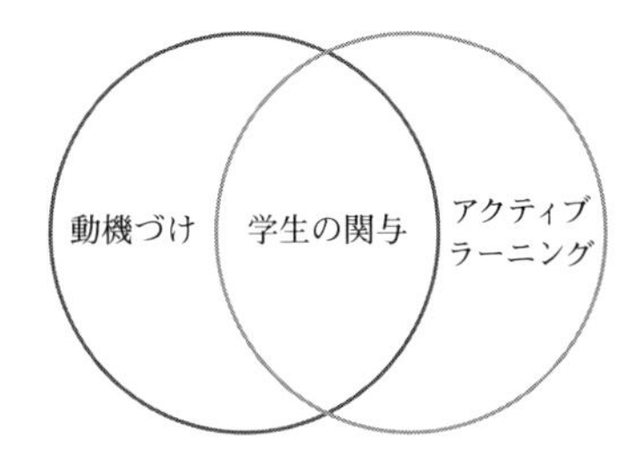

図 2-1　学生の関与のベン図モデル

れるが、教員の中にはさらに多くを求める者もいる――教育的経験によって学生に真の意味で変容してほしいと願うのだ。どんな学習も、学習の定義にあるとおり、あるレベルの変化を生み出すものだが、**変容的学習**（transformative learning）とは深く徹底した変化のことである。クラントン（Cranton, 2006）は、変容的学習を「以前は無批判に同化していた仮説・信念・価値観・見方に疑問が投げかけられ、それによって、より開かれた、より柔軟な（permeable）、より正当化されたものになるプロセス」（p. vi）と定義している。それは、「問題のある準拠枠を検討し、より包括的で、識別力のある、開かれた、反省的で、変化可能な準拠枠にすること」を学習者に求める。「一回の出来事で引き起こされることもあるし、……あるいは、長い時間をかけて徐々に蓄積的に生起することもある」（p. 36）。

変容的学習は、学生が熱心に挑戦的課題に取り組むときに生じ、ペリー（Perry, W. G.）のいう知的・倫理的発達の上位のレベルとして記述されるような類の成長を創り出す。ペリーの観察によれば、たいていの1年生は、物事には客観的で正誤のはっきりした答えが存在すると信じる二元論者として、大学に入学してくる。大学教育の目標の1つは、学生が、不確実性や相対主義を扱うことを学びながら、二元論的思考をこえてより複雑な段階へ進むのを援助することである。経験によって思考が刺激されると、学生は、真実とは文脈的で相対的なものだとみなしはじめる。単一の正解はないのだから、「誰もが自分自身の意見を述べる権利をもっている」。つまるところ、1つの問いに対する多様な答えがあるが、すべての答えが同等であるわけではないこと、経験的エビデンスや論理的一貫性のような特定の規準が、知的主張（knowledge claims）

の有用性や妥当性を評価するのを助けてくれるということを、学生は認識するのである。

ペリーの最終段階である第4段階になると、学生は、客観的分析と個人的価値観の両方を要するような個別の選択をしなければならないと認識するようになる（Perry, 1998）。学生の思考がこのレベルの洗練度にまで成熟すると、真の意味で変容的になる。興味深いことに、「変容的学習は、必然的に学生の現在のアイデンティティや世界観を脅かすことになるがゆえに」、学生は変容的学習を促そうとする教員の試みに抵抗することが往々にしてある、とボーウェンは述べている。そして、自分の確固とした見解を擁護するための準備が十分できたと感じられるまでは、学生の大多数がディスカッションに参加したがらなかったという、エリート的リベラルアーツ・カレッジでの研究を引き合いに出している（Trosset, 1998, in Bowen, 2005）。変容的学習を関与のある学習の一要素ととらえる教員もいるが、変容的学習は、関与のある学習に必要な要素というよりむしろ、持続的な関与の結果、もしくは高次の人格的強さ（personal intensity）に達した関与の結果といえよう。

(2) 学生の関与を理解するための教室ベースのモデルに向けて
──二重らせんモデル──

動機づけとアクティブラーニングは相乗的に協働し、両者が相互作用すると、関与を高めることに貢献する。この観点からすれば、関与を、アクティブラーニングと動機づけの重なり合いとして描く──それによって各々の影響を制限することになる──ベン図よりはむしろ、二重らせんとして描く方がよいかもしれない。アクティブラーニングと動機づけは相乗的に協働し、強度を高め、個々の効果の合計以上に大きい柔軟でダイナミックな現象を創り出すスパイラルだからだ（図2-2参照）。

このように、関与は連続体上で生じる。関与は、動機づけとアクティブラーニングの交差から始まるが、この2つは相乗的に働き、強度を高める。連続体上の最後には、教育の宝物のような里程標を刻む、変容的な至高経験（peak experience）がある。こうした経験は魅力的で人を引きつけるものだが、コンスタントに持続できるものではない。あまりに消耗させるものだからだ。大学

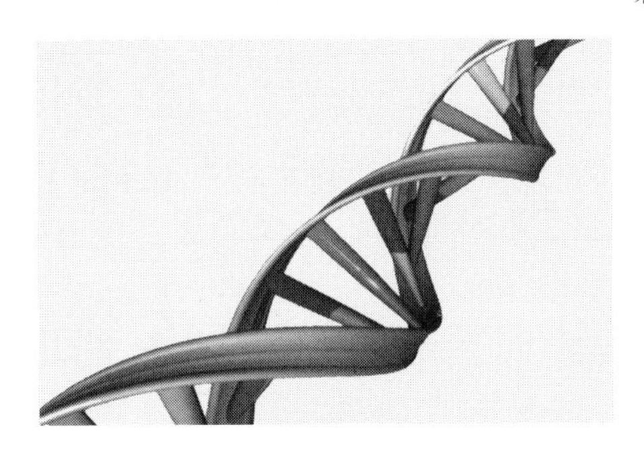

図 2-2　学生の関与の二重らせんモデル

教員として、われわれは深い関与（deep engagement）の経験を増やそうと努力し、関与の欠如の特徴である無関心や無気力を減少させ、両者の間に横たわる関与のある学習を高めようとして、自分の教育方法を用いるさまざまなやり方に目を向けるのである。

以上から、大学授業の文脈の中では、次のような定義を提案したい。〈学生の関与とは、ある連続体上で経験され、動機づけとアクティブラーニングの間の相乗的な相互作用から生み出されるプロセスとプロダクト（産物）である〉という定義である。動機づけとアクティブラーニングの研究と理論から導き出される基本原理を理解することは、学生の関与をいかにして促すかについての洞察を与えてくれる。それでは、二重らせんモデルの第1の要素である学生の動機づけについて探究することから始めよう。

2. 関与と動機づけ

ミシガン大学のジェレ・ブロフィ（Jere Brophy）は、教室での動機づけを、「熱中のレベル、および学生が自らの注意と努力を学習に投資しようする度合い」と定義している（Brophy, 2004, p. 4）。学生を動機づけようとした私の初期の試みの1つ、「よい学生へのボーナス（Good Student Bonus）」を紹介しよう。私はこのボーナスを学期始めに学生に与え、ボーナスを維持するためにしなければならない行動を列挙する。

●よい学生であるには……

- 自分の学習に責任をもつこと。あなたが大学にいる主な理由の１つは、より高い教育のある人間になろうと願っているからであるはずです。私はあなたを学習させることはできません。あなたが自分自身で学習しようと決意しなければならないのです。
- 私に質問する前に、自分の問いがシラバスで答えられていないか確認すること。
- 自分の時間をうまく管理し、締切の延長を求めないこと。
- 宿題をするよう自分を促すために、宿題の指示をしっかり読んで採点用ルーブリックを使い、その上で最大限の努力をすること。こうすればより多くのことを学べるだけでなく、よりよい成績もついてきます。
- 成績のことをあれこれ言わないこと。

このボーナスのシステムのおかげで、「よい学生」であり上のような行動をする学生の大多数に、報酬を与えることができる。学生がこうした行動をやらないとき――たとえば、シラバスにはっきり書いてある情報について質問するとき――、私はこう答える。「質問には答えられるけれど、その答えはすでにシラバスに書いてあるわ。だからもし私が答えれば、よい学生のボーナスを失うことになるの。それでも質問に答えてほしい？」

私の好まない行動をやらないようペナルティを課すこともあった。たとえば、リーディング・アサインメント（文献予習課題）を学生が泥縄的にやったように見えたときには、「ジャンク・エフォート・ペナルティ（Junk Effort Penalty）」を作った。このペナルティにはこんなことが書かれている。「①基本的な指示を無視した場合、②宿題に対して大学レベルの思考を注がなかった場合、③宿題に多くの文法や綴りの間違いを残したまま提出した場合、私の時間のムダでありあなたの時間のムダにもなるので、200ポイントのペナルティを課します」。

私は、授業が、報酬と罰、つまりボーナスポイントとポイントペナルティのからみあいで構成されることによって、学生が一生懸命勉強し怠惰にならないように動機づけられるよう、配慮していた。ボーナスとペナルティのストラテジーは、動機づけの行動主義モデルに根ざしている。この行動主義モデルは、教員が、すぐれた学習活動（授業への集中、宿題へのしっかりした取り組み、思考にもとづくディスカッションへの貢献）を構成する望ましい学習行動を強化し、それによって学生がこうした行動を続けていくよう力づけることによって、学生の動機づけを伸ばしていけるということを示している。もし学生が、こうした行動にただちに関与することができないとしても、正しい行動が強化され、一方、それと相容れない行動は強化を受けないことで消えていったり、罰を受けることで抑制されていったりすれば、次第に改善されていくだろう、と私は考えていた。

多くの教員は私と似ていて、コースワークに学生の時間と努力を傾けさせる最も容易で直接的なやり方は、上述したボーナスや好成績、誉め言葉、課題をやらなくてよいというインセンティブ（たとえば、ポイントがXに達したら最終試験は免除）、達成の承認（たとえば、「最高のプロジェクトは、xさん、yさん、zさんのプロジェクトでした」）といった報酬ストラテジーの使用だと考えている。このアプローチの問題は、学生が報酬を得ること、罰を避けることに関心の焦点を合わせ、学習そのものには焦点を合わせなくなってしまうことにある。コーン（Kohn, A.）は、反響を呼んだ著作 *Punished by Rewards*（『報酬による罰』, 1999）において、こうしたアプローチに対する批判を行っている。このようなストラテジーは学生に賄賂を贈るようなものであり、学生の関心の焦点を、課題それ自体を価値づけることではなく、課題をめぐる競争の結果を価値づけることに振り向けることになるというのである。人はすでに自分自身の理由でやっていることに対して報酬を与えられると、やがては最小の努力で最大の報酬を得られるものをやるようになり、内発的動機づけとパフォーマンスの質が下がってしまう、ということをエビデンスによって示した研究を、この本の中で彼は引用している。このことは、たとえば、GPAを下げないようにするために、学生が、多くのことを要求される授業より「楽勝でAがとれる」授業を履修するという行動を取ることをみても明らかである。要するに、外発的な報酬を与えるというストラテジーは動機づけを高める“即効薬”ではあるが、真に関与のある学習につながる、学習への内発的動機づけを高めるのを手助けしようとする努力を、かえって妨げることになるということである。

動機づけの認知的モデルは、1960 年代の行動主義モデルに取って代わるものであり、学習者の主観的経験を重視している。強化は依然として重要ではあったが、その効果は学習者の認知によって媒介されるとされた。認知モデルにおいてまず発展したのは欲求モデルであった。このモデルでは、**マズローの欲求階層**（Maslow's Hierarchy of Needs）に代表されるように、行動は感知された欲求への反応であると考えており、より高次の欲求（たとえば、所属感）が満たされるには、その前に基本的な心理学的欲求（たとえば、睡眠）が満たされる必要があるとされている。これは、教室の文脈でいえば、学生が大学レベルの学習に焦点をあてるには、その前により低いレベルの欲求が満たされなければならないということを意味する。いいかえると、授業と授業の間をかけずり回って食事もとらずにお腹をすかせている学生や、パートタイムの仕事で遅くまで働いて疲れ切っている学生は、基本的な欲求に気をとられてコースワークに集中できないということになるだろう。また、学生たちが、クラスメートに受け入れられなかったり教授に批判されたりするのを心配している場合は、基本的な安心感が得られないということが、ディスカッションに参加したり、本当に考え感じていることを口にしたりするのを妨げることになるかもしれない。

行動主義者や欲求理論の研究者は、動機づけを、外発的な報酬もしくは内的な欲求からの圧力に対する反応として描いた。だが、理論家たちは次第に、人は、いつもプッシュされたりプルされたりしているわけではなく、ときには、“目標” モデルに導かれてプロアクティブに行動する（自ら行動を起こす）ということを次第に認めるようになった。目標理論（goal theories）は、学生のもつ目標が、**パフォーマンス目標**（有能な人としての自己認識や評判を保つこと）であれ、**学習目標**（課題が何を教えようとするのであっても学ぶ努力をすること）であれ、さらには**学業回避目標**（困難な課題の受け入れを拒絶し、課題の遂行に必要な時間や努力の最小化に関心を向けること）であれ、学生は目標に動機づけられるということを提唱している。達成を求められる状況において、その状況がどんな特徴をもてば、学生がどんな目標を用いやすいかということについて、目標理論の研究や他の動機づけ研究は、数多くの情報を提供してきている。

目標理論を大学授業に適用するには、教員は以下のことを心がけたほうがよいだろう。(a) 学生が、パフォーマンス目標ではなく学習目標を用いるように力づける支援的関係や協働学習／協同学習の体制を構築すること、および、(b) 学生をパフォーマンス目標や学業回避目標の方に向かわせる圧力を最小にすること、である。このような条件が教室の中に作り出されると、「学生は、恥をかくんじゃないか、失敗するんじゃないかという思いや、こんな課題をやっても意味がないという思いに気を取られることなく、自分のエネルギーを学習にふり向けることができるようになる」(Brophy, 2004, p. 9)。1980年代になると、内発的動機づけ理論において、欲求の諸要素と目標モデルが結びつけられるようになった。たとえば、**自己決定理論**（self-determination theory）(Deci & Ryan, 1985, 2002) によれば、ときにわれわれは、単にそうしたいからという理由だけで、ある行動に積極的に関与する。内発的動機づけを促す場面は、3つの生得的欲求——自律性（何をどのようになすべきかについて自己決定すること)、コンピテンス（環境を操作しコントロールするためのスキルを伸ばし用いること)、関係性（社会的関係を通じて他者とつながりをつくること)——を満たす。これら3つの特徴を促すような授業であれば、学生は授業に対して内発的に動機づけられやすいだろう。

現在の動機づけ理論は、欲求の諸要素と目標モデルを結びつけた上で、個人内要因の重要性も重視するようになっている。ブロフィ（Brophy, 2004）とクロス（Cross, 2001）は、さまざまな研究者が見出してきた知見は、**期待×価値モデル**（expectancy×value model）の中で体系化できる、と述べている。このモデルでは、人が課題に注ぐ努力は、その課題をうまくやり遂げられるかという期待の程度（期待)、および、課題それ自体をやり遂げるプロセスに関与する機会と報酬にどのくらいの価値をおくかという価値づけの程度（価値）の産物であると考えている。合計よりも産物（プロダクト）として関与をとらえるわれわれのモデルからすれば、動機づけもまた、合計より産物としてみなすことになる。というのも、これらの要素のいずれか（期待か価値か）が欠けていれば、人は努力を行わないと考えられるからである。人は、うまくやり遂げられるとわかっていたとしても、楽しめない課題や、自分の価値をおくものにつながらないような課題には、努力を注ごうとしない。また、もし、どんなに一生懸命がんばっても成功できないと思っていれば、高い価値をもつ課題であっても、努力を注ごうとしない。つまり、学生の動機づけは、学生が重要だと思っていること、および、やり遂げられると思っていることの双方に強く影響を受けるのである。以下では、まず、価値という構成概念について検討していこう。

(1) 価値

授業における価値には2つの側面があると私は提案したい。プロダクト（何を学生に学んでほしいか）とプロセス（どのように課題をデザインし、それをどんな方法で学生に学んでもらいたいか）である。関与のある学習にとって理想的な条件の下では、学生はプロダクトとプロセスの両方に価値をおく。残念ながら、学生の多くはこのどちらにも価値を見出さない。たとえば、私が行った調査で、私の教えている学生の大半は、この授業を履修しているのは、学ぶことになっている事柄に関心があるからではなく、卒業要件になっているからだ、と述べている。

チクセントミハイ（Csikszentmihalyi, 1993, 1997）の「**フロー**（flow）」の概念は、行っている活動に高い価値をおいているときに生じる深い内発的動機づけの状態を描き出しており、それは多くの点で、深い関与と似ている。フローが経験されるときには行為と意識が融合する、とチクセントミハイはいう。目の前の課題に入り込んでいるので、関係のない刺激は意識から消え去り、さまざまな心配事は一時停止状態になる。時がたつのも忘れる。実際、時間はいつもより速く過ぎるように感じられるのである。活動は自己目的的になり、それ自体のために行うに値するものとなる。ヴロドコウスキー（Wlodkowski, 2008）は、学生がフローの感覚を得られるよう手助けできる可能性は、多くの教員が考えているより高い、と書いている。彼は、その際に役立つものとして以下の特徴をあげている。①たとえ課題が難しくても学習者が集中できるよう、複数の目標が明確で両立可能であること、②学生が自分はどのくらいうまくやれているのかについて明確に把握できるよう、活動の展開に伴って、フィードバックが即時に、継続的に、かつ関連がわかるような形でなされること、③挑戦している課題が、スキルや知識を獲得することと、既存の能力を伸ばすこととのバランスをとったものであること、の3つである（Nakamura & Csikszentmihalyi, 2003, in Wlodkowski, 2008, pp. 267-268)。ブロフィは、人々の中には、チャレンジを求めて自分の限界を広げることに大きな喜びを見出すフロー・パーソナリティをもっているようにみえる人もいるが、他方、失敗を恐れチャレンジングな状況を避けるがゆえにフローをめったに経験しない人もいる、と述べている(Brophy, 2004, p. 11)。したがって、学生の動機づけを高めるための核となるストラテジーの1つは、学生が学んでいることの中に価値を見出すよう援助していくことである。本章を読み続ける前に、立ち止まって、次の問いについてじっくり考えていただきたい。「あなた(あるいは、あなたが指導している教員)は、学生が自分の学んでいることに価値を見出すよう援助するために、何をやっていますか？」

(2) 期待

動機づけに関する現代の理論は、価値に加えて、高い期待――平たくいえば、自分はうまくやれるだろうという信念――を必要とする、と主張している。期待は複雑で、少なくとも3つの要因にもとづいている。過去の経験、自信、課題の困難さの自覚である。カリフォルニア大学バークレー校のマーティン・コヴィントン(Martin Covington)は、学生のいだく期待に4つの典型的なパターンが存在することを見出した。

1. **成功志向型**：このパターンの学生は、うまくやり遂げたいと願い、通常は実際にやり遂げる真面目な学習者である。彼らは、関与に対して前向きで、宿題に取り組むことに個人的満足を見出す。というのも彼らは、成功することに慣れており、たまたま失敗することがあっても、自己の価値を感じ続けることができるからである。
2. **努力過剰型**：このパターンの学生もうまくやることができ、チャレンジングな課題にも取り組む。しかし、彼らは、過去に何回かうまくいかなかった経験をもっているなどのために、自分の能力にあまり自信をもっていない。その結果、彼らは自分の成績やパフォーマンスに不安を感じており、新しい学習課題によって、自分の能力レベルの低さをさらけ出されるのではないかと恐れている。彼らは、成功を確実なものにしようと多大な努力を払うことによってそのような感情を埋め合わせたり、あるいは、自分の成績をより高い成績に変更するよう異議申し立てを行ったりする。

3. **失敗回避型**：努力過剰型と同じように、失敗回避型も不安に苛まれている。だが、彼らはこれまでも学校で悪戦苦闘してきたので（おそらくは学習障害をもっていたり、聴覚・視覚系学習者（auditory-visual learner）に有利なシステムの中で何とかやっていこうとしている運動感覚系学習者（kinesthetic learner）だったりする）[2)]、もしある学習活動で失敗したら、自分には成功する能力が欠けていると示すことになるのではないかと恐れている。自負心（sense of self-worth）を保護するために、彼らはあまりにチャレンジングな課題は回避し、明快な指示や期待をほしがる。

4. **失敗受容型**：このパターンの学生は、学業面での失敗に慣れっこになっていて、無力感を感じている。学習課題に対して無関心だったり、ときには敵意を見せたりする。彼らは落ちこぼれるおそれのあるグループであり、もう長い間、学習プロセスに関与せずにきたので、動機づけることがとてもむずかしい。

自分自身の学生としての経験について考えてみていただきたい。あなたなら自分のことをどう描写するだろうか？

期待とは複雑なものだ。たとえば、期待は、その人にいつも見られる自尊感情（self-esteem）によるものなのだろうか。それとも文脈によって変わるものなのだろうか。われわれはみな、ある学問領域を学ぶ能力には自信があるが別の学問領域を学ぶ能力には自信がないという学生がいることを知っている。だが、もしかすると、それは文脈によって変わるのだろうか。もしそうなら、その要因は何だろう？　たとえば、数学を学ぶ能力にはあまり自信がない学生であっても、支援を惜しまず学生の学習スタイルにそった教え方をしてくれる教員の下であれば、もっと自信がもてるようになるのかもしれない。私自身の授業でいえば、期待理論の意味をまだ理解していなかった頃、私はあるストラテジーを作り出していた。今ではそれが期待の問題を扱うものだったのだということがわかるが。私はいつも、学期の前に次のような内容のメールを送っていた。「私のクラスを履修してくれてありがとう。参加してくれて嬉しいです。何年もの間、何千もの学生が私の授業をとり、うまくやってきてくれました。

あなたもまたきっとうまくやってくれるだろうと思っています」。自分のクラスはとても厳しいので少数の学生しかうまくやれないというイメージを広げるのが好きな教授もいるが、それと対比していただきたい。もっとも、このストラテジーは、コヴィントンのいう成功志向型の学生に対してはうまく働くだろうが、おそらく、オーバーアチーバー（努力過剰型の学生）を不安にさせたり、失敗回避型の学生や失敗受容型の学生をパニックや失望に陥れたりするだろう。そこで、本章を読み続ける前に、立ち止まって、次の問いについてじっくり考えていただきたい。「あなた（あるいは、あなたが指導している教員）は、学生が努力すればうまくやれると期待できるよう援助するために、何をやっていますか？」

(3) 価値と期待の相互作用

期待と価値のどちらか一方に注目するだけでも学生の動機づけを高めるのに役立つが、この２つの構成要素がどのように相互作用しているかがわかればもっと有益だろう。というのも、落ちこぼれるおそれのある学生への介入のしかたを理解したり編み出したりするのに役立つものだからだ。たとえば、以下のような相互作用がありうる。

- **低い価値／低い期待**：自分はうまくやれると期待せず、課題を価値づけることもなければ、学生は課題を拒絶するだろう。たとえ課題をやってみたとしても、うまくやろうと心をくだく理由、あるいは、課題がやれるという自信のどちらか一方が欠けていれば、学生は受動的になったり、疎外感を感じたりするだろう。
- **低い価値／高い期待**：成功期待は高いが、課題に対する価値づけが低いときには、回避行動が生じるだろう。課題をやれるという自信はあるが、課題をやる理由がわからないので、課題をやる代わりに、空想にふけったり、クラスメートとおしゃべりしたり、自分のプライベートな生活のことを考えたりする。
- **高い価値／低い期待**：学生が、課題の価値を認識しているものの、何を・どうやればよいのかがわからなくて、それをやる能力がないと感じているときには、ごまかしが生じる。学生は、言い訳をし、苦境にあることを否定し、理解しているふりをし、課題に関連した知識やスキルを伸ばすことより、自我を守れるような他の行動に参加する。

- **高い価値／高い期待**：学生が、課題を価値づけ、同時にまた、相応の努力をすればうまくやれるだろうと期待するときに初めて、関与が生じる。基本的には、ステップをふんで学生にとっての学習の価値を高め、また、自分のうまくやる能力について肯定的な期待をもつのを手助けすることを通じて、学生の動機づけを高めることができる。

動機づけは、関与への入口である。動機づけの根底にある複雑さを理解すれば、学生の学習への熱心さを高めるための条件を設定しやすくなる。とはいうものの、動機づけは内的で個人的なものだということを認識することは重要である。われわれは“学生を動機づける”ことはできない。だが、より多くの学生が動機づけを高められていると感じられる文脈を作り出すことはできるのである。

私の授業関与モデルは、関与が、動機づけとアクティブラーニングの相乗効果を通じて生じるということを提唱している。そこで、次に、このモデルのもう１つの構成要素であるアクティブラーニングに目を向けることにしよう。

3. 関与とアクティブラーニング

「ティーチング（教え）」と「ラーニング（学び）」という言葉は対で用いられることが多いが、われわれは、教えながら、学生がいつも学んでいるわけではないということに気づいている。教員歴の初めの頃、このことに不平をもらしたら、経験を積んだ熟練教員の同僚にこうたしなめられた。「『私は学生に教えたのに、学生が学ばなかっただけだ』と言うのは、『私は客に車を売ったのに、客は車を買わなかった』と言うのと同じだ」と。学生が学ぶのを手助けするのが、教育者としてのわれわれの第一の目標なのだとすれば、どうすればそれを最もうまくやり遂げられるだろうか？　最もシンプルな答えは、アクティブラーニングを促す条件を設定することだろう。アクティブラーニングが実践に移されるまでに半世紀にわたる研究が行われてきたが、その研究は、真に学ぶためには、考えや概念や問題解決を、個人的な知識や経験の中で働かせることによって自分自身のものにすることが必要だということを示している。

今や、アクティブラーニングは、協働学習／協同学習、PBL、サービスラーニング、学生による研究といった多種多様な教授法を包括する総称になっている。アクティブラーニングは身体的活動と混同されやすく、たとえば、単により多くの学生が参加機会をもてるようクラスを小グループに分割すれば、より多くの学習を生み出せると考える人もいる。協働学習のような教授法は関与を促しやすいということは認めるとしても、他の学生と話していれば学習しているのだと結論づけるのは穏当ではない。また、他の学生が話すのを聞いているときに学生は学習しているのだと結論づけるのも同じくリスキーである。アクティブラーニングの意味するところは、頭（mind）がアクティブに関与しているということなのである。したがって、アクティブラーニングは学生が１人で勉強しているときにも生じうるし、また、新しい情報を既有知識と結びつけながら思考し処理しているのであれば、座って講義を聴いているときですら生じうる。動機づけと同じく、アクティブラーニングの背後にある実際の認知的処理は膨大で、その検討には多くの時間を要する。したがって、以下では、有用だと思われるいくつかの側面についてのみ扱うことにしよう。

神経科学者は、学習しているときに脳内で何が生じているかを理解するのに役立つ、注目すべき発見をしている。アクティブラーニングがどのように生じているかをよりよく理解するには、その神経学的基礎について、少なくとも基本的なところは理解しておくことが有用である。教育者や一般読者に対して脳の機能を説明してくれる本は何冊かある。以下では、これらの情報源（Wlodkowski, 2008; Sousa, 2006; Ratey, 2002; Diamond & Hopson, 1998）、および、バークレーら（Barkley, Cross, & Major, 2004）やクロス（Cross, 1999）のうちの複数で紹介されている情報を統合しながら説明していこう。

(1) 神経科学からわかること

脳は「ニューロン（神経細胞）」と呼ばれる細胞でできている。ニューロンは丸い細胞体として生まれるが、各細胞体からは、「樹状突起」と呼ばれる10

万もの短い枝と「軸索」と呼ばれる1つの長い根が伸びていく。ニューロンは小さいバッテリーのような働きをし、樹状突起を通じて情報を受け取り、それをシグナルとして軸索に送り、軸索でさらに別のニューロンの樹状突起へと情報を受け渡すために、神経伝達物質と呼ばれる化学物質が、シナプスと呼ばれる裂け目をこえて「発火」する。神経伝達物質は、隣接するニューロンの樹状突起に入ると、軸索を通じて受け取り側のニューロンを「発火」させるという一連の電気化学反応を起こす。このプロセスと反応は、神経結合のパターンが生まれるまで連続する。

何千もの刺激がしょっちゅうこうした現象を引き起こすなかで、ニューロンは、何時間も、あるいは何日も、準備状態におかれる。そのパターンが再び刺激されることがなければ、ニューロン・ネットワークはやがて衰えて知覚は失われる。そのため、脳が無用な情報にかき乱されることはない。これに対し、そのパターンが、このスタンバイ状態の間に繰り返され、関連するニューロン・ネットワークが再び一緒に発火するならば、結合の網はより永続的なものになる。各ニューロンやそれに隣接する何千ものニューロンは織り合わされて、100兆ものたえず変化している結合からなる、きわめて複雑な内的結合体を形成する。繰り返しを通じて、いくつかの結合が強化されることで、人は“学ぶ”。一方、めったに使われない結合は消えて、人は“忘れる”。

こうして、樹状突起はニューロンが情報を得る（学ぶ）主なルートとなり、軸索はニューロンが情報を送る（教える）主なルートとなり、人が知り理解していることはすべて、脳のニューロン・ネットワークとして保有されている、ということになる。大人が学ぶときには、以前の学習や経験で作られたネットワークを利用・改変する。新しい情報が古い情報と容易に適合するときには、同化といわれる。新しい情報が既存の情報に異を唱え、既存の構造に改訂を迫るようなものであるときには、調節といわれる（Svinicki, 2004b, p. 11）。新しい情報を接合できる樹状突起を多くもてばもつほど、新しい情報を学習したり保持したりすることは容易になる。人がもつ基本的なニューロン・ネットワークの数が増えれば増えるほど、より複雑なネットワークを形成することが容易になる。このように、神経科学的な見地からすれば、学習とはニューロンと既存のニューロン・ネットワークが長く持続的に変化することである。アクティブラーニングを促すとき、われわれは、学生が樹状突起を伸ばし、既存のニューロン・ネットワークを活性化しその上に新しいネットワークを作るのを手助けしている、ということになる。

(2) 認知心理学からわかること

神経科学の知見は認知心理学者が描く知の働きのモデルに対応している。認知心理学者は、「スキーマ」と名づけられた知の構造を想定している。スキーマは、有意味な関係システムへと編成された事実・考え・連想からなる認知構造である。人は、たとえば、出来事、場所、手続き、人間といったものについてのスキーマをもっている。大学のような場所についてのある人のスキーマは、位置、評判、学生集団の属性、大学建築の様式、さらには駐車場の位置といった概念を含んでいるかもしれない。このように、スキーマとは、個々人にとっての大学という概念を構成する諸情報の体制化された集合体である。誰かが大学について口にするとき、われわれはその意味を“知っている”が、頭に思い浮かぶイメージは個々人によっていくぶん異なるのである（Cross, 1999, p. 8)。大学で教えたり大学に通ったりした人の頭の中には“豊かな”スキーマ（たとえば、授業や教室や教授などの記憶を含む）があるが、それとは反対に、大学について聞いたことしかない人には希薄なスキーマしかないということは、容易に想像できるだろう。人が、ある大学を、それに似た名前をもつ別の大学と混同したり、他の州の同名の大学と混同したりして、間違った結合を作ってしまうことを考えれば、間違いや誤解が起こる可能性のあることもすぐにわかるだろう。

よくできたスキーマの価値は、素人とエキスパートの学習の間の差異に関する研究の中で明らかにされている。どんな分野でも、エキスパートは新しい情報を有用な形式ですぐに把握することができるが、それは、既有知識との結合を数多く作れるからである。対照的に、素人の学習は、骨が折れ時間がかかる。それは素人がエキスパートより知力が劣るからではなく、新しい情報と既存のスキーマとの間の結合が希薄だから、つまり、新しい情報をひっかけるフックやそれを体制化する方法がないからである（Cross, 1999, p. 8; de Groot, 1966)。新しい出来事が、知覚によってフィルターにかけられながらスキーマへ統合され、既存の構造へ体制化され結合されるなかで、それぞれのスキーマは、一生、変化し成長していく。こうして新しい情報は、学習者の頭の中にすでに存在するものと結合するときにのみ有意味学習を生み出す。理解したことを示すネットワーク内の変化を生み出すのである。

(3) アクティブラーニングにおける転移の役割

何か新しいことを理解するために過去の学習を活性化するとき、脳は、過去に学習した事柄の中でも、新しい学習と類似した、あるいはそれと結びつくような事柄を探索する。経験が存在するならば、それと対応するニューロン・ネットワークやスキーマが活性化され、すでに貯蔵されている情報を強化したり、新しい情報を解釈したり意味を割り当てたりするのに役立てられる。スヴィニッキ（Svinicki, 2004, p. 99）によれば、先行研究では多くのタイプの転移が議論されているが、教えるという目的からみて最も重要な転移には２つのタイプがある、という。第１のタイプは〈正の転移 vs. 負の転移〉である。結合が正確であれば、その探索は、学習者が新しい学習事項を理解し統合するのに役立つ「正の転移」をもたらす。他方、結合が不正確であれば、混同と誤りを生み出す「負の転移」となる。たとえば、ラテン語系の言語を英語の話者に教えるとき、正の転移（たとえば、スペイン語の "mucho" は、英語の "much" に近い）や負の転移（たとえば、フランス語の "librairie" は "library" に似ているが、意味は "bookstore" である）に出会うことがしばしばある（Sousa, 2006, pp. 138-139）。

転移の第２のタイプは〈近い転移 vs. 遠い転移〉である。この区別は課題のタイプをさしている。すなわち、「近い転移」は、とてもよく似ていて同じルールに従って解答できる課題間での転移であり、他方、遠い転移は、同じルールがあてはまるが、異なる場面に移さなくてはいけない課題間の転移である。「遠い転移」は学習者の側により多くの思考を要する。スヴィニッキは、オートマチックの中型セダンの運転を例として取り上げている。このタイプの車を運転したことがあれば、同じタイプの別の車も簡単に運転できる。ハンドル、ギア、ワイパー、ウィンカーなどがすべて似ていて、同じ位置にあるからだ。他方、まったく異なるタイプの車（マニュアルでコンバーチブルのスポーツカー）に乗り込んだ場合には、いつもの運転術がすぐには使えず、すべての部品がどこにあるかを立ち止まって考えないといけなくなる。ルールは同じだが、車は違ってみえる。さまざまなオートマチックの中型セダンを運転することは近い転移課題であり、オートマチックの中型セダンからマニュアルのスポーツカーに移ることは遠い転移課題である（Svinicki, 2004, pp. 100–101）。

転移の質に影響する要因は複数存在する。類似性と差異、連想、および元の学習の文脈と程度である。

①類似性と差異

以前出会った状況が新しい状況とどのくらい類似しているかは、転移に影響する。興味深いことだが、脳は一般的に、新しい情報の貯蔵は、類似の特徴や連想を含むネットワークの中で行うが、情報の検索は、そのネットワークの中の他の項目とどのように異なるかを同定することで行うらしい。たとえば、知り合いの風貌は、人間の外見（胴、頭、2本の腕、2本の脚など）のネットワークの中に貯蔵されているようだ。しかし、人混みの中で知り合いを見つけようとするときには、その集団の他の人々とは異なる特徴（顔の特徴、背の高さ、声など）を探そうとする。差異が少なくて類似性が高いときには、二者の間の区別がよりいっそう困難になるということは明白だ（Sousa, 2006, p. 143）。こうして、概念・原理・データといった、この情報のラベルが類似しているときには、負の転移の可能性が高まる。音楽の例でいうと、“whole tone”（全音音階）と“whole note”（全音符）は音は似ているが、まったく異なる概念を表している（whole tone は2つのピッチ間の特定の距離であり、whole note は1つのピッチの音の長さである）。

②連想

2つの項目を、その2つが結びつけられるように、一緒に学習することもまた、転移に影響する。2つの項目の一方が再生されるとき、もう一方も自発的に再生されるからである。「ロミオ」という言葉を聞いたり読んだりすれば、無意識のうちに「とジュリエット」とつけ加えたくなるし、マクドナルドの金のアーチやアップルのりんごのロゴなどのトレードマークを思い浮かべると、すぐにその商品もいっしょに思い浮かべてしまう（Sousa, 2006, p. 145）。われわれが知り理解しているあらゆる物事は連想のネットワークとして保有されているのであるから、連想を作れば作るほど、新しい情報を結びつける可能性のある場所の数は増え、情報を学習したり保持したりすることはより容易になる。つまり、われわれは学習し保持すればするほど、より多くを学習し保持できるようになる、ということである。

③元の学習の文脈と程度

情動的な連想は、転移に対してとりわけ強い影響を及ぼす。なぜなら、情動はふつう、人の注意を集めることにおいて、認知的処理より優先されるからである。「堕胎」「拷問」「テロリスト」といった言葉は、往々にして強い情動的反応を引き起こす。数学不安――数を操作したり数学の問題を解決したりする能力の発揮を妨げる心理的な恐れや緊張――は、否定的な感情と内容領域の結びつきの１例である。数学不安のある学生は、数学と結びついた否定的な感情を味わわないですむよう、数学を必要とする状況を何とか避けようとするだろう。対照的に、人は、趣味と結びついた喜びや満足の感情を得るために、趣味に何時間もかけるだろう（Sousa, 2006, p. 145）。

元の学習の質も、新しい学習の転移の質に強く影響するということは、驚くべきことではない。元の学習が徹底していて深くて正確であれば、その影響は、元の学習が表面的にしか行われていない場合に比べて、はるかに建設的なものになるだろう。大学レベルで、われわれは、自分にはほとんどコントロールすることのできない、幼稚園から高校までに蓄積された「事前学習」に向き合わねばならない。学生がわれわれと大学（とくに学科レベル）で学習する事柄に対してはかなりコントロールすることができるのだから、基本的な内容をしっかりと教え、学生が新しい学習事項に肯定的な感情を結びつけられるよう、格別の注意を払うべきである。大学の授業でこれから学ぶことすべてが、将来の転移の基礎になるのであるから。

(4) アクティブラーニングにおける記憶の役割

学生が何かを学ぶと、われわれはそれを記憶にとどめてほしいと思う。現在、記憶に関する複数の異なるモデルがあるが、広く受け入れられている基本的な分類は、記憶を短期記憶と長期記憶の2つのタイプに分けるものである。

短期記憶と長期記憶

短期記憶は、そのときに扱っているデータを保持しつつ、しかし、その後は、脳が別の事柄に注意を向けられるようそのデータを手放すことによって、一瞬一瞬をつなぐ連続性を与え、人が日々、何百もの課題を実行するのを可能にする。短期記憶は、一時的なニューロン・ネットワークに支えられながら一時的な貯蔵庫として機能するが、他方、長期記憶は、より長い期間――数日、数十年、あるいは一生のことすらある――、保持される。長期記憶は、脳全体に分散される神経結合によって作り出される永続的な細胞変化によって維持されるという点で、短期記憶とは構造的に異なっている。われわれは、学生が重要な新しい学習事項を長期的に記憶することを願う。だとすれば、短期記憶はどのようにして長期記憶になるのだろうか。研究の示すところでは、この移行が生じる間に開く、時間上の特別の窓があるという。ニューロンが「長期増強（long-term potentiation: LTP）」に必要なタンパク質を合成するのに必要とする時間のことである。最初の刺激が2つのニューロンのシナプス間での伝達を引き起こし、さらなる刺激によって、細胞はシナプスと結合する重要なタンパク質を生産し、それによって記憶をある場所に固定させる。記憶が2、3時間以上続く場合は、これらのタンパク質が特定のシナプスと結合し、実際に細胞構造を変化させるのである。

(5) 長期記憶にとっての意味と意義の重要性

短期記憶が、その情報を長期的に貯蔵すべきかどうかを決定する基準は複雑である。生存に結びつく情報や強い情動的成分をもつ情報は、高い確率で永続的に貯蔵される。教室では通常、こうした2つの要素は最小限しかないか、まったく存在しないかなので、他の要因が働くことになる。重要な要因の1つは、情報が「意味をなす（make sense）」か、つまり、世の中の仕組みについて学習者がすでに知っている事柄と、新しい情報がうまく合致するか、ということである。学生が理解できないと口にするときは、学習している事柄が学生にとって意味をなさない、したがっておそらくは記憶されることもない、ということを意味している。もう1つの重要な要因は、情報が「意義をもつ（have meaning)」か、すなわち、学習者にとって関連性があり、学習者が記憶する理由をもつものなのか、ということである。

人は、何かの情報を、それが自分にとってとくに有意義ではなかったとしても、意味をなすというだけの理由で記憶している（クロスワードパズルやトリビアル・パスート[3)]のようなゲームをするときに再生するのは、この種のデータである)。人はまた、意義をもっていたというだけの理由で、意味をなさない情報を記憶している（テストに合格するために記憶することが重要であるような場合だ)。この2つの規準のうちでは、意義のほうが重要である。たとえば、学生にその学生の専攻の学士号をあなたの大学で取得するにはx単位必要だが別の州の他の大学だとy単位必要だと伝えたとしよう。それは「意味をなす」が、しかし、その学生がより高い確率で記憶していそうなのは、自分自身の大学での単位数である。なぜなら、その学生の教育プランにとって、より有意義で関連性のある情報だからだ。脳スキャンの示すところでは、新しい学習がすぐに了解可能である（意味をなす）場合、および、新しい学習が過去の経験と結びつけられる（意義をもつ）場合には、記憶の保持が劇的に向上することがわかっている（Sousa, 2006, pp. 49-51)。

記憶の保持

長期記憶が学習した事柄を、位置づけ、同定し、将来正確に検索できるように保存するプロセスは、「保持（retention)」と呼ばれる。保持は、多くの要因に影響されるが、決定的に重要な要因は、情報を短期記憶から長期記憶へ移せるよう処理と再処理を行うのに適切な時間である。保持を可能にする短期記憶から長期記憶へのコード化のプロセスには時間がかかり、普通、深い眠りの間に生じる。保持に関する研究が示すところでは、新しく獲得された情報やスキルの最大の損失は、最初の18～24時間以内に生じるので、もし学生が24時間後も情報を記憶していることができれば、その情報はすでに長期記憶貯蔵庫にある可能性が高くなる。逆に、もし24時間後に情報を記憶できていなければ、永続的に貯蔵されるということはないだろうし、保持されていることもないだろう。

学習は、学習者が、たえず、新しい事柄とすでに知っている事柄との間でたえず結合を作ったり作りかえたりしながら、自分自身の頭の中で文字通り「構築する」ダイナミックなプロセスである。作りかえられた結合がニューロン・ネットワークの再フォーマット化につながるとき、深い長期的な学習が生じる。われわれが教員として（ときには学生もそうなのだが）、単に知識を学習者の頭の中に移しかえることができると考える限り、深い長期的な学習は不可能になる。学生は学習するのに必要なワークを行う必要がある。本章を終える前に、以下の問いについてじっくり考えていただきたい。「あなた（あるいは、あなたが指導している教員）は、学生が自分自身の学習にアクティブに参加し、それによって、関与のある学習に求められるレベルで自分自身の知を『構築』していけるよう援助するために、何をやっていますか？」

4. 深い関与を促す３つの条件

学生の関与についての私のモデルでは、動機づけとアクティブラーニングは相乗的に働く二重らせんをなしている。どうすれば、この相乗効果を促進することができるのだろうか。二重らせんの両側をつなぐ横桟のように機能する教室の条件があると私は提案したい。これらの条件は、動機づけとアクティブラーニング両方の要素を統合することにより、関与のレベルを高める相乗効果を生み出す働きをする。

(1) 条件１：課題は適度にチャレンジングなものであること

学習の基本原理の１つは、課題が、チャレンジとなる程度には難しくなければならないが、やってみようという気持ちをくじくほどに難しくてはいけないということである。最適のチャレンジ・レベルで取り組むことが、相乗効果を生み出す。というのも、アクティブラーニングの点からいえば、どうやればよいかをすでに知っていることをやるのは、稽古や練習にはなるが、新しい学習にはならないからである。同様に、不可能なほどに難しいことを試みるのは、失敗やフラストレーションにつながり、学習にはつながらない。動機づけの点からいえば、チャレンジングな課題に直面してうまくやれると期待できないときには、学生は不安を感じる。うまくやれるという期待は高いが、課題が価値やチャレンジに欠けるときには、学生は退屈になる。チャレンジ・レベルもスキル・レベルも低いときには、無関心になる。これら３つの性質――不安、退屈、無関心――が動機づけを衰えさせ、関与の欠如を特徴づけるのである。

私が自分のクラスで最適のチャレンジを提案するために使っているストラテジーの１つは差異化（differentiation）である。これは、ヴァージニア大学のキャロル・アン・トムリンソン（Carol Ann Tomlinson）の開発した教授ストラテジーだ。差異化された教室では、教員は、学生間の差異を理解し評価し活用することに格別の努力を払う。そして、すべての学生が、最大限の成長と個人的な成功を得るために、自分にとって適度にチャレンジングなレベルで課題に取り組めるよう、授業をデザインする。たとえば、私自身の授業では、２つの中核的な要素を差異化する。

1. **教材**：内容をモジュールに分けて、すでに教材の一部を知っている学生には、より高度な新しいモジュールに進めるようチャレンジさせる。
2. **伝え方**（delivery）：従来の対面のやり方とオンラインの両方で講義する。学生が自分の個人的な学習スタイルに一番ぴったりあう方法を選ぶよう励ます。

これらは、コースを差異化しようと考える際に考慮すべき多くの変数のうちのわずかにすぎない。読者のみなさんには、トムリンソンらの著作を参照されることをお勧めする。それは、差異化原理にもとづいて授業を組織するにはどうすればよいかについての概念的・実践的バックグラウンドを提供してくれるはずである。

(2) 条件２：コミュニティの感覚

学生が学習コミュニティのメンバーとして互いにインタラクションする条件を作り出すこともまた、学生の関与を促し、動機づけとアクティブラーニングの相乗効果を生み出す。動機づけの点からいえば、それは、社会的コミュニティの一部になるという人間の基本的欲求を満たす。アクティブラーニングの点からいえば、学生が理解を協働的に構成し、再構成し、構築しながら、アクティブに学習するのを励ますことになる。さらにいうなら、携帯電話を使う学生をよく見かけることを根拠とするだけでも、コミュニティが今日の学生にとっていかに重要かがわかるだろう。実際、「チーム志向」は今日の大学生の中核的な特性の１つと認識されている。

私が自分の授業で取り入れてきたストラテジーは、権威主義的な役割を引き受けることからなるべく離れることである。真の学習コミュニティであれば、教員と学生は学習プロセスにおいてパートナーであるからだ。私には、教室で学生とインタラクションするやり方をすっかり変えてしまえる用意はないが、それでも、コミュニティの感覚を促したいと思っていることを学生に伝えるために自分を少しずつ変えてきた。たとえば、シラバスや宿題の指示において、厳しい命令的な言葉を使うのは最小限にしようとしている。また、いつも尊敬をもって学生に接している。こうした口調の小さな変化でさえ、学生の関与に相当な違いをもたらすということを、私は授業の中で経験してきた。

(3) 条件３：学生がホリスティックに学べるよう教えること

われわれは、大学の教授・アドミニストレーター（管理職）・職員として、“思考”の世界でうまくやっている。大学レベルの学習を考えるとき、われわれは抽象的思考についてはすぐに理解できる。知識獲得や総合などの行動を階層的なレベルに分類したブルームの認知領域のタキソノミーは、われわれの多くにとって、授業をデザインし展開する際のガイドとして役立ってきた。しかし、学習には合理的思考以上のものが含まれており、現代の神経科学者は、論理的思考をこえて広がる学習の概念を受け入れるよう要求している。ハーバード大学の臨床心理学者、ジョン・レイティ（John Ratey）は、脳―身体システムは全人格（the whole person）に分散されており、情動、認知、身体は切り離すことができないと述べている（Ratey, 2002）。事実、こうした機能を切り離すことが愚かだということは急速に理解されつつある。多くの数学教員が、リメディアルのクラスでは、学生が実際に学べるようになる前に相当の時間を費やして、学習に対する情緒的不安の問題に取り組まなければならないのだ、とこぼす。

“ホリスティックな”学習に向けて教えること——少なくとも認知領域と情意領域を統合しようとすること、それだけでなく、可能で適切な場合は、運動的／精神運動的領域や道徳的領域も考慮すること——は、相乗効果を高めるのにも役立つ。というのも、そのように教えることは、アクティブラーニングを支援し（学習者は自分が行っている事柄に思考と関心を向け、また、思考と関心を向けている事柄を行っている）、また、動機づけをも高めるからである（多くの学生は、複数の領域をまたぐ活動それ自体を興味深く面白いと思い、他の学生は、学習者としてもっとうまくやる上でそうした活動が必要だと感じている）。

たとえば、私自身の授業では、学生が多様な情報処理様式を使うように授業することを心がけている。われわれの多くは、講義はアクティブラーニング型の教授法ほど効果的ではないと、長年聞かされてきた。研究が示すところでは、記憶保持の量は、学生がダイナミックに学習活動に参加している度合いに対応するという。たとえば、学生が受け身で座っている講義では、学生は主に、聴いていることをノートに写すという音声言語情報の処理を行うことに集中している。講義を補うのに、（パワーポイントのスライドを使うような）視覚情報をもつ説明や（身体の動きを使うような）実演が行われるなら、学生は言語情報と視覚情報の両方を処理することになり、記憶保持が高まる。したがって、私は、授業時間になるべく多くの情報処理様式を使うよう促すために、スライド、ビデオ、音楽、実演、演技などを講義に取り入れている。授業方法の多様性が記憶保持に及ぼすインパクトについてのソーサらの研究の要約（Sousa, 2006）によれば、学生が多様性を享受できるというだけでなく、記憶保持も向上しやすくなる。

再び、立ち止まって、次の問いについてじっくり考えていただきたい。「あなた（あるいは、あなたが指導している教員）は、学生が、①最適のチャレンジ・レベルで取り組み（難しすぎることもやさしすぎることもなく）、②学習コミュニティの大切なメンバーだと感じ、③ホリスティックに学ぶ、ということを手助けしていますか？」

5. 結論

最後に本章の内容を要約しよう。私は、動機づけとアクティブラーニングの相乗的な相互作用を生み出す条件を創り出すことによって、大学教員が教室で学生の関与を促せるということを主張している。この相乗効果を促す条件は3つある。適度にチャレンジングな課題をデザインすること、コミュニティを構築すること、ホリスティックな学習をめざす授業を行うこと、である。学生の関与は複雑である。学生の関与が意味すること、および、それを促すために大学教員としてわれわれができることの両方について現在議論が行われている。私のモデルは、そうした議論に対する一助にすぎない。この対話が国内で、また、国際的にも続けられるなかで、われわれの理解はさらに発展し深まっていくだろう。

【まとめ】

■今日の高等教育では、教室内外での学生の関与（student engagement）が重視されるようになっているが、その定義もまだ定まっていない。本章では、大学授業における学生の関与を「ある連続体上で経験され、動機づけとアクティブラーニングの間の相乗的な相互作用から生み出されるプロセスとプロダクト（産物）である」と定義づけ、動機づけとアクティブラーニングからなる「二重らせんモデル」によって、学生の関与についての教室ベースのモデルを描き出した。

■先行研究によれば、動機づけの方は、「期待×価値モデル」によって体系化できる。このうち「期待」（この課題が自分にやれそうか）は過去の経験、自信、課題の困難さの自覚という3要因を含み、「価値」（この課題はやる価値があるか）はプロダクト（何を学ぶか）とプロセス（どのように学ぶか）からなる。

■一方、アクティブラーニングは身体的活動と混同されやすいが、真に意味するところは、「頭（mind）がアクティブに関与しているということ」である。

これについて知るには神経科学や認知心理学の知見が有用である。学習とは、(神経科学的にいえば）ニューロン・ネットワークや（認知心理学的にいえば）スキーマとして蓄えられている既知の事柄と新しい情報を結びつけて意味と意義を構成するダイナミックなプロセスであるから、将来の転移の基礎になる知を学生が肯定的な感情と結びつけて自ら構築していけるよう援助することが重要である。

■動機づけとアクティブラーニングの相乗効果を生み出し学生の「深い関与」を促進する条件として、①課題は適度にチャレンジングなものであること、②コミュニティの感覚、③学生がホリスティックに学べるよう教えること、という3つの条件をあげることができる。

訳注

1）Bonwell & Eison（1991）の原文では、「学生にある物事を行わせ、行っている物事について考えさせること」（p. 2）となっている。
2）これらは学習スタイルの違いを表している。聴覚系学習者は、話している言葉を聞くことによって理解するタイプ、視覚系学習者は相手の身振りや顔の表情から話している内容を理解するタイプ、運動感覚系学習者は手で触れたり実際に調べたりすることによって学ぶタイプである。
3）プレイヤーの一般的知識や文化に関連したクイズに解答する能力によって勝敗が決まるボードゲームの一種。

文献

Barkley, E. F. (2006a). Capturing change: A tale of two portfolios. (http://gallery.carnegiefoundation.org/gallery_of_tl/castl_he.html)

Barkley, E. F. (2006b). Crossroads: Finding the intersections between learning goals and outcomes. (http://web.mac.com/elizabethbarkley/CoursePortfolio/Portfolio_Entrance.html)

Barkley, E. F. (2006c). Honoring student voices, offering students choices: Empowering students as architects of their own learning. *The National Teaching & Learning Forum. 15*(3), 1-6.

Barkley, E. F. (2008). Defining student engagement (faculty and student perspectives: Feedback from the International Society for the Scholarship of Teaching and Learning (ISSOTL) Special Interest Group on Student Engagement. Compiled by E. Barkley from e-mail responses and conversations with

faculty, and posted on
http://groups.google.com/group/issotl---student-engagement-special-interest-group/web

Barkley, E. F. (2009). Teachers talk: Perspectives on student engagement. Web page on Student Engagement Techniques.
(http://web.me.com/elizabeth barkley/Student_Engagement_Techniques/Teachers_Talk.html)

Barkley, E. F. (2010). *Student engagement techniques: A handbook for college professors.* San Francisco, CA: Jossey-Bass.

Barkley, E. F., Cross, K. P., & Major, C. H. (2005). *Collaborative learning techniques: A handbook for college faculty.* San Francisco, CA: Jossey-Bass.

Bonwell, C. C., & Eison, J. A. (1991). Active Learning: Creating excitement in the classroom. Washington, DC: School of Education and Human Development, George Washington University.

Bowen, S. (2005). Engaged learning: Are we all on the same page? *Peer Review, 7*(2), 4-7.
(http://findarticles.com/p/articles/ml_qa4115/is_2000501/ai_n13634584, Retrieved 9-13-08)

Brophy, J. E. (2010). *Motivating students to learn.* Mahwah, NJ: Lawrence Erlbaum Associates.

Cranton, P. (2006). *Understanding and promoting transformative learning: A guide for educators of adults* (2nd ed.). San Francisco, CA: Jossey-Bass.

Cross, K. P. (1999). *Learning is about making connections.* Mission Viejo, CA: League for Innovation in the Community College.

Cross, K. P. (2001). *Motivation: er....will that be on the test?.* Mission Viejo, CA: League for Innovation in the Community College.

Csikszentmihalyi, M. (1993). *The evolving self: A psychology for the third millennium.* New York: Harper Collins.

Csikszentmihalyi, M. (1997). Intrinsic motivation and effective teaching: A flow analysis. In J. Bess (Ed.), *Teaching well and liking it: Motivating faculty* (pp. 72-89). Baltimore, MD: The Johns Hopkins Press.

Deci, E., & Ryan, R. (Eds.). (2002). *Handbook of self-determination research.* Rochester, NY: University of Rochester Press.

Deci, E., Koestner, R., & Ryan, R. (1999). A meta-analytic review of experiments examining the effects of extrinisic rewards on intrinsic motivation. *Psychological Bulletin, 125*, 627-668.

Deci, E., & Ryan, R. (1985). *Intrinsic motivation and self-determination in human behavior.* New York: Plenum.

Diamond, M., & Hopson, J. (1998). *Magic trees of the mind.* New York: Dutton.

de Groot, A. (1966). Perception and memory versus thought: Some old ideas and recent findings. In B. Kleinmuntz (Ed.), *Problem solving.* New York: John Wiley.

Edgerton, R. (2001). *Higher education white paper.* Unpublished paper prepared for the Pew Charitable Trusts.

Kinzie, J. (October 21, 2008). Private e-mail correspondence.

Kohn, A. (1993). *Punished by rewards.* Boston, MA: Houghton Mifflin.

Pascarella, E., & Terenzini, P. (1991). *How college affects students.* San Francisco, CA: Jossey-Bass.

Perry, W. G. (1998). *Forms of ethical and intellectual development in the college years: A Scheme.* San Francisco, CA: Jossey-Bass.

Ratey, J. J. (2002). *A user's guide to the brain: Perception, attention, and the four theaters of the brain.* New York: Pantheon Books.

Shulman, L. S. (2002). Making differences: A table of learning. *Change. 34*(6), 36-44.

Sousa, D. A. (2006). *How the brain learns.* Thousand Oaks, CA: Corwin Press.

Svinicki, M. D. (2004a). Authentic assessment: Testing in reality.. In M. V. Achacoso, & M. D. Svinicki (Eds.), *Alternative strategies for evaluating student learning.* San Francisco, CA: Jossey-Bass.

Svinicki, M. D. (2004b). *Learning and motivation in the postsecondary classroom.* Bolton, MA: Anker.

Tomlinson, C. A. (1999). *The differentiated classroom: Responding to the needs of all learners.* Alexandria, VA: Association for Supervision and Curriculum Development.

Tomlinson, C. A. (2001). *How to differentiate instruction in mixed-ability classrooms.* Alexandria, VA: Association for Supervision and Curriculum Development.

Tomlinson, C. A., & Eidson, C. C. (2003). *Differentiation in practice: A resource guide for differentiating curriculum, grades K-5.* Alexandria, VA: Association for Supervision and Curriculum Development.

Tomlinson, C. A., & Strickland, C. A. (2005). *Differentiation in practice: A resource guide for differentiating curriculum.* Alexandria, VA: Association for Supervision and Curriculum Development.

Wlodkowski, R. J. (2008). *Enhancing adult motivation to learn: A comprehensive guide for teaching all adults.* San Francisco, CA: Jossey-Bass.

【さらに学びたい人に】

■バークレイ, E. F.・クロス, K. P.・メジャー, C. H.（2009）『協同学習の技法―大学教育の手引き―』（安永悟監訳）ナカニシヤ出版.

本章の著者エリザベス・バークレーは、大学教員向けに2冊のハンドブックを出版している。1つは学生の関与に関するもの、もう1つは協働学習／協同学習に関するものである。この本は後者の翻訳である。協働学習／協同学習の理論とその技法が紹介されており、大学における授業づくりの具体的な指針となる。

■鹿毛雅治（2013）『学習意欲の理論―動機づけの教育心理学―』金子書房.

学生の関与の二重らせんモデルの一方の要素である動機づけについて、研究史と現在の到達点を整理した好著。期待×価値理論や目標理論をはじめ、本章で紹介された諸概念をより深く理解することができる。

［付記］

本章は、Barkley, E. F. (2010). *Student engagement techniques: A handbook for college professors*. San Francisco, CA: Jossey-Bass の Part 1: A Conceptual Framework for Understanding Student Engagement の圧縮版を著者に作成してもらい、翻訳したものである。「まとめ」と「さらに学びたい人に」は訳者の側で作成した。

第3章

【学習対象へのフォーカス】

学習の教授学理論に向けて

フェレンス・マルトン
訳：松下佳代

本章では、現在の教授・学習の土台にある見方に対し、それとは別の見方を提供する学習理論について述べよう。この理論は、高等教育だけのために作られたものではない。実際には、主に初等・中等教育段階の研究から生まれてきたものである。しかしながら、この理論のアイディアは、大学レベルでの教授・学習にも十分適用できる一般性を備えており、この理論にもとづいて、すでにいくつかの大学で研究が行われている。ただし、今なお発展途上にあるので、厳密にいえばまだ「理論」の状態には達していない。現時点で提出されているのは「枠組み」、いいかえれば、教育的な文脈のなかでの学習についての考え方であると見ていただきたい。この枠組みの重要性は、個別の**学習対象**（object of learning）――学生が学習することになっていることの真の内容――に教員の注意を向けている点にある。この理論はまた、学習を可能にするには何が必要なのかを一般的な言葉で提案する。**バリエーション理論**（variation theory）と呼ばれている**教授学**理論がそれである。なぜ、バリエーション理論と呼ばれているのかは、本章のなかで明らかになるだろう。

1. 学習対象のバリエーションの重要性[1)]

この研究のルーツは、学生が学業のなかで遭遇する重要な概念・原理・現象を理解するさまざまなやり方を記述しようとする「現象記述学的研究（phenomenographic research）」[2)]（Marton & Booth, 1997）にある。大まかにいうと、現象記述学的研究では、学生たちにインタビューを行った結果、そこには5つ以上の考え方が見られることを明らかにしてきた。しかしながら、その段階では、この研究は本質的に記述的なものであり、さまざまな考え方の違いがティーチングにとって何を意味するのかについて、教員に直接、手助けを与えることはなかった。これに対し、本章で述べる新たな理論は、われわれが自分をとりまく世界を理解するようになるやり方を、さまざまな現象・側面・カテゴリーによって説明する助けになる。この理論は、人がどんなふうにさまざまなやり方で世界を見るようになるのかを描き出し、現象記述学と他の学習理論の双方を補う役目をはたす。とりわけ、この理論は、教員がトピックをどう提示しているか、学習を学生にとってやりやすくするには教員が何をしなければならないかについて、教員自身が批判的に思考できるようにするものである。

学習についての従来の考え方には、人間の記憶をあまりに機械的にとらえ、コード化された素材を長期記憶から作業記憶へ移すためにアクセスされる多様な「箱」とみなす、という問題があった。われわれのアプローチの特徴は、**意識**（awareness）という点から考えることであり、過去の出来事についての知覚が（したがって、われわれの記憶が）、たえず変容されているということを認識することである。したがって、この理論では、まず、ある現象やトピックを新しい見方で見るようになる際の意識の本質を探ることから始め、最後には、新しい状況をより有効なやり方で扱う方法を学ぶには何をする必要があるかについて問うことになる。もし、新しい状況をより有効なやり方で扱うことができるとするなら、それにはまず有効なやり方で**見る**こと、すなわち本質的特徴を見分けることができなければならない。そしてその本質的特徴を思考のなかに同時に取り込むことによりその諸側面を考慮に入れること、そのようにしてホリスティックに見ることができなければならない。さらに、本質的特徴を見分けるには、学習対象におけるバリエーションと不変（variation and invariance）の一定のパターンを経験していなければならない。たとえば、医学生が心音の違いを聞き分けられるようになるには、多様な患者の心音を聴かねばならない。あるワインの味について何か気の利いたことを言うには、多様なワインのテイスティングをしたことがなければならないのだ。

この理論の実践的な意味は、学習対象によって変わる。学習について最も基本的なことは、さまざまな物事を学ぶことである。教授学理論が実践的に有効なものであるには、**何が**学ばれているかに敏感でなければならない。これこそがまさに、バリエーション理論の提示することなのである。この理論は、学習対象の**バリエーション**を経験することの意義に焦点をあてる。この経験なくして物事を理解するということは、論理的に不可能である。たとえば民主主義の意味について学ぶためには、学生は一定のパターンのバリエーションと不変を経験しなければならない。学生は、民主主義とは異なる統治形態、および民主主義の諸形態に慣れ親しまなければならない。一方、共感を育てるには、まったく別のバリエーションと不変のパターンが必要になる。同じことを別の見方で見ようとしたり、別のことを同じ見方で見ようとしたりしたことがなければならない。数学的証明の考え方を理解するには、少なくとも、2つの異なる証明を見たことがなければならない。われわれの理論の目的は、特定の学習の目的を達成するために必要な条件が、ある状況のなかでどのていど具体化されているかを分析するのに役立つ、理論的ツールを作ることである。それができれば、このツールはそうした目的を達成するために必要な条件を作り出すためにも使えるはずだ。

教育機関における学習と教授についての議論は、学習にとってどんな一般的条件が好ましいかについての議論になることが多い。だが、バリエーション理論はそうではない。学生がなぜうまく学べるのか（学べないのか）を問うときには、原理上は、すべての学生が教育内容を学べると仮定されていることが多い。しかしながら、実際上は、そんなことはめったに起こらない。たとえば、仮に自分で問題に直面したことがないとすれば、どう解決すべきか説明する教員がいないところでは誰も、新しい問題を解決できるようにはならないし、仮にこれまでたった1つの状況についてしか書いたことがなければ、誰もさまざまな状況にあわせて表現の仕方を変えることなどできない。もし、教員がピタゴラスの定理の証明を黒板に書いてそれで終わりとするなら、生徒は、「数学的命題を証明すること」の意味を理解するなど不可能だと思うだろう。というのも、その場合、数学的証明という**アイディア**そのものと特定の命題に対する

１つの証明とを区別することができないからである。両者の区別ができるには少なくとも２種類の証明が必要である。また、同一の命題にも異なる証明がありうるというアイディアをひき起こすことが目的であるなら、同一の命題に対して少なくとも２つの異なる証明が必要になる。

2. 学習と識別[3)]

概念や、問題や状況についての本質的特徴を識別できるようになることは、高等教育における学習のきわめて重要な形式である。さらにいえば、それは、多くの学生が各学問分野において獲得することが難しいと感じている能力でもある。識別できるようになること、新たな区別ができるようになることは、比喩的にいえば、物事をこれまでとは異なる、より本質を露わにするようなやり方で「見る」ようになることである。アイディアやトピックのもつさまざまな側面を識別し焦点化する人間の能力は、とても限られている。人が同時に識別し焦点化できるのはほんの２､３の側面だけであり、人によって目につく側面は異なる。物事の見方というものは、同時に識別し焦点化される側面によって定義することができる。またそのようにして、人は、同じ知覚を共有したり、まったく別の知覚をもったりすることになるのである。

バリエーション理論は、人が物事を新しい見方で見られるようになることに関する理論だが、もちろん、他にも重要な学習形態が存在する。たとえば人は、色を区別することを学ばなければならないだけでなく、それに一貫したやり方で名前をつけることができなければならない。民主主義のアイディアを理解しなければならないだけでなく、さまざまな国々にどんな形態が存在するのかを覚えなければならない。数学的証明のアイディアを理解するだけでは十分ではなく、「Pythagoras（ピタゴラス）」と綴ることもできなければならない。また、教育には事実を学ぶことも含まれる。だが、ここでわれわれが関心を向けるのは、もっぱら、周りの世界の重要な側面を見る見方を変えるという類の学習である。

3. バリエーションと同時性

物事の違いを識別できるようになるには、まずバリエーションを経験しなければならない。しかし、そのバリエーションは、複数の事例を互いに比較できるようなやり方で、つまり同時に、経験されなければならない。緑を赤と異なるものとして経験するには、両方の色が一緒に、意識のうちに提示されなければならない。もし、一度に一方にしか焦点をあてられず、もう一方を意識することも記憶することもできないのであれば、相違もバリエーションも経験することができないだろう。ある女性が長身に見えるのは、今までに会ったことのある他の女性と比べてのことであり、意識のなかで、その女性と他の女性を同時に存在させているからである。経験におけるこの種の同時性、ある時間の幅のなかでの同時性は、メロディーを経験する際にも必要なものである。さまざまな曲が意識のうちに同時に存在しなければ、それぞれの曲それ自体を聴くことができないし、メロディーを聴き分けることもできないだろう。

しかしながら、物事を特定のやり方で見るのに必要な同時性には別の種類のものもある。物事を特定のやり方で見るには、識別し焦点化しなければならない際立った特徴が、ふつうは複数存在しているので、そのような諸側面を経験するには、**同時性**がまさに同一の時点で——**ある時間の幅のなか**（over time）ではなく、**ある時点で**（in time）——必要になるのである。2人の人間が同一の物を見て同一の本質的特徴を識別したものの、一方はすべての特徴を同時に焦点化し、他方は一度に1つの特徴しか焦点化しないとすれば、この2人は同一の物をまったく別のやり方で見ることになる。

4. 学習対象と学習空間

学習とは常に、ある物事についての学習である。ここまで見てきたように、この物事こそが、**学習対象**に他ならない。学習対象は、単純に内容の点から語られることが多い。たとえば、2次方程式、光合成、統治形態、最も普及している宗教などである。確かにこれらも学習対象になりうるが、ここで注目すべきは、学習対象が教室のなかでさまざまな意味をもちうるということである。

学習内容は**直接的な学習対象**（direct object of learning）とみなすことができるが、同時に、教員は往々にして、学生が対象やその働きを活用する方法を学習するよう期待している。もし、学生の注意を、学習するよう期待されている事柄に向けねばならないのであれば、教員は、伸ばすべき能力（capability）にも関心をもつ必要がある。学生は直接的な学習対象をどのように扱えるようになることを期待されているのか。このような意図された能力を、**間接的な学習対象**（indirect object of learning）ということができる。こうして、学習対象全体は、間接的な対象と直接的な対象で構成されることになる。現象記述学（Marton& Booth, 1997）のなかでも描いたように、それは、**いかに**学習するか、**何を**学習するかに対応している。学習対象という概念は、能力と内容を１つにまとめるものである。たとえば、「2次方程式**を解くことができる**」「光合成**を理解する**」「さまざまな統治形態の類似性と相違**を見ることができる**」「つなぐものと切り離すもの**という点から**、さまざまな宗教**を見ることができる**」などである。「2次方程式」「光合成」「統治形態」「宗教」が直接的な対象であるのに対し、「……を解くことができる」「……を理解する」「……という点から、……を見ることができる」といった能力は、間接的な対象である。

この段階でわれわれがもっているのは、教員の観点から見た学習対象、つまり、**意図された学習対象**（intended object of learning）である。しかし、意図された学習目標（intended learning objective）は、実践において具体化されなければならない。学習対象は、単に学習される**べき**ものではなく、教室という状況において学習され**うる**ものなのである。今日では、明確な学習目標を「意図された学習成果（intended learning outcomes）」として設定することが非常に強調されているが、学生に影響を及ぼすのは、言葉で書かれた目標ではない。学生に影響を及ぼすのは、講義やチュートリアルといったさまざまなティーチング――学習活動――のなかで、学習対象がいかに提示され、生命を吹き込まれるか、なのである。学生に出会いを生み出すのは、学生が学習することを**可能にする**何かなのである。それをわれわれは、**実演された学習対象**（enacted object of learning）と呼んでいる。それは、教授・学習という出来事のなかで、教員と学生によって構成される。教員と学生の行為は、学習が生起する「空間」を作り出す。これについては、「教室のディスコース（会話）と学習空間」（Marton& Tsui, 2004）という論文のなかで詳しく述べている。

学習のためのアレンジを効果的に行う方法を見出すために、研究者はまず、それぞれのケースで学生が学ぶべきものは**何**なのかを問題にし、さらに、さまざまな種類の学習につながる条件を見出さねばならない。学習者が何を学ぶよう期待されているか、学習者はその状況のなかで実際に何を学んでいるのか、また、学生がある状況では学ぶにもかかわらず別の状況では学ばないのは**なぜ**なのか、といったことを理解したときにようやく、教授学は、人間の活動に関する合理的な道具立てになる。いいかえれば、学生が学習することを**実際に**可能にするには、より分析的・体系的に、教授・学習状況を設定する必要があるのである。そして、そのためには、実演された学習対象が理論の言葉で描き出されることが、重要である。そのような理論は、学生にとっても、何が注目するに値することで何がそうでないかを明確にするものであるはずだ。

そういうわけで、実演された学習対象とは、ある条件の下で学習対象のどの側面を学ぶことができるのかを示すべきものである。前の議論にそっていえば、どんな学習対象においても、学習者が効果的に学習するために経験すべき、一定のパターンのバリエーションと不変を同定することができなければならないのである。もっとも、これが、学習が引き起こされるための**唯一の**必要条件だということではない。教員と学生の間には、教授と学習における相互責任があるからだ。学生の方も学習対象に注意を向けなければならないのである。この2つの条件は、互いに独立したものではない。提供された条件が学習対象を理解し「自分のものにする（appropriate）」ことを可能にするようなものであるなら、学生は学習対象によりよく注意を向けることができる。ただし、以下では、学習が生起するための必要条件である――十分条件ではない――バリエーションのパターンだけに集中して論じることにしたい。

ここまでは、実演された学習対象を、理論的な見地から、授業のシナリオを見ている外部の観察者の視点によって描いてきた。だが、学習対象がどのようなものであるかを、学生の視点から問うこともまた必要である。これは、**生きられた学習対象**（lived object of learning）といいかえることができる。もし、物事の見方がどんなふうに育まれていくのかを見出したいのであれば、われわれは、学生が学習対象のどの側面を同時に識別し焦点化しているのか考慮しなければならない。いいかえれば、研究者は、理論的なツールを用いることによって、学生が学習対象を経験する仕方（つまり、学生がどの側面を同時に識別し焦点化しているか）を記述するのである。

これまで見てきたように、学習者が学習対象のある側面を識別することができるのは、その側面の次元のバリエーションを経験できる場合である。学生が、特定の状況のなかで学習対象のこうした本質的な側面を識別し焦点化するときに初めて、生きられた学習対象は、実演された学習対象と等しくなる。しかし、通常、そのように一致することはありえない。学生は状況が提供する可能性のすべてを利用できるとは限らないからである。

さて、ここまでのところで、3つの異なる形態の学習対象とその同義語の存在を指摘してきた。

意図された学習対象	―	学習目標
実演された学習対象	―	学習空間
生きられた学習対象	―	学習成果

もちろん、「学習対象」という用語を使わないですますこともできるだろう。しかし、この同一のもののもつ3つの形態をうまく扱わなければならないということを、われわれは強調したい。そもそも、この「同一のもの」とは何だろう？　学習対象は、原理的には識別できる、あらゆる可能な次元から構成されている。だが、物事の見え方の違いのすべてを特定できるということはないので、「学習対象」とはあくまでもさまざまな形態を部分としてもつ理論的概念にとどまるのである。

5. 学生の学習にとって本質的なものは何か

教授学の議論は、学習をどう組織化するかに関するものであることが多い。たとえば、講義、グループワーク、自学などの最もよいやり方はどのようなものか、プロジェクトワーク、PBL（Problem-Based Learning）はどのくらいすぐれているのか、などである。しかし、これまで述べてきたことからすれば次のことが明らかだろう。第1に、学習を組織化するためのある特定の方法が、あらゆる学習形態にとってベスト、目的に関係なくベストということはありえないということ、第2に、内容が**どのように**教えられるかが重要だということである。PBLでは、同一の学習目標であったとしても、問題の質や学生の学習には大きなバリエーションがある。講義など他の形態のティーチングについてもそうである。同一の内容がまったく別のやり方で扱われうるし、それによって学生の学習にも大きな違いが生まれる。

われわれは、1998年以来、香港の学校で多くの研究を行ってきた(Chik & Lo, 2004; Marton & Tsui, 2004)。そのすべてのケースで、同一の学習対象が(2つ以上の）異なる教室でどのように扱われるかを検討してきた。また、ほとんどのケースにおいて、学習結果を精査しクラス間比較も行うことにより、クラス間の差異を理解することに努めてきた。すべての研究において、学習対象がどのように扱われるかということと、生徒が授業から何を学んだかということとの間に（すなわち、実演された学習対象と生きられた学習対象との間に)、密接な関係があることを立証しようと努力を重ねてきた。いくつかのクラスでは、生徒が学習対象をよりよく自分のものにできていたことから、そこでの授業が、ある特定の学習対象に対して、他のクラスより高い「学習価値」をもつことが証明された。意図された学習対象は同じだが学習価値は異なる複数の授業を比較すると、学習結果のバリエーションは、内容や科目の教授学的次元において**提供されたバリエーション**の関数であることが明らかになった。われわれは、絶対的な意味で、ある授業が他の授業よりよいと言うことはできないが、特定の学習目的にとって、一方が他方よりよいリソースになっていると言うことはできる。

バリエーション理論を使った研究の多くは学校で実施されてきたが、高等教育段階においても、この理論で見出されつつある原理を用いた研究の事例が2つある。第1の事例は医学教育研究からのものであり、第2の事例は会計学の大学教員の間に見られる差異について論じた博士論文からのものである。

(1) 医学教育

この研究は、バリエーション理論そのものには依拠していないが、使われた方法には、学習対象の本質的特徴の比較や対比といったバリエーション理論の方法が含まれていた。ハタラ・ブルックス・ノーマン（Hatala, Brooks, & Norman, 2003）は、心電図の解釈技能の学習において2つの条件を比較した。3つの典型的な心電図診断（心筋梗塞、心室肥大、脚ブロック）を、それぞれ2つずつの事例をあげながら続けて提示した後、2つのグループの学生が、2つの異なる条件の下で、その診断の練習に取り組んだ。一方の条件は、一度に1つの診断カテゴリーだけを扱い、各カテゴリーにつき4つの新しいケースを検討させるものであり（全部で12ケース）、「非対比的方法」と名づけられた。もう一方の条件は、12ケースがミックスされ、学生にその比較を促すものであり、「対比的方法」と名づけられた。非対比的方法条件では、学生は主として各診断カテゴリーで何が共通しているかに焦点化し、対比的方法条件では、学生の焦点は必然的に、診断カテゴリーがどう異なるかに置かれていた。テストとして6つの新しいケースを診断させたところ、対比的方法群の学生は、非対比的方法群の学生より、明らかによい成績をおさめた。

> [対比的方法の実践において] 学生は、競合する診断との間で特徴の差異を比較し対比するよう勧められた。…… [相対的に見ると、この実践の方が] 学生が特徴のタイプに着目するのを支援する上で効果的であるということが立証された。……この対比的方法によるアプローチは、何らかの特徴に着目することが課題の重要要素であり、また、ある特定の診断について競合する選択肢のリストが与えられているような場合であれば、他の知覚的・診断的領域にも応用できるはずである。（Hatala et al., 2003, pp. 23-24）

(2) 会計学教育

この2番目の事例では、より直接的にバリエーション理論の観点から研究を解釈することが可能である。研究の焦点は、トピックの扱い方の差異が、トピックについての学生の理解内容に対してどんな影響を与えたかに置かれている。ロヴィオ-ヨハンソン（Rovio-Johansson, 1999）は、3人の講師によって行われた会計学の講義について調査を行った。講義は3つの異なるトピックについて

2時間ずつ並行して行われ、その模様がビデオ録画された。各講義の終了後、ロヴィオ-ヨハンソンは、5人の学生に対しトピックに関するインタビューを行った。このデータの分析から、彼女は、3人の教員の教え方に一貫したパターンを見出した。ボウデンとマルトン（Bowden & Marton, 1998）が、この研究の初期段階でのコメントにおいて説明しているように、講師の1人は、あらかじめ定義されたある特定のタイプの問題を解決する能力を伸ばすことをめざして、トピックを具体的、かつテクニカルなレベルで扱った。2番目の講師は、概念や原理の深い理解をめざし、講義を行っている間ずっと、各トピックを理論的枠組みのなかに位置づけるよう努めていた。3番目の講師は、合理的な経済学的決定を下しそれを根拠づける能力を伸ばすことをめざして、一般的な公式と同一問題の個別の事例の間を行き来しながら授業を進めた。

研究で用いた最初のトピックである「生産の制限要因」に関していえば、この三者の差異は以下のように描くことができる。生産の制限要因とは、生産過程における総生産力を制限する要因（他の要因に関しては相対的により大きな資源が利用可能であると仮定した場合）のことである。3人の教員はいっしょに講義計画を立てた。それぞれの授業ではイントロダクションの後、問題が提示され、教員たちの手で検討された。その後、ディスカッションが、主に教員によって行われ、講義は終了した。問題のなかで制限要因が特定された（このケースでは機械の使用可能時間とされていた）。その後、学生は、「内部で(in-house)」生産する代わりに既製品を購入することによって機械の駆動時間への要求を減じるにはどうすればよいか、決定を下すことを求められた。利益への最適貢献にもとづいて選択を行わなければならなかった。

講義の内容はよく定義されており、いっしょに授業計画を立て、まったく同一の問題を扱ったにもかかわらず、3人の教員の間にははっきりと際立った差異が見られた。講義の内容はかなり初歩的であり、複雑ではなかったが、それでもなお、差異は顕著に現れた。

最初の教員は、解決策をすべて板書しながら問題について話をし、その問題だけを独立して取り扱った。この教員は、問題のなかに書かれた現実の生産過程と、問題を処理する方法との間を行き来しながら授業を進めた。そういうわけで、授業の焦点は、ある定義された文脈のなかでの特定の解決よりも、むしろ問題解決プロセスに置かれていた。

２番目の教員は、イントロダクションで、バリエーションのなかに複数の次元が存在することを明らかにし、現時点の問題に直接関連するものだけでなく、さまざまなコストの概念について語った。また、どんなコストを生産過程のどの部分に割り当てるかを決定するためのさまざまな方法についても話をした。この教員は、会計学のシステムそれ自体の相対性についても指摘し、さまざまなシステムによってさまざまな種類の情報が得られることを説明した。そうして、成果を計算するためのシステムが設定される方法に対応させながらバリエーションの次元を「オープンにし」、それがさまざまなやり方で行われることを示した。

３番目の教員は、複数の企業（これもバリエーションの１次元である）からの多様な事例を示し、コストが決定される方法に対応づけながらバリエーションの１つの次元を明らかにした。２番目の教員と同じく、この教員も、現時点のケースでのコストにあてはまるものだけでなく、さまざまなコスト概念を検討した。さらに、彼は、価格を設定する方法には計算だけでなく別の方法もあること、適切な方法の見つけ方はケースによって異なることを指摘した。

このように、３人の教員の間の差異は、何を当然の前提とみなし、何をバリエーションの次元としてオープンにするかに見られた。こうした差異は、学生へのインタビューのなかにも反映されていた。最初の教員の授業を聴いた５人の学生のうち４人は、提示された個別の事例に焦点をあてており、制限要因について議論するときには全員が「機械の駆動時間」の話をした。対照的に、他の２人の教員の授業を聴いた学生たちは、問題をより一般的な用語で扱った。また、学生がインタビューのなかで、制限要因に関する問題の解決にどう取り組んだかにも、はっきりとした差異が現れた。問題を解決するには、採算性と利益の関係に対する制限要因の影響を識別することが不可欠であるが、学生は、聴いた講義によって別々のやり方で問題にアプローチしていた。最初の教員の学生たちは、問題を、生産過程と利益貢献の関係に対する制限要因の影響という観点から見ていた。２番目の教員の学生たちは、諸コストや諸経費（変動費用や追加費用など）の間の関係や利益貢献に対する制限要因の影響に注意を向け、３番目の教員の学生たちは、コストと価格設定の関係や利益貢献に対する制限要因の影響に、より大きな関心をもっていた（Rovio-Johansson, 1999）。

この事例から、学生の学習にとって決定的に重要なのは、**ティーチング**をどのように（講義、プロジェクトワーク、PBL などのどの形で）組織化するかということだけではなく、内容をどのように組織化するかである、と論じることができる。しかしながら、ポイントは、組織化（バリエーションと不変のパターン）のある特定の形態が一般的に他の形態よりすぐれているということではなく、また、より多くのバリエーションの方がより少ないバリエーションよりすぐれているということでもない。ポイントは、**何がバリエーションであり、何が不変なのか**ということが、内容をどのように組織化するかについての最も重要な側面だということなのであり、内容をどのように組織化するかが学習を生起させたりさせなかったりする条件を決定するということなのである（実際の学習理論の詳細については、Bowden & Marton, 1998; Marton & Tsui, 2004 を参照のこと）。

6. 条件間の差異と個人間の差異

バリエーション理論を検証するために慎重に条件を設定した詳細な教室研究では、必ずしも実験群のすべての学生が効果的に学習できたわけではなく、一方、バリエーション理論によれば学習が不可能であるはずの対照群の学生のなかにも、何とか学習できた者がいた。もちろん、これは大して驚くべきことではないが、バリエーション理論にとっては問題だと見えるかもしれない。しかし、以下のことを思い出す必要がある。つまり、「学習ができない」という表現は「識別ができない」という意味で使われており、「識別ができない」というのは「**特定の状況において**学習者が経験し識別できるはずのものを、[実際には] 識別することができない」ということを意味しているのである。だが、何人かの学生は、特定の状況のなかで不変である側面をすでに以前から識別できていた、という可能性がある。たとえば、過去にさまざまな色を見たことのある人は、部屋のなかに対比するものが何もなくても、すべて同じ緑色だということに気づくことができる。対比は、今ここにあるすべての緑色と、意識のなかに存在する過去の経験のなかで行われるからである。

学習者が、以前には識別しておらず、その時点の状況では識別できないはずの物事を、なぜか識別できるということも起こりうる。たとえば、「数学的証明というアイディアを理解する」という学習対象を、最も基礎的なレベルで考えてみよう。数学的証明のアイディアを、学生が遭遇する特定の証明と切り離すためには少なくとも２つの事例が必要である。たとえば、たった１つの証明しか提示されないために、証明のアイディアを実際の証明と切り離すことが不可能になっている講義を想像してみよう。そして、これまでたった１つの数学的証明しか見たことがなく、したがって数学的証明のアイディアには気づいていない学生がいたとしよう。さて、この学生がいま、もう１つの事例に出会い、同時に、以前見たことのある別の証明も意識に上っているのであれば、証明そのものと証明のアイディアとを切り離すことが可能になる。この事例は単純化しすぎだが、興味深い原理を示している。それは、学生が過去に経験したバリエーションとある状況下で経験できるバリエーションの間の相互補完関係という原理である。仮に、講義の後、学生が学習対象のある本質的な側面を識別できるようになったとすれば、それは、以前からすでに識別できていたか、講義の間に学習したか、以前の経験と講義の間の経験の組み合わせによって必要条件を満たしたか、このいずれかだということができる。

7. 学習を可能にするもの

ある条件の下で学習が可能かどうかがわかるのであれば、ある種の学習を可能にする条件を創造することもできるはずである。そうすることは、この理論を検証にかけることにもなる。すでにこれまでにそのような試みがなされてきており、めざましい結果をおさめている。こうした研究（Holmqvist, Gustavsson, & Wernberg, 2005; Lo, Pong, & Chik, 2005; Marton & Pang, 2006）において示されているのはまず、学習者が何事かを学ぶのに必要なバリエーションのパターンを経験する機会をもつときには、必要なバリエーションのパターンが提示されないときに比べてはるかによく学習に成功するということだ。このように言うと、トートロジー（同語反復）に聞こえるかもしれないが、実際には以下のことを明らかにしている。第１に、あらゆる学習対象には、学生を導き入れるべき必要なバリエーションのパターンがあるということ、第2に、バリエーションの適切なパターンは個々のケースにおいて見出されるということである。

学習目標が本章で議論してきたような類のものである場合、バリエーション理論は、あらゆる状況において役立つだろう。しかしながら、問題は、この理論の意味するところが、学習対象によって異なるということである。その意味は、個別のケースごとに、また、特定の学習対象ごとに、それにあわせて解釈しなければならない。そして、これを行う唯一の方法は、教員自身が、さまざまな学習対象にとって必要なバリエーションのパターンを見つけるという仕事に従事することなのである。

実は、これと似たアプローチは日本の「授業研究（lesson study）」に見られる。スティーグラーとヒーバート（Stiegler & Hiebert, 1999）が、日本の生徒の数学や科学の成績の高さを説明する可能性のあるものとして、授業研究を取り上げたことにより、授業研究は今や国際的な注目をあびるようになった。授業研究では、同じ科目を教え、一緒に研究をしている教員グループが、特定の学習対象（学習ターゲット）を選んで、生徒がその学習対象を自分のものにするための最善の方法を見出そうとする。教員グループは、この目的のために、1時間の授業、あるいは複数回連続の授業をデザインし、協働で授業案を作成する。その後、グループの1人が自分のクラスで授業を行い、他のメンバーはその授業を参観し、新しいデザインと授業案の作成に向けて、授業で生じた事柄について分析し議論する。続いて、今度は、別の1人が授業を行い、その他のメンバーが授業を参観する。授業の分析と議論の後、他の教員たちにも役立つよう、グループでこの授業研究の経験を記録化する。外部の「専門家」が招かれる場合もあるが、授業研究の活動は、理論よりはむしろ、教員たち自身の経験に根ざしている。さらにつけ加えれば、一般的に、こうした授業研究には制度的な外部評価もない。

コリンズ（Collins, 1992）やブラウン（Brown, 1992）がもたらした「デザイン実験」のアイディアは、ティーチングについての推測を検証する際には科学実験（他の要因は変えないで、一度に1要因を変動させる）が使えない、という前提にもとづいている。ティーチングに関する諸要因はばらばらに切り離せないからである。このデザインのなかには、相互作用する複数の要因の集合がある。他のデザインと比較したり、ティーチングの調整をシステマティックに行いながら経験を蓄積したりすることを通じて、そのようなデザインの効果を探るのである。デザイン実験は理論ベースの研究であり、教授学的現実をもつ複雑な状況に関する理論的推測の検証をめざしている。

われわれは、授業研究とデザイン実験のアイディアを結びつけることによって、**学習研究**（learning study）（Lo et al., 2005）という、教授学的洞察を発展させるための新たな方法を生み出した。学習研究は、一定の教授学的目標や学習対象を達成するという目的をもって、教員のグループによって実施される（研究者も加わることが望ましい）。グループは、授業研究モデルと同じ道筋をたどり、改善のサイクルを何度も回しながら、この目的を達成するための効果的な方法を見出そうとする。だが、この研究は、授業研究と異なり特定の理論にもとづいている。さらにいえば、授業に先立って、生徒がすでに知っていることについてのテストがあり、授業後には、生徒が実際に学んだことについてのテストがある。こうした点はデザイン実験アプローチに似ているが、ここでは、教員たちが自分で研究を「所有」しているという点が異なる。つまり、教員たちは学習対象とその扱い方を選ぶのだが、理論によって導かれ、研究者によってサポートされるのである。

もちろん、さまざまな授業がさまざまなやり方で実施される。実演された学習対象におけるこのバリエーションは、生きられた学習対象、つまり生徒の学習結果に関連づけられる。最後には、記録が作られ、教員の実践と継続的な研究の両方に役立てられる。すべての研究は、実験が依拠する理論から発した推測を実際に試してみるための方法である。

「学習研究」は、それに関わる３つの集団すべてにとって有益なものである。生徒は学習対象をよりよく把握し、教員は学習対象がどのように扱われるかを理解し、研究者は具体例のなかで理論がどう機能するかを知る。学習研究は一定の学習対象や一定の理論によって定義されるのではなく、**何らかの**対象や**何らかの**理論を仮定している。バリエーション理論の利点はそれが学習対象によって変わることであり、もしこの理論が十分に明確かつ包括的に定式化されるならば、多くの多様な学習対象を扱う上で、教員にとって（また研究者にとっても）効果的なリソースになる。

学習研究で得られた知見は、まだ高等教育において利用できるものにはなっていないが、授業研究のアイディアは近年、ウィスコンシン大学において学習と教授の質の改善のための主要な手段として利用されている（http://www.uwlax.edu/sotl/lsp 参照）。にもかかわらず、高等教育における授業研究が――さらによいのは学習研究だが――、学生の学習に対して著しいインパクトをもちうると思われる十分な理由がある。内容の扱い方が、学習の有効性を制約する最も重要な要因であるならば、「内容のさまざまな扱い方」というアイディアに向けて大学教員を変えていくことは、有益にちがいない。さらにいえば、このアイディアの重要性を認識するためには、同一の内容の扱い方におけるバリエーションの効果を見る必要がある。大学教員が、自分の教えてきたのと同じ内容を同僚がどう扱うかについて観察し始めるとき、そして、内容の扱い方が教員たちの会話のトピックになるとき、大学の教授・学習の改善に向けた重要なステップが踏み出されることになる。授業研究と学習研究はそれを引き起こす２つのやり方なのである。

8. 学習のバリエーション理論

本章の冒頭で述べたように、バリエーション理論は、教員自身に役立つ理論的ツールを作ることをめざしている。この理論は、現実についての永遠に真である言明の集合というより、むしろ特定の目的のために、このツールを使わない場合より効果的なやり方で、現実を扱うための手段として捉えられる。目的は、ある形態の学習――ある現象やある状況を見るためのより効果的な新しい見方を育てるという意味での学習――を可能にすることである。この形態の学習は、人間のなかでさまざまな物事の意味が発達し変化していくプロセスにおいて、その基礎をなすと考えられている。しかしながら、本章であげた事例は、実際に、この形態の学習に関するものになっているだろうか。

あるやり方で物事を見るということは、ある本質的特徴を識別し、それを意識のなかで同時的に組み合わせるということに依存している。この意識はわれわれが経験する世界の全体性についての意識ではないが、学習対象に関連した特定の目的にとっては必要であり本質的なものである。本質的特徴の識別こそが、ある物事と他の物事を見る見方を区別し、また、同じ物事を見る見方にしてもより効果的な見方を提供するのである。この理論は、現象学と異なって、経験された世界を豊穣なままに捉えることをめざしているのではないし、認知心理学のように人間の知の構造や働きを記述しようとしているのでもない。この理論は、教授学的知識への興味——なぜ、ある人が学び損ねる事柄を別のある人は学べるのかという疑問——によって動いている。そのようなことが生じる理由は、部分的には、遺伝的な素質、既有知識、動機などにもあるだろう。だが、バリエーション理論は、特定の学習対象を自分のものにするのに必要な条件を示す。われわれは、こうした条件が最も重要な要因だと主張したいわけではないが、しかし、こうした条件が必要であり、また、それを作り出すことが、過去・現在・未来にわたって、学校であれ高等教育機関であれ、教員にとって中心的な重みをもつと主張したい（cf. Carlgren & Marton, 2000）。

最後に付言すれば、バリエーション理論は、複数の人間の間の、また1人の人間の内部での、能力の差異に関する理論である。能力の差異は、バリエーション（すなわち、諸側面の差異）を経験することを通して周りの世界の諸側面を識別する機会をどのくらいもてるかに関係している。これをパン（Pang, 2002）は「バリエーションの2つの顔」と呼んでいる。彼は、われわれがバリエーション理論と呼んでいるものは、人が周りの世界のさまざまな側面におけるバリエーションをどう経験しているか、それによって世界をさまざまなやり方でどう経験しているかについての記述であると言う。それは、世界の見方や経験の仕方におけるバリエーション（すなわち差異）を記述する現象記述学の研究プログラムから生まれてきた。現象記述学の記述的な研究アプローチは、このようにして理論に変換され、今度はその理論が以前の記述的結果を説明する。それによって、この営みが、学習の**教授学**理論の発展に向けたステップを数歩進めたことになっていればと思う。学習の教授学理論は、教員にとっても研究者にとっても価値があり、重要概念の本質的特徴を探究する教員の同僚間での協働を促すために活用できるものである。本質的特徴のバリエーションは、学習の質の改善にあたって学生に対しても明示される必要がある。

【まとめ】

■新しい状況を有効なやり方で扱えるようになるには、人はまず、その状況を有効なやり方で見ること、すなわち本質的特徴を見分け、それらを同時に考慮に入れることができなければならない。そのためには、学習対象におけるバリエーションと不変の一定のパターンを経験している必要がある。たとえば民主主義の意味について学ぶには、民主主義の諸形態（バリエーション）やそれらに共通する他の統治形態との違い（不変）を経験しなければならないのである。

■学習対象には、意図された学習対象、実演された学習対象、生きられた学習対象という3つのフェーズがある。これらはそれぞれ、学習目標、学習空間（教員と学生によって構成される、学習が生起する意味空間）、学習成果に対応する。一方、学習対象は、直接－間接という軸でも区別される。直接的な学習対象は内容（何を学習するか）、間接的な学習対象は能力（いかに学習するか）に対応する。たとえば、「光合成を理解する」というとき、「光合成」は直接的な学習対象、「……を理解する」は間接的な学習対象にあたる。つまり、学習対象という概念は、能力と内容を統合するものである。

■バリエーション理論とは、このような学習対象におけるバリエーションと不変に関する理論である。バリエーションと不変を経験させることは、学習が生起するための必要条件であり、ティーチングを組織化する上で重要なポイントとなる。もっとも、学生が経験するバリエーションは教員がすべてコントロールできるわけではない。学生が過去に経験したバリエーションと、教員の作り出したバリエーションの間の相互補完関係によって決まるのである。

■授業研究とデザイン実験のアイディアを結びつけることによって、われわれは「学習研究」という方法を生み出した。現在は、学習研究の蓄積を通じて、バリエーション理論を学習の教授学理論として発展させていく途上にある。

訳注

1)　本節の見出しは、訳者がつけたものである。

2)　「現象記述学（phenomenography）」とは、その名前に示される通り、現象学や解釈学を哲学的基盤にすえながら、学習者の多様な経験や思考を、学習者の自己報告やインタビューなどのデータを記述・分析することを通じて明らかにしようとする質的研究の方法論である。現象記述学は、1970年代初期に、スウェーデンのヨーテボリ大学で始まった大学生の学習に関する一連の研究にルーツをもつ。そこから、学習アプローチ（本書序章・第1章参照）などの研究が北欧やイギリスを中心に展開されていくことになった。なお、今回は「現象記述学」と訳したが、これが定訳というわけではない。

3)　原語 "discrimination" は、心理学ではふつう「弁別」と訳されるが、ここでは、日常用語としてなじみのある「識別」を訳語として用いる。

文献

Bowden, J., & Marton, F. (1998). *The university of learning.* London: Routledge Falmer.

Brown, A. L. (1992). Design experiments: Theoretical and methodological challenges in creating complex interventions in classroom settings. *Journal of the Learning Sciences, 2*, 141–178.

Carlgren, I., & Marton, F. (2000). *Lärare av imorgon.* Stockholm: Lärarförbundet.

Chik, P. P. M., & Lo, M. L. (2004). Simultaneity and the enacted object of learning. In F. Marton & B. M. Tsui (Eds.), *Classroom discourse and the space of learning* (pp. 89–110). Mahwah, NJ: Lawrence Erlbaum.

Collins, A. (1992). Toward a design science of education. In E. Scandlon & T. O. Shea (Eds.), *New directions in educational technology* (pp. 15–22). Berlin: Springer.

Hatala, R. M., Brooks, L. R., & Norman, G. R. (2003). Practice makes perfect: The critical role of mixed practice in the acquisition of ECG interpretation skills. *Advances in Health Sciences Education, 8*, 17–26.

Holmqvist, M., Gustavsson, L., & Wernberg, A. (2005). *Learning patterns.* Paper presented at the 11th biennal Conference of the European Association for research on Learning and Instruction, Nicosia, Cyprus, August 23–27.

Lo, M. L., Pong, W. Y., & Chik, P. P. M. (Eds.). (2005). *For each and everyone: Catering for individual differences through learning studies.* Hong Kong: Hong Kong University Press.

Marton, F., & Booth, S. (1997). *Learning and awareness.* Mahwah, NJ: Lawrence Erlbaum.

Marton, F., & Pang, M. F. (2006). On some necessary conditions of learning.

Journal of the Learning Sciences, 15, 193-220.
Marton, F., & Tsui, A. (Eds.). (2004). *Classroom discourse and the space of learning*. Mahwah, NJ: Lawrence Earlbaum.
Pang, M. F. (2002). Two faces of variation. *Scandinavian Journal of Educational Research, 47*, 145-156.
Rovio-Johansson, A. (1999). *Being good at teaching: Exploring different ways of handling the same subject in higher education*. Göteborg: Acta Universitatis Gothoburgensis.
Stiegler, J., & Hiebert, J. (1999). *The teaching gap: Best ideas from the world's teachers for improving education in the classroom*. New York: Free Press.

【さらに学びたい人に】

■エントウィスル, E.（2010）『学生の理解を重視する大学授業』（山口栄一訳）玉川大学出版部

学問分野あるいは教科領域には特有の論理とその教授法があるとし、学生の学習についての心理学的研究にもとづいて、「学習への深いアプローチ」を可能にする授業のあり方を多角的に追究した書である。教育方法をマニュアル的に語ることの問題、内容と方法を結びつけることの重要性、学問分野によって異なる理解や思考の特徴への着目の必要性などが、データをもとに語られている。

［付記］

本章は、Marton, F. (2007). Towards a pedagogical theory of learning. In N. Entwistle, P. Tomlison, & J. Dockrell (Eds.), *Student learning and university teaching* (pp. 19-30). Leicester, UK: The British Psychological Society を、著作権者の許諾を得て翻訳したものである。「まとめ」と「さらに学びたい人に」は訳者の側で作成した。

第4章

【協同学習と学生の成長】

協同による活動性の高い授業づくり

――深い変化成長を実感できる授業をめざして――

安永　悟

近年、大学教育の改善·改革の気運に押され、日本の大学ではアクティブラーニングに注目が集まっている。アクティブラーニングは新しい概念であり、明確な定義や特定の技法があるわけではない。学生の能動的な活動を意図的に組み込んだ授業形態との理解が一般的である（溝上, 2007, 2013）。そのような授業では「書く、話す、発表する、議論する、体を動かす、ものを操作する」など、目に見える具体的な活動を促すために、ピア・インストラクションやロール・プレイ、問題解決型学習、課題探求型学習、体験学習など、グループ活動を中核に据えた多様な授業づくりが始まっている。

しかし、このような授業づくりが必ずしも成功しているとはいえない。授業に組み込まれたグループ活動に注意が集まり過ぎ、学生に何らかのグループ活動をさせればアクティブラーニングになるといった極端な認識も見受けられる。形はアクティブラーニングであっても、学習成果の乏しい授業が散見される。

そこで本章では、グループ学習を中核に据えた授業の質を高める方法を協同学習の観点から検討する。最初に、協同学習の理論と技法について概要を述べ、協同学習に期待される効果とその評価の方法に言及する。次に、協同学習の一技法であるLTD話し合い学習法を基盤とした授業づくりを紹介し、授業の質を高める留意点を吟味する。そして、協同学習に依拠した授業づくりにより、ディープなアクティブラーニングに期待される学びが達成できることを確認する。

1．協同学習の理論

協同学習は、学生１人ひとりに仲間と共に学ぶ喜びや楽しさを実感させ、確かな学力と自己の変化成長をもたらす、教授学習に関する理論である。グループ学習の単なる技法ではない。

(1) 協同学習の広がり

小グループを用いて、学生の活動性を引き出す授業づくりに関しては、すでに膨大な研究知見と実践例が蓄積されている。なかでも社会的相互依存理論に基づく協同学習[1)]（Cooperative Learning）（Johnson & Johnson, 2005）は、信頼性の高い有効な教育理論として知られている。

協同学習の実証的な研究が、国の内外で本格的に始まったのが1950年代の後半からである（ジョンソン・ジョンソン・スミス, 2001; 塩田・阿部, 1962; 末吉, 1959)。それから現在にいたるまで、協同学習は学生の活動性を高める授業づくりにおいて中核的な役割を果たしてきた。協同学習の有効性は、古今東西の理論研究と実践研究により既に証明済みであり、協同学習に基づく授業により認知的側面と態度的側面が同時に獲得されることが知られている（Cohen, Brody, & Sapon-Shevin, 2004; ジョンソン・ジョンソン・ホルベック, 2010; 柴田, 2006; 杉江, 1999; 安永, 2013)。

協同学習による授業づくりは、長らく、小学校や中学校での実践が中心であった。しかし、21 世紀を迎えるころから大学への導入も盛んになってきた（Johnson, Johnson, & Smith, 1998)。その勢いは増すばかりであり、協同学習の理論と技法を活用して、いかに能動的な学習を促すかという検討が世界規模で進んでいる。例えば、教育水準が高い欧米諸国や東アジアの国々を中心に、学校種にかかわらず、協同学習に基づく能動的な学習や体験型の学習が導入されている（Hmelo-Silver, Chinn, Chan, & O'Donnell, 2013; Millis, 2010)。日本においても、学生主体の授業づくりが大学や専門学校で展開されている（IDE 大学協会, 2011; 初年次教育学会, 2013; 安永, 2009)。また、小学校・中学校・高等学校においても、新学習指導要領の全面実施に伴い、協同学習に対する関心が高まり、新たな実践例も数多く報告されている（千々布, 2013; 杉江, 2004）。

(2) 協同の精神に基づく授業づくり

協同学習の理論と技法に基づく、学生の活動性を高める授業づくりを、筆者は「協同による活動性の高い授業づくり」と称している。そのめざす姿は、すべての学生が、共有した学習目標の達成に向け、協同の精神に則り、自分と仲間の学習過程に深く関与し、主体的かつ能動的に教え合い、学び合う授業である。そこでは学生1人ひとりの確かな学力と自己の変化成長が期待できる。

この授業においては協同の精神が特に大切である。協同の精神とは、学習目標の達成に向け、仲間と心と力をあわせて、自分と仲間のために真剣に学ぶことである。「自分さえ良ければ」という態度は否定される。仲間と共有している学習目標を達成するために、自分にできる貢献を積極的に行うという態度と、それを実現する具体的な行為が求められる。むろん、すべての学生が協同の精神の意味と価値を初めから正しく認識できているわけではない。協同の精神は、学習仲間との交流を通して、教え合い、学び合うことの素晴らしさを実感するなかで、少しずつ培われていく。

協同の精神を大切にしながら、仲間と共に授業内容の理解を深めようとすると、必然的に、自分と仲間の学習過程がクローズアップされる。仲間同士が、お互いの理解状態を意識しながら、より適切なアドバイスを考え、教え合うことにより、理解が促進される。自他の学習過程を意識し、その変化を実感できる学び合いを通して、主体的かつ能動的な学びが展開する授業をめざしている。

協同の精神は、グループ活動の場面のみならず、グループを用いない授業場面においても大きな役割を果たす。学習目標の達成に向け、仲間と共に伸びようとする協同の精神があれば、基本的に学習形態は問題とならない。グループ活動が含まれていなくても協同学習と呼ぶこともできる（ジェイコブズ・パワー・イン, 2005）。この点に関して、杉江（2011）は、「協同学習は、授業の進め方の技法に関する理論ではなく、学校のすべての場面における子どもの学習に対する支援の基盤にある基本原理に関する理論」であると述べている。さらに鹿内（2013）は、協同学習を授業づくりの根底にある「思想」であると喝破している。

協同学習を単なる技法としてではなく、授業づくりの根底にある理論として正しく認識することが協同による授業づくりの基盤となる。協同学習を理論として体得できると技法の理解が深まり、表面的な学習形態にとらわれることなく、学生の実態と置かれた状況に則して、教師の創意工夫に満ちた柔軟な授業づくりができるようになる。

(3) 協同学習の基本要素

協同の精神に満ちた協同学習と、一般のグループ学習を区別する観点として、ジョンソンら（2010）は次に示す５つの基本要素をあげている[2)]。

①**肯定的相互依存**：協同学習では、グループの学習目標を達成するために、基本的な信頼関係に基づき、各自のもつ力を最大限に出し合い、仲間同士が互いに依存し合うことを求めている。目標に近づくという意味で肯定的であり、目標達成の障害となれば否定的な相互依存となる（例えば、社会的手抜き）。

②**積極的相互交流**：肯定的な相互依存関係があっても、積極的に交流しなければ学習効果は期待できない。協同学習では、学生同士が対面して積極的に交流し、教え合い、学び合うことを前提としている。

③**個人の２つの責任**：学生１人ひとりに２つの責任がある。１つは自分の学びに対する責任であり、１つは仲間の学びに対する責任である。仲間が理解できていなければ自分の支援が足りなかったと反省し、積極的に支援することが求められる。

④**社会的スキルの促進**：グループでの学び合いに必要な学習スキルや対人関係スキルがある。学生がそれらのスキルを獲得できていなければ、意図的に教え、使用を促す必要がある。

⑤**活動のふり返り**；グループを用いた学習活動の質を高めるために、協同学習では学習活動に対する建設的な評価を求めている。学習活動における自他の言行をふり返り、何を続け、何を止めるべきかを考える。仲間を区別したり、批判したりすることが目的ではない。

これら５つの基本要素が満たされているグループ学習を、一般的なグループ学習と区別して協同学習と呼ぶ。むろん、すべての要素が最初から満たされていることはない。特に「肯定的相互依存」や「個人の２つの責任」は頭で理解できたとしても、行為に移すことは難しい。日々の授業のなかで意識して訓練する必要がある。したがって、上述した５つの基本要素を、その程度にはかかわらず、意識しながら取り組んでいるグループ活動も協同学習と呼んで構わない。

また、ケーガン（Kagan, 1994）は４つの基本要素、つまり「肯定的相互依存、個人の２つの責任、参加の平等性、活動の同時性」が備わっているグループ活動を協同学習と呼んでいる。そのうち「肯定的相互依存」と「個人の２つの責任」はジョンソンら（2010）と共通している。異なる理論家が協同学習の基本要素として認めているだけに両者は協同学習にとって特に重要な要素といえる。一方、「参加の平等性」と「活動の同時性」は、授業に導入したグループ活動が協同学習になっているか否かの、わかりやすい判断基準として活用できる。

「参加の平等性」とは、学習仲間が同じ程度、学び合いの活動に参加している状態をさす。一人が１回話せば、仲間も１回ずつ話す機会を設けることが、ここでいう平等である。一人が話し続けることは、平等とはいえない。協同学習の基本技法は、この参加の平等性を担保するように仕組まれている。

また「活動の同時性」とは、目に見える具体的な活動を、授業に参加している多くの学生が、同時に行うことをさす。例えば、話し合いの場合、ペアであれば50％の学生が、４人グループであれば25％の学生が同時に「話す」ことになる。同時性が高まるようにグループ活動を仕組むことが効果的な協同学習を演出する基本となる。

活動の同時性に関しては、グループ活動から得られる情報量との兼ね合いも考慮する必要がある。同時性の観点からすれば、同時性が最も高くなるペアが一番望ましいことになる。しかし、得られる情報量はペアよりも３人以上のグループの方が多い。反面、グループの人数が増えれば、それだけ活動の同時性は低下し、学生の活動性が低くなる。情報量と同時性は反比例の関係にあるので、両者のバランスを考え、グループ活動の目的に応じて、グループの人数を決めることが肝要となる。

協同学習の基本要素が満たされたグループ活動をくり返し経験することで、基本的な信頼感が醸成され、疑問に感じたことや、理解できないことを素直に出し合える支持的風土が形成される。そのなかで、仲間と心と力を合わせて学習目標を達成することの素晴らしさを実感し、協同の意味と価値の認識が深まり、協同の精神が鍛えられていく。

2. 協同学習の技法

実際の授業において学生の活動性を高めるためには、協同学習の理論に加え、理論に裏打ちされ、実践の場で鍛えられてきた協同学習の技法を理解し、適切に実行する必要がある。

(1) 技法の種類

協同学習の技法とは協同学習の理論に準拠して構造化された、一連の学習手順のまとまりをさす。バークレイ・クロス・メジャー（2009）は協同学習の技法を「話し合い、教え合い、問題解決、図解、文章作成」の５つのカテゴリーに分けて、30の技法を紹介している。協同学習の基本的な技法であるラウンド・ロビン[3)]やシンク・ペア・シェア[4)]は話し合いのカテゴリーに分類される。特派員[5)]やジグソー学習[6)]もよく知られた技法である。また、LTD 話し合い学習法（安永, 2006）や、グループ・インベスティゲイション（シャラン・シャラン, 2001）、プロジェクト・ベース学習（ニューエル, 2004）、PBL チュートリアル（吉田・大西, 2004）など、協同学習を基盤とした複雑な学習技法もある。

協同学習の技法にはいくつかの共通点がある。なかでも「課題明示→個人思考→集団思考」の流れは、いずれの技法においても考慮されている基本構造である（安永, 2012）。協同学習ではグループでの学び合い（集団思考）の前に、必ず個人での学び（個人思考）を求める。学び合う仲間１人ひとりが、個人思考を通して自分なりの意見をもつことにより、グループでの学び合いは深まる。また、個人思考や集団思考を求める前に「何を、どのように、どこまで考えるのか」、その目的と手順を明示することが（課題明示）、主体的かつ能動的な学習活動を促す。課題明示がなければ、学生は授業の流れを見通せず、その都度、教師の指示を待たなければならない。これでは主体性の育成にはつながらない。

(2) 技法実践上の留意点

協同学習を初めて試みる場合、授業目標に合わせて簡単な技法から試みることを勧める。技法の手順や留意事項を理解し、その手順を忠実になぞることにより、学生の活動性が高まり、協同学習に期待される一定の成果が得られる。同じ技法をくり返し使うことで、学生も教師も、協同学習の技法と、その背後にある考え方についての理解が徐々に深まり、経験知が蓄積されていく。そのうえで、より複雑な技法に挑戦することで、協同学習の世界を深く知ることができる。

次に、協同学習の技法を授業で実践する際に、教師が留意すべき点を段階ごとに説明する（バークレイら,2009; 安永, 2006, 2012）。

①**準備段階**：授業に先立ち、授業目標をつねに意識しながら、グループの人数と編成方法の決定、教材の検討と課題の作成、課題提示の方法の検討、活動手順の立案、活動時間の見積もり、といった準備作業を行う。

②**開始段階**：授業中、グループ活動を始める際、口頭だけでなく、プリントやスライドを用いて課題を視覚的にも明示する。そこには、活動の目的と手順の説明、課題の明確な定義、協同の強調、グループと個人の成績評価の方法を含める。そのうえで学生に活動開始の指示を出す。指示に応じて直ちに活動が始まらなければ、指示が上手くいっていないと判断できる。その場合は、全グループの活動を中断し、再度、課題を明示する。

③**中間段階**：グループ活動中は、机間巡視を行い、各グループの活動状況をモニターする。ただし、不用意な介入は極力避ける。沈黙が続いたり、間違った内容が話し合われたりしていても、教師がグループ活動に介入するのは好ましくない。グループで生じた問題はグループ内で解決させるのが基本である。グループの主体性を常に意識しながら指導すると、グループ活動を促進するスキルが獲得され、グループの生産性が高まる。

教師の介入が必要と判断される場合、特定のグループを対象にするのではなく、すべてのグループ活動を止め、クラス全体を対象に指導する。

④**終了段階**：グループ活動の終わりに、活動をまとめる機会を準備する。例えば、１回のグループ活動であれば、グループ活動が終わった後、クラス全体に向けて報告させ、質疑応答の機会を設ける。また、複数回の授業に

わたるグループ活動であれば、活動内容に関心をもつ人々に対して活動成果を発表する場を設けることも選択肢の１つとなる。

⑤**事後段階**：授業の最後に「ふり返り」の段階を準備する。ここでは、学生自身が学習活動と学習内容を分析・評価し、協同学習の観点から、より良いグループ活動をめざしてアイディアを出し合う。

学生をグループにして、課題を与えるだけでは協同学習にはならない。協同学習の技法を適切に実践するには、上述のごとく、教師による周到な準備と指導力が求められる。

(3) 教師に求められる指導スキル

教師の指導力により、同じ技法を使っても、その効果は異なる。教師に求められる指導スキルとして、少なくとも、対象把握スキル、対象変容スキル、実践応用スキルを区別できる(安永, 2012)。

対象把握スキルは、授業全体を把握し、そこに隠されている問題を発見し、認識するスキルである。何を問題として把握できるかは、協同学習に関する教師の認識や授業目標に依存する。対象変容スキルは、授業で発見した問題や課題を解決する具体的なスキルをさす。協同学習の場合、協同学習の技法を運用する能力も含まれる。実践応用スキルは、教師がもつ対象把握スキルと対象変容スキルを、日々変化する授業のなかで適切に使い、授業目標の達成を導くためのスキルである。対象変容スキルとしての協同学習の技法を、型どおりに授業に導入しても、期待する効果は得にくい。まず、対象となる学生の状態を的確に把握し、授業目標と照らし合わせながら個々の授業にふさわしい技法を選択し、必要に応じて技法をアレンジし、導入する。そして、授業の流れを敏感に捉え、臨機応変に対応できる指導力が教師には求められる。

ここで紹介した３つの指導スキルの獲得が、教師の授業実践力を高める基盤となる。これらの指導スキルは一朝一夕に獲得できるものではない。日々の授業のなかで意図的にスキルを使い、自省をくり返すなかで獲得できる。できれば同僚と一緒に協力しながら学ぶと効率的である。

3. 協同学習の効果と評価

協同学習の理論を理解し、協同学習の技法を授業のなかでくり返し活用すれば、学生は大きな成果を得ることができる。ここでは協同学習に期待される効果と、その評価の仕方について述べる。

(1) 協同学習に期待される効果

協同に基づく活動性の高い授業を展開すると、1つの授業科目で認知的側面と態度的側面が同時に獲得できる（認知と態度の同時学習）。

認知とは授業内容の理解や知識、さらにはスキルなどを含む認知能力全般をさす。協同学習により、認知の一側面を代表する学生の成績が、成績の高低にかかわらず、伸びることが知られている（バークレイら, 2009）。また、学習スキル、読解スキル、コミュニケーション・スキル、対人関係スキルなどのスキルの向上も見込まれる（Mandel, 2003; 安永・藤川, 1998; 安永・江島・藤川, 1999）。

態度には、協同に対する認識や、学びに対する動機づけ、学習や学習仲間や学校に対する見方などが含まれる。協同学習をくり返し行うことで、協同の良さに対する認識が向上し、学習に対する動機づけが高まり、学業や対人関係に対する認識が改善される（長濱・安永・関田・甲原, 2009; 山田, 2011）。

協同学習で授業を仕組むことにより、認知と態度が同時に獲得されることは教師にとって福音となる。これまでは、科目の学習指導は授業時間内で、それ以外の訓育的な学生指導は授業時間外で行うものである、という認識が強かった。しかし、協同学習では学習指導と学生指導が1つの授業のなかで実現可能である。しかも、科目内容を選ばない。これは、大学のユニバーサル化が進み、多様な学生を受け入れている現在の大学教育において注目に値する。

(2) 協同学習における評価

授業において成績評価は避けて通れない課題である。成績評価の規準は学習行動に大きく影響する。それだけに、授業開始時に評価規準を学生に開示する必要がある。その際、授業の達成目標に照らして、学習成果のどの側面を、どのように測定し、その結果を成績評価にどのように反映するかを伝える必要がある。

科目内容の理解や知識は従来の筆記試験で測定することもできる。その際、授業で直接教えた内容の理解といった基礎基本の確認に加え、それを活用する力の測定も必要となる。協同学習により、基礎基本に加え、活用力も高まり、深い学びが実現することが示されている（須藤・安永, 2011）。

態度やスキルの測定に関しては、測定対象に応じて各種の尺度が開発されており、授業目標に応じて利用できる。筆者らは、協同学習の基盤にある協同の認識を測定する協同作業認識尺度（長濱ら, 2009）や、話し合いに対するイメージを測定するディスカッション・イメージ尺度（安永・藤川, 1998）、話し合いに必要となるスキルを測定するディスカッション・スキル尺度（安永・江島・藤川, 1999）を開発している。また、最近ではルーブリックやポートフォリオを用いた成績評価も広がっており、協同学習を用いた授業の成績評価にも活用できる。

協同学習を用いた授業の成績評価に関して、学生個人の成績にグループの成績を加えるべきか否か、加えるとすれば、どれほど加味すべきか、という問題がある。これらは授業目標に沿って判断されるべきである。例えば、学生個人の理解を第１に考える授業であれば、グループの成績を個人の成績に加えるべきではない。一方、他者との協調性やコミュニケーション能力の育成をめざしている授業であれば、グループの成績を個人の成績に加えることもできる。その際、グループと個人の成績をどれほど重みづけるかは教師の判断に任される。なお、グループ活動への動機づけを高めることを考えた場合、個人の成績にグループの成績を加味するほうが得策である（Slavin, 1995）。

また、グループの成績を個人の成績に加える場合、例えば個人の貢献度に応じて、加える得点を変えるか否かの判断は教師として悩む点である。この点に関して明確な回答があるわけではないが、すべてのメンバーに同じ得点を与えることを基本としている。協同学習では、グループの全メンバーは自他の理解を促進するために、自分にできる最大限の貢献をすることが前提となっている。すべてのグループ・メンバーが手抜きをせず、自分の持てる力を投入し、貢献した結果としてグループの成績が決まるので、全メンバーに同じ得点を与えることが妥当であると判断している。

4. LTD話し合い学習法を活用した授業づくり

協同学習を取り入れた授業形態は多種多様である。これといった定型があるわけではない。協同学習の理論と技法を熟知した教師の創意工夫により、その形態は大きく変わる。ここでは、大学教育において近年注目を集めているLTD話し合い学習法を基盤とした、協同による活動性の高い授業づくりを紹介する。

(1) LTD話し合い学習法

LTD話し合い学習法（安永, 2006）は協同学習の複雑な学習技法である（LTDはLearning through Discussionの略）。LTDの目的は学習教材である課題文を仲間と協力して深く読み解くことである。そのために、学生は課題文をまず1人で予習し（個人思考）、次にミーティングで仲間と学び合う（集団思考）。その際、予習においてもミーティングにおいても、表4-1に示したLTD過程プランの8ステップに従う。予習とミーティングで使う過程プランは、Step 1とStep 8を除いて、基本的に同じ構造になっている。

予習では、次の手順で課題文の読解を個人で行い、予習ノートを作成する。まず、課題文をくり返し読む（Step 1）。次に、課題文に出てきた分からないことばを調べて予習ノートにまとめる（Step 2）。そのうえで、再度、課題文を熟読し、著者の主張を自分のことばで簡潔にまとめる（Step 3）。そして、その主張を支持する話題（理由や根拠）を課題文から読み取り、話題ごとに自分のことばでまとめる（Step 4）。Step 4までの作業を通して読み取った課題文の内容を、自分の既有知識（Step 5）や自己（Step 6）と関連づけて予習ノートにまとめる。Step 6までは、著者の主張を受容し、一切の批判や評価は禁止される。Step 7において、課題文をより良くするための建設的評価が初めて認められる。Step 7では、課題文を改善するためのポイントを予習ノートにまとめる。Step 8では、完成した予習ノートを手がかりに、ミーティング場面をイメージしながらリハーサルを行う。

表 4-1　LTD 過程プランと読解過程との対応

段階	ステップ		時間*	読解過程
準備	Step 1	導入	3 分	「情報の取出し」「解釈」
理解	Step 2	ことばの理解	3 分	
	Step 3	主張の理解	6 分	
	Step 4	話題**の理解	12 分	
関連づけ	Step 5	知識との関連づけ	15 分	「熟考・評価」
	Step 6	自己との関連づけ	12 分	
評価	Step 7	課題文の評価	3 分	
	Step 8	ふり返り	6 分	

*標準型 LTD のミーティング時間は合計 60 分間である。
**話題とは主張を支持する理由や根拠を表す。

ミーティングでは 4 人ないし 5 人グループで、各自が作成した予習ノートを手がかりに、LTD 過程プランに沿って課題文を仲間と一緒に読み解く。各ステップには時間制限があり、その時間内で各ステップに求められている活動を展開する。なお、ミーティングにおける Step 1 ではミーティング開始の雰囲気づくりが、また Step 8 ではミーティングのふり返りが行われる。

LTD の学習活動を支える上記の過程プランは、課題文の内容を読み取る前半 4 ステップ（Step 1〜4）と、読み取った課題内容の理解をさらに深める後半 4 ステップ（Step 5〜8）に二分できる。この過程を OECD の PISA 調査（2000）で評価の枠組として用いられた読解過程と比較すると前半が「情報の取り出し」と「解釈」に、後半が「熟考・評価」に対応する。

この LTD により、課題文の読解力、仲間と学び合う対話力、さらには人間関係の向上などが期待できる。LTD を導入した授業実践は大学を中心に報告されており、その有効性が示されている（古庄, 2013; 峯島, 2014; 安永, 2005; 安永・中山, 2002）。そのなかにあって須藤・安永（2014）は、看護学生を対象とした初年次教育科目である「論理的思考」の設計にあたり、LTD 話し合い学習法を活用した実践例を報告している。協同による活動性の高い授業づくりの一例として、その概要を以下に示す。

表 4-2　授業展開の 3 段階と主な学習内容

段階	講	主な学習内容
読解	1	仲間づくり、授業の目標、傾聴とミラーリング
	2	協同学習の基本要素、話し合いの基本原理
	3	LTD 過程プラン、LTD 予習 Step 1〜Step 4 の目的と方法
	4	LTD 予習 Step 2 と Step 3、ジグソー学習
	5	LTD 予習 Step 3、ジグソー学習
	6	LTD 予習 Step 4
	7	LTD ミーティングの方法、LTD ミーティング Step 2〜Step 4
	8	LTD 予習 Step 5〜Step 8 の目的と方法、LTD 予習 Step 5〜Step 6
	9	LTD 予習 Step 5〜Step 8
	10	LTD ミーティング Step 5〜Step 8
討論	11	LTD のまとめ、ディベートとは、円形ディベート
	12	標準型ディベートフォーマット、練習ディベート準備
	13	練習ディベート：「インスタント食品」
	14	ディベートの論題決め、論題 1) 2)ディベート準備
	15	論題 1)ディベート：「夏休みの課題」
	16	論題 2)ディベート：「結婚に必要なのは」
文書作成	17	前期授業のふり返りと自己評価、エッセイ作成の見通し
	18	エッセイ作成：タイトル、主題、話題
	19	エッセイ作成：文章構成、話題の関連づけ
	20	エッセイ作成：下書き、推敲
	21	エッセイ作成：推敲、清書
	22	エッセイ完成披露、まとめ

(2) 問題と目的

対象とした授業科目「論理的思考」の達成目標は、論理的な言語技術の獲得であった(認知目標)。そこでは、学生 1 人ひとりが他者に伝わりやすい論理的なエッセイを書けることを具体的な目標とした。教授法として協同学習の理論と技法を採用した。また、協同学習を通して獲得される学習仲間との信頼関係や仲間からの承認、グループ活動に対する貢献など態度面の成長も期待した(態度目標)。これらの授業目標を達成するために、授業全体を相互に連関した 3 段階「読解段階、討論段階、文章作成段階」で構成した（表 4-2)。

本実践の特徴は、協同学習への依拠、分割型 LTD（須藤・安永，2011）の採用、LTD に基づく授業展開の 3 点であった。

まず、本実践は協同学習に依拠した授業づくりを基盤とした。つまり、すべての授業を通して、協同学習の技法を体系的に配置し、くり返し体験させることで、協同学習の基本的な考え方と、グループ活動に必要とされる対話スキルや対人関係スキルの育成をめざした（表 4-2）。

次に、本実践では分割型 LTD を高等教育に初めて導入した。分割型 LTD とは、LTD の解説、予習、およびミーティングを全て授業中に行うことを前提に、LTD 過程プランのステップごとに「解説→予習→ミーティング」をくり返す方法である。この分割型 LTD は、従来の実践方法では LTD の導入が困難な小学校の授業への導入を意図して考案された。この分割型 LTD を小学校 5 年生の国語科に導入した須藤・安永（2011）は学習成績と人間関係が向上することを確認している。

そして最後の特徴が LTD 過程プランを応用した授業展開である。これまでの実践研究（例えば、古庄，2013; 安永，1995, 1999）は、大学授業への LTD の導入に焦点があてられていた。一方、本実践では LTD の導入を前提に、学生が修得した LTD 過程プランを活用して、授業目標を効果的かつ効率的に達成する方法の検討に焦点をあてた。

これらの特徴をもつ本実践において、LTD による読解力の育成を通して獲得された論理的な言語技術が、論理の構築や文章作成の指導においても有効であるかを検討した。

(3) 授業の概要と構成

受講生は、地域の医師会立の夜間の看護学校に通う 1 年生 51 名（女子 39 名、男子 12 名）であった。年齢範囲は 20 歳から 39 歳であり（20 代 39 名、30 代 12 名）、平均年齢は 26.2 歳であった。ほとんどの学生が、昼間、准看護師として病院に勤務していた。学習意欲や学力に関しては、一定水準以上あるものの、個人差が少なからず認められた。

授業は週 1 回 100 分授業であった。グループ編成では年齢と性別を考慮して 5・6 人の異質な 10 グループを編成した。授業期間中、2 度のグループ替えを行った（8 講と 17 講）。

すべての授業において協同による対話中心の授業を試みた（安永，2012）。その基本形は「導入、見通し、前時のふり返り、展開、本時のふり返り」であり、以下の手続きに従った。

①**導入**：クラス全体で挨拶した後、グループごとに挨拶を交わし、心身の状態と近況を伝え合う。これはグループによる学び合いを円滑に進めるための工夫である。

②**見通し**：導入に続き、本時の内容と目標、および構成をスライドで示す。授業展開の「見通し」を共有することで、学生は主体的かつ能動的に授業に参加し、学ぶことができる。

③**前時のふり返り**：毎回発行している授業通信（安永，2012）を各自が読んだ後（個人思考)、グループで意見交換し（集団思考)、最後にクラス全体で必要事項を確認する（全体対話)。週1回の授業なので、前回の授業内容を思い出し、本時の授業内容への橋渡しの役割をもつ。

④**展開**：下記「(4) 授業展開」で紹介する内容をとりあげ、実践した。その際、シンク・ペア・シェアやラウンド・ロビン、ジグソー学習などの協同学習の技法をくり返し活用する。この展開に、LTD過程プランに含まれる関連づけ（step 5とstep 6）の練習を含めることもある。

⑤**本時のふり返り**：授業の最後に「授業記録紙」を用いたふり返りを行う。授業記録紙（安永，2012）はA4判用紙1枚で、表面が授業についての自己評価（16項目5件法)、裏面が授業に関する意見、感想、質問などを述べられる自由記述欄になっている。この自由記述欄の内容を編集して「授業通信」を発行する。

授業記録紙の自己評価を手がかりに、授業の変遷と効果を検討するために、自己評価項目の内容をもとに16項目中12項目を「理解、参加貢献、信頼、好意、承認」の5つのカテゴリーに分類した[7)]。

また、17講と21講で自由記述欄のふり返りを行った。それまでの授業記録紙を返却し、各記録紙の自由記述欄の内容を対象に、「記述した行数」「主張の有無」および「主張の根拠の有無」を自己評価させた。加えて、自己評価の後で、これまでの授業をふり返っての感想を自由記述で求めた。

(4) 授業展開

授業は表4-2に示したように、読解段階、討論段階、文章作成段階に分かれていた。次に各段階の内容を示す。

①読解段階

この段階では、LTD過程プランを手がかりに、論理的な言語技術の特徴を理解させた。つまり、LTDでは、最初に主張を把握し（Step 3）、その後に著者の主張を支持する話題を把握する（Step 4）、さらにはStep 5とStep 6で著者の主張内容を展開するという構造になっている。この過程プランを実践することを通して、論理的な言語技術を体験的に理解させた。

LTD過程プランを実践できるように訓練するために、最初の2講を使って協同学習に必要な基本的態度とスキルを訓練した。そのうえで、ジグソー学習も援用しながら分割型LTDを導入した。その際、課題文として木村（1992）による「援助的なコミュニケーション」を採用した。ジグソー学習は、Step 3「主張の理解」において活用した。そこでは、課題文を五分割して、グループ・メンバーに与え、それぞれの受け持ちを理解して説明するという活動を取り入れた。

なお、本実践においてはLTD過程プラン8ステップを、前半の4ステップと後半の4ステップに大別し、二分割とした。

②討論段階

LTDを活用したディベートの準備と実践を行った。学生にはディベート経験がなかったので、ディベートとは何か、ディベートの4つのプロセス（論題の決定、資料・データの収集と分析、論理の構築、討論会）、ディベートの効果について解説した。その後「円形ディベート[8]」をもちいて、ディベートにおける反論の訓練をした。

次に、本格的なディベートを行うために、論題に対するメリット・デメリットを書く、肯定側・否定側両方の主張（Step 3）に合った根拠（話題, Step 4）を書く、根拠（話題）に説得力を持たせるために効果的な関連づけ（Step 5, Step 6）をつけ加える、という手順をとった。ディベートはグループ単位で3回行い、グループごとの役割分担（肯定側ディベーター、否定側ディベーター、司会、審判、聴衆）は、その都度変えた。

③文章作成段階

LTDを活用して1,200文字程度のエッセイを一人1編書くことを課題とした。具体的な展開手順は、a：タイトル、主張(Step 3)、話題(Step 4)を決める、b：文章を構成し、話題の関連づけを行う(Step 5, Step 6)、c：下書きをし、推敲する(Step 7)、d：清書する、e：完成したエッセイを仲間に紹介する、であった。また、各段階で「わかりやすい文章作成のポイント、原稿用紙の使い方、推敲の観点」などを指導した。

(5) 授業成果

分析対象となった学生48名の出席率は、全22講の平均で98.1%であり、1講から8講を含む11講で出席率100%を記録した。

授業記録紙の自己評価について、先に述べた5つのカテゴリー（理解、参加貢献、信頼、好意、承認）別に平均点の推移を検討した。その結果、どのカテゴリーも、グループ再編時に一時的に低下するが、基本的には最終講に向かって得点が上昇していた。その変化過程を詳細に分析したところ、学生は、まずグループでの話し合いを好きになり、仲間と親しくなることで信頼感が育まれる。その信頼感に支えられた親密な交流を通して、初めて認められたという「承認」の感情が高まると考えられる。

17講と21講に行った2回のふり返りにおいて、授業記録紙の自由記述欄に書かれた分量が、17講以前から以後にかけて有意に増加したこと、および、主張を述べる際は根拠に言及できるようになったことが判明した。また、授業について学生から次の感想が得られた。17講では「関連づけって自由にできて楽しいなあと思った。考えることは本当に集中力を要することなんだと、授業を通して改めて感じた」「グループで話したり、他のグループの意見を聞いたりすることにより、いろんな刺激を受けている自分がいると感じた」など、自分の考えが広がったり深まったりすることへの喜びが感じられる感想があった。また、21講では「互いが互いのエッセイをより良いものにするため、中身の詰まった話・言葉が交わせていると思う」「学習を共にすることで、どんどんグループメンバーとの仲を深めることができた」「(17講以降の）授業のなかで印象に残っている言葉として『競争と協同』という2語があるが、そんな風にして自分と相手とを磨いていけたら理想だなと改めて思った」など、クラスの仲間同士のつながりに言及した感想があった。

エッセイに関しては、48名の学生全員がエッセイを完成することができた。エッセイは10点満点で評価した。「主張、話題、関連づけ」が書かれているものを合格ラインの6点とし、文章構成や感心度、文字数等を加減しながら採点した。その結果、全員が合格ラインの6点を超えており、6点-8名、7点-9名、8点-18名、9点-13名となり、平均点は7.75点であった。9点となった13編（全体の27.1%）は、他のエッセイと比べて、ほとんど修正の必要がなく、完成度が高いと思われるものであった。そこで、12編（1名投稿辞退）をエッセイの全国コンテスト（雑誌『看護教育』（医学書院）主催「第8回看護学生論文：エッセイ部門」）に投稿した。その結果、2編が入選し、『看護教育』（2010、8月号）に掲載された。なお、同誌によれば、エッセイ部門には64本の応募があり、そのうち8編が入選となっている。これらの点から、本実践で培われた論理的な言語技術の高さを知ることができ、本授業で最終目標とした論理的な言語技術の習得という認知目標は到達できたと判断している。

(6) 実践の考察

本実践では、LTD話し合い学習法を基盤とした活動性の高い授業づくりをめざした。その際、協同学習への依拠、分割型LTDの採用、およびLTDに基づく授業展開の3点を中心に、授業の設計と実践を行った。以下、この3点を中心に考察する。

①協同学習への依拠

LTDを授業に導入しようとする際、協同学習の理論と技法を事前に理解し、実行できるように指導することがきわめて大切になる。LTDは表4-1に示したように、それ自体複雑な過程プランによって構成されている。また、長時間、学生だけで話し合う必要がある。それだけに、協同の精神を前提とした望ましいグループ活動の考え方と具体的なスキルを事前に獲得させておく必要がある。これはLTDに限ったことではなく、すべてのグループ学習にいえる。特に、プロジェクト学習や問題基盤型学習など、教師の直接的な監督指導がおよび難い学生中心の活動が長期間続く学習法にあてはまる。

協同学習の理論と技法は一度獲得されれば永続するものではない。グループ活動ごとに、協同の観点からふり返り、協同の良さを実感させ、その効果を持続するためにグループ活動のあり方をくり返し考えさせる必要がある。本実践においては、初講から最終講にいたるまで各種のグループ活動を実践したが、その都度、学習活動をふり返り、必要な改善を継続的に行った。この改善活動により、全22講にわたり、協同による活動性の高い授業が担保されたといえる。

②分割型LTDの採用

本実践では、LTDの導入にあたり、対象が看護学生であるにもかかわらず、小学生を対象に開発した分割型LTD（須藤・安永, 2011）を採用した。その背景には、LTD過程プランの各ステップを系統的に理解させるためには、ステップごとに「解説→予習→ミーティング」を授業時間内でくり返す方が理解しやすいという考えに基づいていた。また、学生の多くが昼間働いており、授業時間外にLTDの予習を行うことが難しいという現実もあった。

今回の実践においては、ステップごとの分割とはせず、過程プランの前半と後半の二分割としたが、看護学生に対しても分割型LTDの有効性が確認された。これまで、LTDの導入における問題点として、ステップの複雑さが指摘されてきた。実際、初学者にとってはStep 5とStep 6の関連づけの区別が難しいという意見が多かった。しかし、分割型LTDでは具体的な課題文を使ってLTDの解説を行い、授業内に予習するので、初めての予習でも、分からないときは教師やグループの仲間による支援が受けられるというメリットもあった。結果として、予習内容が充実し、質の高いミーティングを実現することができた。

③LTDに基づく授業展開

本実践では、第1段階（読解）でLTDを習得させ、LTD過程プランを常に確認しながら、第2段階（討論）ではディベートを、第3段階（文章作成）ではエッセイの作成を指導した。その際、各段階で「主張（Step 3)→話題（根拠、Step 4)」の順序性を常に意識させたこと、および「関連づけ（Step 5とStep 6)」をくり返し練習したことにより、LTD過程プランの理解も深まった。特に、「主張→話題（根拠)→関連づけ」の順序性を意識した話し方や文章作成は、看護学生にとって日頃の看護業務において直接求められている活動であったので、学生の学習意欲も高かった。

本実践で採用した3段階の順序性について、最後にエッセイを書かせたことは次の2つの点で有効であったと判断している。

まず、エッセイの作成は一般的に個人作業が中心となるが、本実践においては、エッセイを作成する際も、仲間との対話を通して、テーマの設定や構想、添削や校正を学生同士で協力して行うことができた。また、エッセイはその性格上、個人の内面世界を吐露することが求められる。そのためには、学び合う仲間との信頼関係がきわめて大切になる。協同学習が求めている肯定的相互依存関係（Johnson & Johnson, 2005）が担保されていなければ、個人の内面世界を学びの場にあげることはできない。その意味で、第1段階（読解）で協同学習に基づくLTDを学び、第2段階（討論）で相手の立場に立ってものを見たり考えたりするディベートを体験するなかで、肯定的な相互依存関係が構築され、内容の深いエッセイの作成に結びついたと考える。

次に、エッセイでは、自分の経験内容をわかりやすく書くことに加え、その内容が今の自分にとってもつ意味を明らかにする必要がある。この活動はまさしくLTDのStep 6の関連づけに対応する。関連づけを柔軟に行うには、訓練が必要であり、その訓練を第1段階（読解）と第2段階（討論）でくり返し経験できた。その結果、第3段階（文章作成）でエッセイを作成する際には、関連づけにも慣れており、有効であったと考えられる。このようなエッセイの作成を授業の最終課題として採り上げたことで、自分や仲間を新たな視点で見つめ直す機会となり、仲間意識を高めさせる上で効果的であったと判断している。また、エッセイの全国コンテストへの応募を最初に到達目標として掲げたことは、授業に対する学生の目的意識を明確にし、動機づけを高めたと考えられる。

本実践を通して、論理的な言語技術の育成を目的とした、LTDを基盤とした体系的かつ重層的な授業モデルを示すことができたといえる。今後はさらに工夫改善を重ね、モデルの精緻化をめざす。

5. 深い変化成長を実感できる授業をめざして

本章では、協同学習の理論と技法をもちいて、活動性を高める授業づくりについて述べてきた。実践例として、LTD話し合い学習法を基盤とした授業の設計と実践、およびその教育成果を示した。本章を通して、活動性の高い授業づくりに、協同学習の理論と技法が有効であり、ディープなアクティブラーニングに期待される学びを実現できることを確認できた。

本章の論考からも推察できるように、授業は複雑な活動であり、そこには数多くの要因が関与している。本章ではその一部に言及できただけである。期待する授業を実現するには、さらに多くの要因について検討する必要がある。ここでは、協同に基づく授業づくりにおいて、特に留意してもらいたい「価値」と「協力」について言及し、まとめとする。

授業づくりにおける「価値」とは、授業の内容や形態がもつ教育的な有用性をさす。協同学習に基づく授業づくりにおいては、授業内容の価値に加え、学生主体のグループ活動を中心とした授業形態を採用することの価値も、学生に理解させる必要がある。そのために、教師は授業の価値を語り、学生自身の生活体験とも関連づけながら、理念的な理解に留めることなく、生活実感として理解させる必要がある。学生が授業の価値を自分のこととして納得しない限り、学びに対する学生の動機づけは高まらない。教師がいかに創意工夫を懲らしたとしても、協同による活動性の高い授業は実現しない。

授業の価値が共有でき、授業の目的と方法が明確になれば、学生は主体的かつ能動的に学び始める。その際、仲間と共に学ぶことの良さ、すなわち協同の良さを体感させるために、授業のいたる場面に仲間との協力を仕組むことが求められる。ひとりでは達成できなくても、仲間と協力することで達成できる喜びをくり返し体験することにより、協同の精神が鍛えられ、協同に対する認識が向上する。結果として、学業と対人関係の両面において大学への適応が改善される（山田, 2011）。

最後に、授業づくりにおける同僚との「協力」の重要性を指摘する。授業は、担当教師がひとりで計画し、実施し、評価するものであるという固定観念がある。単位認定権が、教師１人ひとりに委ねられていることも影響していると思われる。しかし、学生は１人の教師の授業だけで育つものではない。大学が提供するさまざまな授業を通して育つものである。であれば、学生１人ひとりの育ちに大学全体として責任をもつのは当然である。教師が１人ひとり、自分勝手な教授学習観や方法論をもって授業にあたるのではなく、相互の授業の関連性について検討する必要がある。

学生の変化成長を願い、同僚がスクラムを組み、協力して授業づくりにあたると、組織の雰囲気が一変する（佐々木, 2013）。同僚と協力して授業づくりを行うことにより、協同学習に期待される効果が、同僚との間で実現し、同僚同士で協同の良さを共有できる。協同の良さを体感できた教師が、協同の精神に基づき、活動性の高い授業を同僚と共に計画し、実践することで、学生も教師も学ぶ喜びを実感し、仲間と協力することの素晴らしさを味わうことができる。そのくり返しにより、素敵な笑顔が満ちあふれた学習コミュニティが形成される。本章の論考がそのような学習コミュニティ形成のきっかけとなれば、これほど嬉しいことはない。

【まとめ】

■協同学習はすべての学習場面における学修支援に関する理論であり、グループ学習の単なる技法ではない。協同学習の根本には協同の精神がある。協同学習の基本要素を意識したグループ活動をくり返し体験することで協同の精神を獲得することができる。

■協同学習の理論に基づき、実践の場で鍛えられてきた協同学習の技法を理解し、授業場面で適切に活用することにより、ディープなアクティブラーニングに期待される確かな学力と自己の変化成長を実現できる。

■LTD 話し合い学習法を基盤とした体系的かつ重層的な授業を展開することにより、論理的な言語技術の育成が期待できる。協同による活動性の高い授業づくりは１コマの授業において完結するものではない。当該科目の内容に即し、学生の変化成長に合わせ、さまざまな学習技法を援用した授業の設計と実践が求められる。

■指導にあたる教師が、協同の価値を深く理解していなければ、協同学習を実践することは難しい。同僚教師と心と力を合わせて、協同による活動性の高い授業づくりに励むことにより、学生はもちろんのこと、教師の変化成長も見込まれる学習コミュニティを構築できる。

注

1）　類似した概念に「協調学習」がある。協調学習と協同学習との区別に関しては、関田・安永（2005）やバークレイら（2009）に詳しい説明がある。

2）　基本要素の名称は一部修正しているが、意味する内容は同じである。

3）　ラウンド・ロビンは、課題明示、個人思考、集団思考の手順で構成されている。クラス全体を対象に教師が伝えたい内容を話した後、その内容を理解させるために適切な質問（課題）を学生に与える（課題明示）。学生は1人で考え、質問に対する自分なりの回答を準備する（個人思考）。次に、学生はグループとなり、1人ずつ順番に、ほぼ同じ時間を使って、各自の回答を述べる。そのうえで、グループで話し合って、より望ましい回答をつくりあげる。必要に応じて、他のグループと回答を共有するために、クラス全体で検討することもある。

4）　シンク・ペア・シェアの基本的な手順はラウンド・ロビンと同じである。両者の違いは参加人数であり、後者が3名以上のグループ活動であるのに対して、前者はペアでの活動となる。

5）　特派員の手順は次の通りである。まず、たとえばラウンド・ロビンを使ってグループとしての回答を絞り込み、全員で理解を共有させる。その後、他のグループの回答を聞き取るために、グループのメンバーを指名し、他のグループへ特派員として派遣する。残ったメンバーは他のグループからの特派員を受け入れる。特派員は派遣先のグループを対象に取材する。その後、自分のグループに帰り、派遣先のグループで得た情報を仲間と共有する。

6）　ジグソー学習は、学ぶべき課題を所属するグループ（ジグソー・グループ）の人数で平等に分担し、各自が分担した課題を、責任をもって学び、仲間に説明することが基本となる。具体的な手順は次の通りである。①各自が分担した課題を個人で学ぶ。②同じ課題を分担した他のグループのメンバーと一緒に、分担した課題の理解を深め、説明方法を考える（専門家グループ）。その後、③ジグソー・グループに戻り、各自の学んだ内容を相互に教え合い、課題全体を理解する。

7）　「理解」は2項目（あなたは授業内容をどれほど理解できましたか。あなたは話し合いを通して授業内容の理解がどれほど深まりましたか）、「参加貢献」は5項目（あなたは話し合いにどれほど参加できましたか。あなたは話し合いにどれほど貢献できましたか。他3項目)、「信頼」は2項目（あなたはグループの仲間とどれほど親しくなれましたか。あなたはグループの仲間をどれほど信頼していますか)、「好意」は2項目（あなたはこのグループでの活動が好きですか。あなたはこのグループでまた話し合いをしたいですか)、「承認」は1項目（あなたはメンバーから認められていると思いますか）であった。

8) グループに論題を与え、賛成・反対の意見を個人で考えさせる。まずメンバーAが賛成意見Xを述べる。次のメンバーBが「AさんはXとおっしゃいましたが、それは違うと思います。というのはYだからです」と反対意見を述べる。このように、常に前のメンバーの意見を次のメンバーが否定し一巡する。一巡したら、次は賛成意見と反対意見を交代して逆方向で一巡する。

文献

バークレイ, E. F.・クロス, K. P.・メジャー, C. H. (2009)『協同学習の技法―大学授業の改善手引き―』(安永悟監訳) ナカニシヤ出版.

千々布敏弥 (2013)「学び合う授業の現状と課題―ともに学び、高め合う授業づくり―」『初等教育資料』5月号, 2-5.

Cohen, E. G., Brody, C. M., & Sapon-Shevin, M. (2004). *Teaching cooperative learning: The challenge for teacher education.* Albany, NY: State university of New York Press.

古庄高 (2013)「LTD話し合い学習法」初年次教育学会（編)『初年次教育の現状と未来』(pp. 237-249) 世界思想社.

Hmelo-Silver, C. E., Chinn, C. A., Chan, C. K. K., & O'Donnell, A. M. (2013). *The international handbook of collaborative learning.* London: Routledge.

IDE大学協会 (2011)「特集　体験型学習の可能性」『IDE　現代の高等教育』530号.

ジェイコブズ, G. M.・パワー, M. A.・イン, L. W. (2005)『先生のためのアイディアブック―協同学習の基本原則とテクニック―』(関田一彦監訳) 日本協同教育学会（ナカニシヤ出版).

Johnson, D. W., Johnson, F., & Smith, K. A. (1998). Cooperative learning returns to college. *Change, 30,* 26-35.

Johnson, D. W., & Johnson, R. T. (2005). New developments in social interdependence theory. *Psychology monographs, 131*(4), 285-358.

ジョンソン, D. W.・ジョンソン, R. T.・スミス, K. A. (2001)『学生参加型の大学授業―協同学習への実践ガイド―』(関田一彦監訳) 玉川大学出版部.

ジョンソン, D.・ジョンソン, R.・ホルベック, E. (2010)『学習の輪（改訂新版)―学び合いの協同教育入門―』(石田裕久・梅原巳代子訳) 二瓶社.

Kagan, S. (1994). *Cooperative learning* (2nd ed.). San Juan Capistrano, CA: Resources for Teachers.

木村晴子（1992）「援助的なコミュニケーション―カウンセラーの仕事から―」津村俊充・山口真人（編）『人間関係トレーニング』（pp. 84-87）ナカニシヤ出版.

Mandel, S. M. (2003). *Cooperative work groups.* Thousand Oaks, CA: Crowin press.

Millis, B. J. (2010). Why faculty should adopt cooperative learning approaches. In B. J. Millis (Ed.), *Cooperative learning in higher education: Across the disciplines, across the academy* (pp. 1-9). Virginia: Stylus Publishing.

峯島道夫（2014）「協同学習を取り入れた大学での英語授業―LTD 話し合い学習法による効果の検証―」『中部地区英語教育学会紀要』43号, 281-286.

溝上慎一（2007）「アクティブ・ラーニング導入の実践的課題」『名古屋高等教育研究』7巻, 269-287.

溝上慎一（2013）「何をもってディープラーニングとなるのか―アクティブラーニングと評価―」河合塾（編著）『「深い学び」につながるアクティブラーニング―全国大学の学科調査報告とカリキュラム設計の課題―』（pp. 277-298）東信堂.

長濱文与・安永悟・関田一彦・甲原定房（2009）「協同作業認識尺度の開発」『教育心理学研究』57号, 24-37.

ニューエル, R. J.（2004）『学びの情熱を呼び覚ますプロジェクト・ベース学習』（上杉賢士・市川洋子監訳）学事出版.

OECD (2000). *Measuring student knowledge and skills: The PISA 2000 assessment of reading, mathematical and scientific literacy.*

佐々木美奈子（2013）「協同学習で学生が変わる―学生の学び合いと教師の同僚性―」『看護教育』54巻8号, 656-661.

関田一彦・安永悟（2005）「協同学習の定義と関連用語の整理」『協同と教育』1巻, 4-18.

シャラン, Y.・シャラン, S.（2001）『「協同」による総合学習の設計―グループ・プロジェクト入門―』（石田裕久・杉江修治・伊藤篤・伊藤康児訳）北大路書房.

柴田義松（2006）『批判的思考力を育てる―授業と学習集団の実践―』日本標準.

鹿内信善（2013）『協同学習ツールの作り方いかし方―看図アプローチ―』ナカニシヤ出版.

塩田芳久・阿部隆（1962）『バズ学習方式―落伍者をつくらぬ教育―』黎明書房.

Slavin, R. E. (1995). *Cooperative learning* (2nd ed). Needham Heights, MA: Allyn & Bacon.

初年次教育学会（編）（2013）『初年次教育の現状と未来』世界思想社.

須藤文・安永悟（2011）「読解リテラシーを育成するLTD話し合い学習法の実践：小学校5年生国語科への適用」『教育心理学研究』59巻4号, 474-487.
須藤文・安永悟（2014）「LTD話し合い学習法を活用した授業づくり―看護学生を対象とした言語技術教育―」『初年次教育学会誌』 6巻1号, 78-85.
末吉悌次（1959）『集団学習の研究』明治図書.
杉江修治（1999）『バズ学習の研究：協同原理に基づく学習指導の理論と実践』風間書房.
杉江修治（2004）「協同学習による授業改善」『教育心理学年報』43号, 156-165.
杉江修治（2011）『協同学習入門―基本の理解と51の工夫―』ナカニシヤ出版.
山田慧美（2011）「協同の認識と学校適応の関係―中1ギャップをてがかりに―」久留米大学大学院心理学研究科修士論文.
安永悟（1995）「LTD話し合い学習法の導入―参加者の評価と指導上の注意点―」『久留米大学文学部紀要（人間科学科編）』7-8巻, 49-69.
安永悟（1999）「LTD 話し合い学習法の大学教育への適用」『久留米大学文学部紀要』15巻, 45-47.
安永悟（2005）「LTD話し合い学習法と不確定志向性」溝上慎一・藤田哲也（編著）『心理学者、大学教育への挑戦』（pp. 159-188）ナカニシヤ出版.
安永悟（2006）『実践・LTD話し合い学習法』ナカニシヤ出版.
安永悟（2009）「協同による大学授業の改善」『教育心理学年報』48巻, 163-172.
安永悟（2012）『活動性を高める授業づくり―協同学習のすすめ―』医学書院.
安永悟（2013）「協同学習:授業づくりの基礎理論」初年次教育学会（編）『初年次教育の現状と未来』（pp. 69-81）世界思想社.
安永悟・江島かおる・藤川真子（1999）「ディスカッション・スキル尺度の開発」『久留米大学文学部紀要（人間科学編）』12-13巻, 43-57.
安永悟・藤川真子（1998）「ディスカッション・イメージ尺度の再検討」『久留米大学文学部紀要（人間科学編）』12-13巻, 33-41.
安永悟・中山真子（2002）「LTD話し合い学習法の過程分析：不確定志向性の影響」『久留米大学文学部紀要（人間科学科編）』19巻, 49-71.
吉田一郎・大西弘高（2004）『実践・PBLチュートリアルガイド』南山堂.

【さらに学びたい人に】

■ジェイコブズ, G. M.・パワー, M. A.・イン, L. W.（2005）『先生のためのアイディアブック―協同学習の基本原則とテクニック―』日本協同教育学会（ナカニシヤ出版）.

協同学習の入門書として定評のあるテキストである。協同学習の基本的な考え方や技法、協同学習の導入準備や実践上の留意点などを学ぶことができる。

■杉江修治（2011）『協同学習入門―基本の理解と51の工夫―』ナカニシヤ出版.

日本の教育現場での実践に根ざした協同学習の入門書である。授業づくりにおいて留意すべき点が簡潔にまとめられており、協同学習をめざす者にとって必読の書である。

■安永悟（2012）『活動性を高める授業づくり－協同学習のすすめ－』医学書院.

協同学習の理論と技法に基づく、活動性の高い授業づくりを解説した実践指導書である。教師中心の一方向的な授業を、学生中心の学び合いの授業に進化させる手順と考え方を解説している。

第II部

さまざまなフィールドでの試み

第5章

【初修物理学】

理解か、暗記か？

——私たちは正しいことを教えているのか——

エリック・マズール
訳：松下佳代

1. 初修物理学教育の問題点[1)]

何を生業としているかを尋ねられて**物理学者**だというと、高校や大学のときに物理学が大嫌いだったという話をよく聞かされる。ほとんど自分が物理学者であることを決まり悪く感じるほどだ。初修物理学（力学、電気学、磁気学）に対して多くの人が抱いているこの挫折感は、物理学専攻ではないが物理学の授業が必修だったという学生に広くみられる。物理学専攻の学生であっても入門科目には不満をもっていることが多いし、最初は物理学に興味をもっていたにもかかわらず最終的には別の分野で専攻を終える学生もかなりの数にのぼる。

初修物理学科目での挫折については、マックスウェルの時代から語られてきた。最近では、シェイラ・トビアス（Sheila Tobias）の本でも取り上げられている（Tobias, 1989）。トビアスは、人文学と社会科学を専攻する大学院生たちに、物理学の授業を聴講してもらい、その授業への不満を書くよう依頼した。物理学を専攻していない学生の不満など、どうせ物理学に興味をもっていない学生からの不満なんだから、と無視したいかもしれない。しかし、こうした学生のほとんどが、自分の専攻分野以外の他の必修科目には、不満をもらしていないのだ。

1990年代の物理学の教え方は、受講生がはるかに少なくて特別な人たちだった1890年の教え方と大して変わっていない。初修物理学の教科書の基本的なアプローチは、100年以上変わっていないが、受講生は変わった。物理学は、化学や工学、生命化学など、多くの他分野の土台になっている。その結果、物理学科目の履修登録者はふくれあがり、物理学を専攻していない学生の方が多数派になっている。物理学に関心をもつ物理学専攻学生から、物理学が必修である非物理学専攻学生――リチャード・クレイン（Richard Crane）いうところの「捕虜」（Crane, 1968）――へのこの変化は、この科目への学生の態度を大きく変化させ、初修物理学のティーチングを困難な課題へと変えた。伝統的な教育方法は多くの科学者やエンジニアを生み出してきたが、伝統的アプローチでは学習に動機づけをもつことのできない学生があまりに多くなっている。では、初修物理学の伝統的アプローチのどこに問題があるのだろうか。

過去9年間にわたって、私はハーバード大学で工学と科学を専攻とする学生に初修物理学科目を教えてきた。数年前まで私は、かなり伝統的な科目を、同じく伝統的な講義スタイルで、講義のやり方に活気が生まれるよう工夫しながら教えてきた。学生たちは難しい問題でもよい成績をおさめたし、学生からの反応はきわめてポジティブだった[2)]。私の知る限り、**私の**クラスでは、ほとんど問題がなかった。

そんななか、数年前、私はアリゾナ州立大学のディビッド・ヘスティーンズ（David Hestenes）の書いた一連の論考（Halloun & Hestenes, 1985a, 1985b, 1987; Hestenes, 1987）に出会い、単刀直入にいえば「目から鱗」の経験をした。ヘスティーンズの示すところでは、学生たちは、最初の物理学科目を履修する前すでに、よくある物理現象について根強い信念と直観をもっている。学生たちの観念は、個人的な経験から生まれていて、初修科目で提示される教材の解釈をゆがめてしまう。ヘスティーンズの研究は、授業がこの「常識」にもとづく信念をほとんど変化させていないということを示している。

たとえば、物理学の授業の数ヶ月後なら、すべての学生が運動の第3法則（作用・反作用の法則）を暗唱できるだろうし、多くはこの法則を計算問題に適用することもできるだろう。しかし、その表面の下をちょっと探ってみれば、すぐに、こうした学生の多くがこの法則の基本的理解を欠いていることが明らかになる。ヘスティーンズは、いろいろな例をあげて、学生に、さまざまな物体から別の物体に働く複数の力を比較するよう求めている。たとえば、重量のあるトラックと軽量の車が衝突したときに働く力を比較させると、クラスのかなりの割合の学生は、重量のあるトラックから軽量の車に働く力の方がその逆の力より大きいと考える、という。これを読んだとき私がまず思ったのは、「いや、**私の**学生たちならそんなことはない」だった。けれども、好奇心から、私の初修物理学のクラスの学生たち、およびハーバードの物理学専攻の学生たちの概念的理解をテストしてみようと思ったのだった。

クラスにテストを配ったときに最初の予兆があった。１人の学生がこう尋ねてきたのだ。「マズール先生、この問題にはどう答えればいいんでしょう？先生に教わったことに従って答えるんですか、それとも、私が**考える**やり方で答えるんですか？」予兆を感じていたにもかかわらず、テスト結果はショックだった。ヘスティーンズのテストの結果は、回転力学の中間試験の結果とほとんど変わらなかったのだ。ヘスティーンズのテストは**シンプル**で――同僚たちのなかには、シンプルすぎてまじめに取り組む気にならないという人もいるだろう――、一方、試験（回転力学、慣性モーメント）で取り上げた題材は、はるかに難しいと思われるものだったにもかかわらず。

私は何時間もかけて、このテスト結果を学生たちと１対１で議論した。これまで自分のティーチングの出来に抱いていた満足感は、しだいに悲哀と挫折感に変わっていった。複雑な問題が解ける、この疑いの余地なく聡明な学生たちが、表向き「シンプルな」問題で間違うのだ。

この一見したところ矛盾する事実を理解するために、私は、授業期間の残りの試験で、同一の物理学概念について、「シンプルな」定性的問題とより「難しい」定量的な問題を組み合わせて実施することにした。驚いたことに、約40%の学生は、概念的な問題より定量的問題の方が出来が**よかった**――直流回路の内容では、二重ループ回路を含む複雑な定量的問題で**満点**をとったにもかかわらず、「シンプルな」概念的問題では**零点**だった学生が、5、6人もいたのだ。根底にある問題がしだいに姿を現してきた。多くの学生が、教科書に書かれている「解法」や「数理計算ストラテジー」の学習に意識を向けていて、根底にある概念のことは考えていないということである。数値を代入して計算する、簡単だ。パズルの多くのピースが突然、おさまるべき場所におさまる。学生は、問題を増やして講義を減らしてほしいとたえず要求してくるが、学生が、テストされ成績評価されているのが問題を解く数理計算スキルなのだとすれば、彼らがそうするのは当然なのではないか。一見「聡明な」学生たちがやらかす、説明のつかない間違い――それは、数理計算ストラテジーがある問題ではうまく働くが、すべての問題でうまく働くわけではないということを示しているのだ。物理学に対する挫折感――物理学が、いつもうまく働くとは限らない機械的な解法に矮小化されてしまったとしたら、どんなにか退屈なものに違いない。私には空気のような存在である運動の第３法則――この法則は**自明なほど**正しいが、それをどうすれば学生に確信させられるのだろう。単に法則を暗唱させたり、問題練習を積ませたりするだけではだめなことははっきりしている。なにしろ、この第３法則を定式化するのに人類は何千年も費やしてきたのだから。

この問題に気づく前には、定量的問題のスキルや学生の授業評価といった伝統的な測定手段を使っていたが、私はそれらの結果から、愚かにも、自分がうまく初修物理学を教えていて学生もうまく学んでいる、と信じ込んでいた。今や私の目に映る光景はすっかり変わってしまった。リーダー的な物理学者たちのなかには、学生が基本的な理解を欠落させていることを論じてきた人もいるが（Arons, 1990; Feynman, 1989; Wilson, 1991）、私は多くの人々が今なお問題の大きさに気づいていないと思う。ちょうど２、３年前までの私がそうだったように。

従来の教育方法の抱える重要な問題は、概念的理解より数理計算による問題解決を重視している点にある。その結果、多くの学生は「数理計算ストラテジー」を覚える。この学生たちにとって、初修物理学は数理計算の暗記以上のものではなく、基本的原理の理解はほとんど獲得されていない。記号操作の背後にある概念の理解を欠いたままアルゴリズムと方程式を記憶するという練習は、知的にはやりがいのないものであり、その結果、低い成績と教材へのフラストレーションを生み出してしまう。理解を抜きにして単に方程式の機械的操作を教えることなど、何の価値があるだろう。

もう１つの問題は教材の提示のしかたにある。教材を、教科書や講義ノートから直接抜き出しただけでは、学生に授業に出るインセンティブをほとんど与えない。伝統的な教材の提示はほとんどいつも、まったく受け身の聴衆に対する教員のモノローグの形式で行われるという事実は、問題をいっそう大きくする。きわめてすぐれた講義だけが、講義時間中、学生の注意を引き続けられる。議論が展開されている間、学生がそれを**批判的に思考**できる適切な機会を与えることは、なおのこと難しい。初修科目の授業で、授業後に自分で授業内容を批判的に思考するような動機づけや自己規律をもっている学生は、ほとんどいない。その結果、講義は、教材を習得する最も重要なステップは問題を解くことだという学生の感覚を、強化するにすぎなくなる。結局、（問題の解き方がもっとよく学べるよう）もっと多くの例題がほしいという学生の要求がどんどん加速していくというループに行き着く。そしてそれが、数理計算こそが成功へのカギだという学生たちの感覚をさらに強化することになるのである。

過去３年間、私は初修物理学の教え方の新しいアプローチを探ってきた。とくに、学生の数理計算能力を犠牲にすることなく、根底にある概念にあらためて学生たちの注意を向けさせるやり方を見つけようとしてきた。この間に、私は、**ピア・インストラクション**（Peer Instruction）（Tobias, 1992, 第８章）という教育方法を編み出した。次節からは、この方法について述べていくことにしよう。**ピア・インストラクション**は、初修物理学において概念的基礎を教える上でたいへん効果的であり、伝統的な問題における学生の成績を改善することにもつながる、ということが明らかになってきた。このことは、ハーバード大学だけでなく、州立大学からリベラルアーツ・カレッジや士官学校にいたる他の多くの教育機関でも検証されている。最も興味深いのは、私自身、ティーチングをより容易に、よりやりがいのあるものに思えるようになったことだ。

2. ピア・インストラクション――授業のなかで学生に思考させる――

この方法の基本的な目標は、授業における学生同士のインタラクションを活用し、学生の注意を根底にある概念に向けることである。講義は、教材を（教科書や講義ノートのように）順序立てて提示するのではなく、教材のいくつかのキーポイントを短く提示することによって構成される。それぞれのキーポイントの提示の後に、**コンセプテスト**（ConcepTest）――扱っているテーマに関する概念を問う短い多肢選択問題――を実施する。学生は、最初少し時間を与え

表 5-1　3つ（以上）の新しい概念を教える講義の一般的なアウトライン
（各コンセプテストのアウトラインについては表 5-2 参照）

①概念1についての講義（教師実験等を含む）	7-10分
コンセプテスト1：学生は概念1を理解しているか？	5分
いいえ：①に戻る	場合によって異なる
はい：次へ	
②概念2についての講義（教師実験等を含む）	7-10分
コンセプテスト2：学生は概念2を理解しているか？	5分
いいえ：②に戻る	場合によって異なる
はい：次へ	
③概念3についての講義（教師実験等を含む）	
以下、同様	

られて自分で答えを考え、その後、クラスメートとその答えについて議論する。このプロセスは、(a)学生に、議論を通じて批判的に考えるよう促し、(b)（教師だけでなく）学生にも、概念の理解度を評価する方法を与えることになる。

コンセプテストに答えさせることで、授業の**最中に**、教材についての学生の理解をたえず評価することが可能になる。コンセプテストに対する学生の成績が満足のいくものなら、次のトピックに移ることができる。そうでなければ、教師はスピードをゆるめて、そのテーマについてもう少し詳しく講義し、そのテーマに関する別のコンセプテストを使って再評価する。こうすることで、教師の期待と学生の理解の間のギャップが広がるのを防ぐ。ギャップは、いったんできてしまうと、しだいに大きくなって授業全体が「むだになる」からである。

表 5-1 は、3つ以上の新しい概念を授業で教える場合のアウトラインを示している。各概念についての学生の理解度は、約10分の講義の後に行われる、少なくとも1つのコンセプテストで確認される。授業の流れは、表 5-2 のような一般的なフォーマットとして示される。1回の〈講義―コンセプテスト〉のサイクルの所要時間は、約15分である。この方法全体にとって中心的なことは、**1つの**基本的概念に対し、コンセプテストとしてシンプルな定性的問題を1セット実施することである。これらの問題は、学生の注意を、数理計算**の前**にまず理解に向けるよう促す。これに対し、初修物理学への伝統的アプローチ

表 5-2　1回のコンセプテストの進め方

ステップ1.	シンプルな概念的問題が提示される	1分
ステップ2.	静寂：学生は思考する時間を与えられる	1分
ステップ3.	学生は自分の答えを記録する（オプション）	
ステップ4.	カオス：学生は周りのクラスメートに「説得」を試みる	1分
ステップ5.	学生は自分の答えを記録する（オプション）	
ステップ6.	講師へのフィードバック：回答数を算出	
ステップ7.	問題に対する答えについて説明する	2分強

では、理解は、機械的に問題に取り組んだ後に、その結果として生じると考えられているのである。

しばらく具体例について述べよう。流体についての講義である。理解してほしい概念はアルキメデスの原理であるとしよう。まず、約7〜10分の間、アルキメデスの原理というテーマについて講義する。この原理の証明の背後にある概念や考え方を強調し、方程式や式の導出は避ける（省略することさえある）。この短い講義時間のなかで、教師実験（たとえば浮秤法［＝液体のなかに浮きを沈めて液体の比重を測定する方法］）を入れる場合もある。その後、次のトピック（たとえばパスカルの原理）に進む前に、以下のような多肢選択問題をスクリーンに投影する（ステップ1）[3]。

> 水が縁いっぱいまで入っているバスタブがあるとしよう。その横にそれとまったく同じバスタブがあり、やはり水が縁いっぱいまで入っているが、そちらには戦艦模型が浮かんでいる。どちらのバスタブの方が重いだろうか。
>
> 1. 最初のバスタブ
> 2. 戦艦模型が浮かんでいるバスタブ
> 3. どちらも同じ

学生と一緒に問題を読み、問題自体の正確な意味については疑問が出ないことを確かめることが大切だ（変な話とは思うかもしれないが）。次に、学生に、1分間で答えを選びなさいと言う。もっと時間を与えると、学生は、**思考するよ**

りも方程式や式操作に入ってしまうからだ。学生が問題に集中すると教室は静まりかえる（ステップ2）。1分後に答えを記録させ（ステップ3、付録2も参照）、自分の答えを近くのクラスメートに説明し説得を試みるよう指示する。静寂はカオスに変わり、**全員が**この問題に興味をそそられて、周りのクラスメートたちと議論しはじめる（ステップ4）。1分間議論させた後、2回目の答えを記録させる（ステップ5）。その後、OHPに戻って、それぞれの答えを何人が選んだかをみるために挙手させる[4)]。実際、この問題を私自身のクラスでやってみたら、結果は図5-1のようになった。

ディスカッション前には78%の学生が正答し、ディスカッション後には88%の学生が正答していることに注目していただきたい。円グラフはディスカッションのもつもう1つのメリットを示している。自分の答えに「かなり自信がある」学生の割合が、56%から81%に増加していることだ。もちろん、授業中にはこのような詳細な結果にアクセスすることができなかったが、挙手させれば、正答が圧倒的多数であることはわかるだろうし、したがって、2、3分正答について説明しただけで、次のトピックに進めるだろう。

正答数と学生の自信度の上昇は、図5-1[5)]に示した事例よりはるかに顕著であることが多い。ピア・インストラクション後に学生の回答を再調査すると、正答率が大きく上昇するという結果が一貫してみられる。学生は、講師以上に、相手に対してうまく概念を説明することができるようだ。講師の場合、その概念は空気のような存在になっているが、一方、問題が提示された時点で概念を理解している学生は、その考え方を最近身につけたばかりである。そのため、彼らはその当の概念を把握する際に感じた難しさをまだ覚えている。したがって、自分の説明で何を強調すべきかを正確にわかっているのである。同様に、経験豊かな講師の多くは、新しい科目をもった最初の授業が自分のベストの授業であることが少なくないということを知っている。教材を初めて提示するときの授業には、より「こなれた」授業には欠けている明瞭さや新鮮さがある。これも理由は同じだ。時間がたち、教材に何度もふれているうちに、概念的な難しさがどこにあるのかという意識が消えてしまうのである。

この新しい講義形式では、コンセプテストに講義全体の時間の約1/3を要する。このことは、ストレートな講義にあてられる時間が減ることを意味する。

ディスカッション前

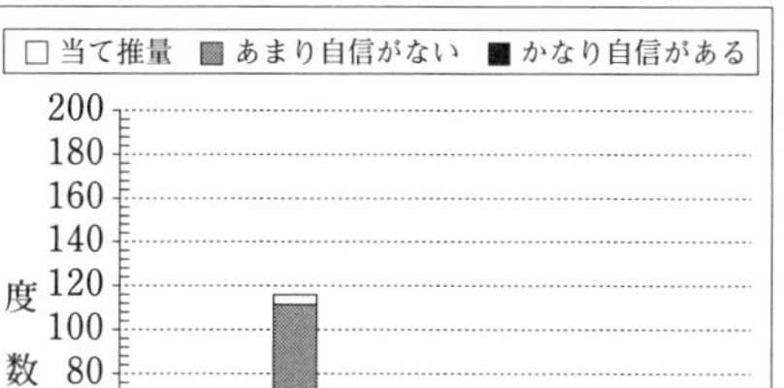

ディスカッション後

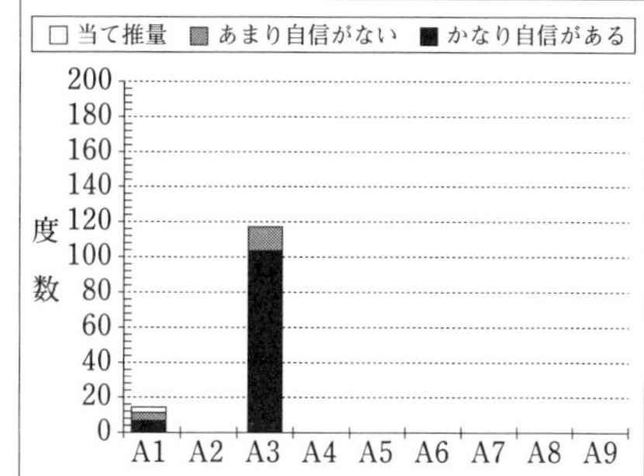

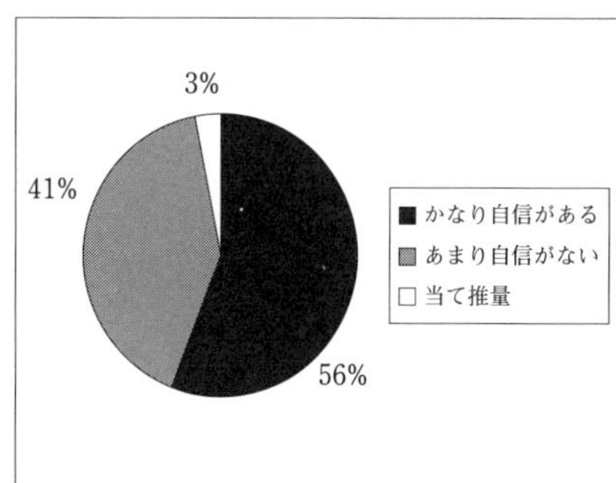

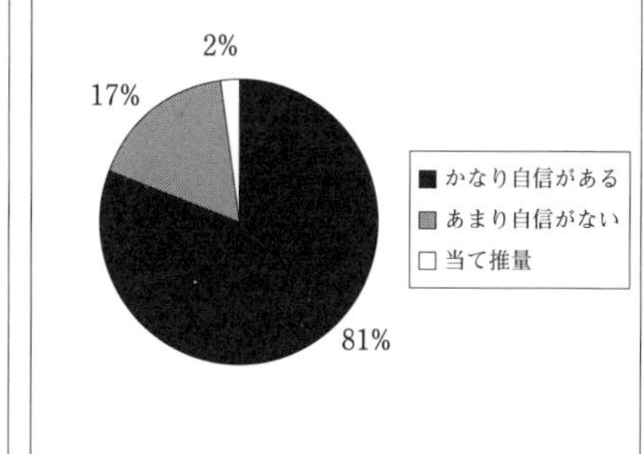

変化

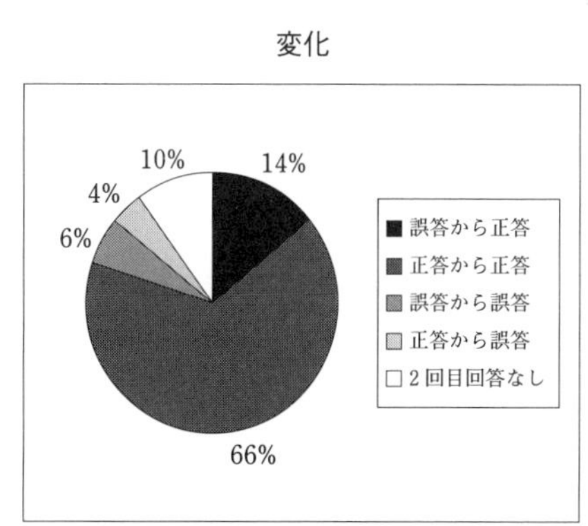

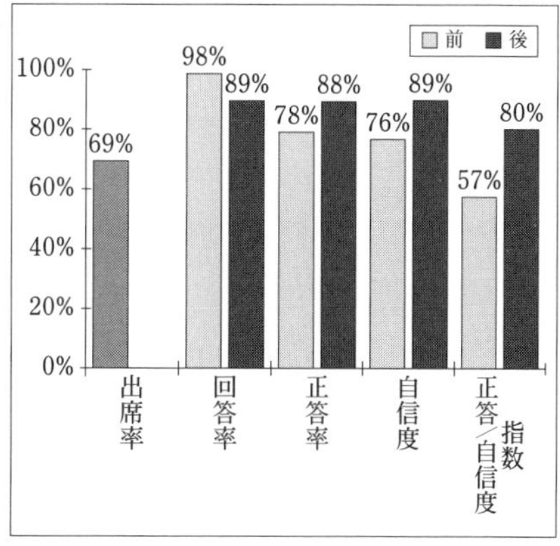

図 5-1　テキストで示したアルキメデスの原理についてのコンセプテストのデータ分析

（注）左側は最初の回答と自信度を、右側はディスカッション後の回答と自信度を表している。左下のグラフは、学生がディスカッションの結果、意見をどう変えたかを示している。

ここで２つの選択肢がある。(a)講義では教材の一部だけを議論する、あるいは、(b)その授業科目で扱う教材の範囲を減らす、のどちらかである。結局は(b)の方が望ましい選択ということになるかもしれないが、私は(a)を選んだ。授業では教材を全部カバーしない。細部はいずれ、本やノートで手に入れられる。私はほとんどすべての式の導出と**すべての**例題を放り出すことから始める(本当にそのとおりなのだ)。すでに論じてきたように、学生は講師が方程式を操作しているところをみても、そこからほとんど重要なことを引き出さない。授業のなかのより機械的な面を省略する代わりに、私は学生に授業の前に教材を**読んでおくよう求める**。これは科学の授業では驚かれることかもしれないが、学生たちは、他の多くの授業科目ではリーディング・アサインメント（文献予習課題）に慣れている。このようにして、私は、以前と同じ量の教材をカバーしている。また、学生の注意は、以前より強く根底の原理に向いている。学生は今でも、毎週１回のセクションで数理計算を学ぶ機会をもっており、そのセクションの半分は数理計算スキルを伸ばすことにあてられている。さらに、宿題は、半分が伝統的な問題、半分が論述式の問題である。

3. 結果

各論に入って、ピア・インストラクションの実施方法に関するより詳細なガイドラインについて述べる前に、まず、私が自分の授業科目のなかでこの方法を用いて得た結果のいくらかを要約しよう。この結果は、ピア・インストラクションを実施した他の教育機関で得られた知見によって支持されたものであることを、強調しておきたい（Tobias, 1992）。

ピア・インストラクションの利点は数多くある。受け身の講義には単調さがつきものだが、ディスカッションの時間はその単調さを破ってくれる。私は、学生同士のディスカッションがいつも遠慮のない生き生きしたものであることをみてきた。さらに、学生たちは、単に以前提示した教材を同化するだけではなく、自分で思考し、その思考を言葉にしなければならない。過去３年間に収集したデータによれば、ピア・インストラクションを使うことで、正答率だけでなく自信度も、一貫して大幅に上昇している。

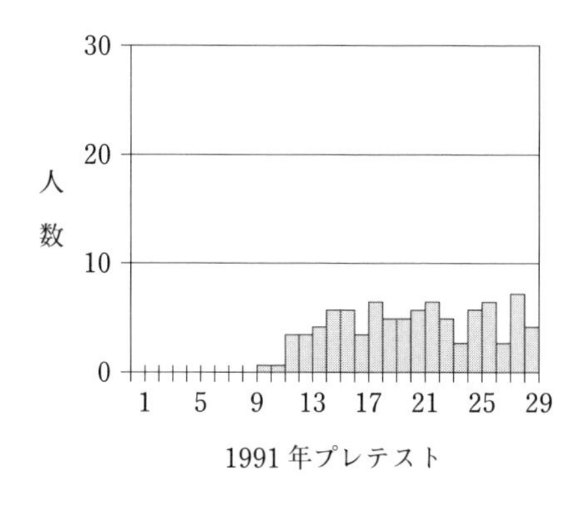

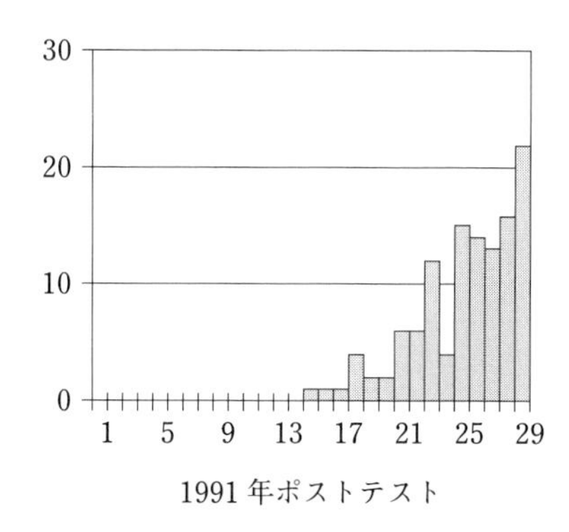

図5-2　ピア・インストラクションを用いた場合（1991年）の力学概念検査の得点の変化

（注）プレテストは第1回授業時、ポストテストは授業開始2ヶ月後に実施した。テストの最大値はともに満点の29点、平均値はプレテストが19.8点、ポストテストが24.6点であった。

長期的に得られるものはそれ以上に顕著である。過去2、3年間、私は、根底の概念の理解をテストするために、ヘスティーンズによって開発された力学概念検査（Force Concept Inventory）（Hestenes, 1992）という診断テストを使ってきた。このテストは、物理学の授業の有効性を測るために、国中の多くの研究で使われてきた。このテストを用いて1990年と1991年に私のクラスで得たデータによって、ピア・インストラクションと伝統的なアプローチの相対的な有効性を比較することができる。結果は図5-2・図5-3に示すとおりである。図5-2が示すように、ピア・インストラクションの方法を使うと、学生の成績の大幅な改善が認められた。授業後は、ヘスティーンズがニュートン力学の理解の閾値として定めたカットオフ値以下の学生はわずか4%にすぎなかった。得点層が満点（29点）に向けて増加している様子にも注意していただきたい。反対に、その前年（1990年）に使った伝統的アプローチでは、授業後の改善ははるかに小さい。これはヘスティーンズが他の機関で見出した結果と一致している。

概念的理解の改善は議論の余地がないものの、では、伝統的な試験で必要とされる数理計算スキルを教える上ではどの程度有効なのか、と疑問に思われるかもしれない。結局のところ、講義を組み立て直して、概念的な教材を重視す

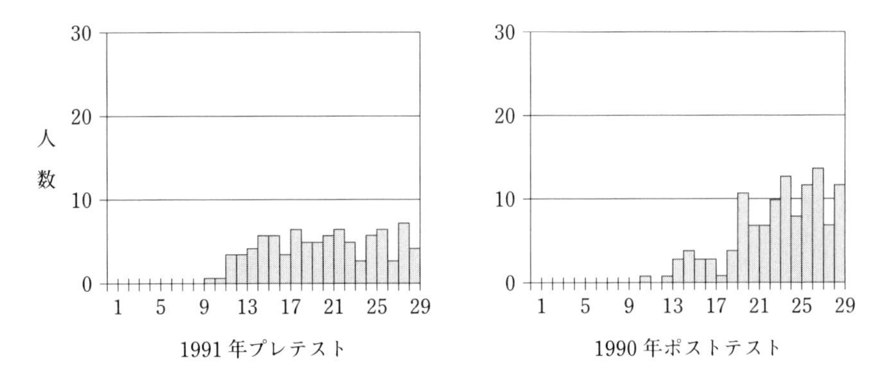

図 5-3　伝統的な教授法を用いた場合（1990年）の力学概念検査の得点の変化

（注）ポストテストは授業開始2ヶ月後に実施され、平均値は22.3点であった。比較のために、左側には1991年の第1回授業時のデータを示した[6)]。

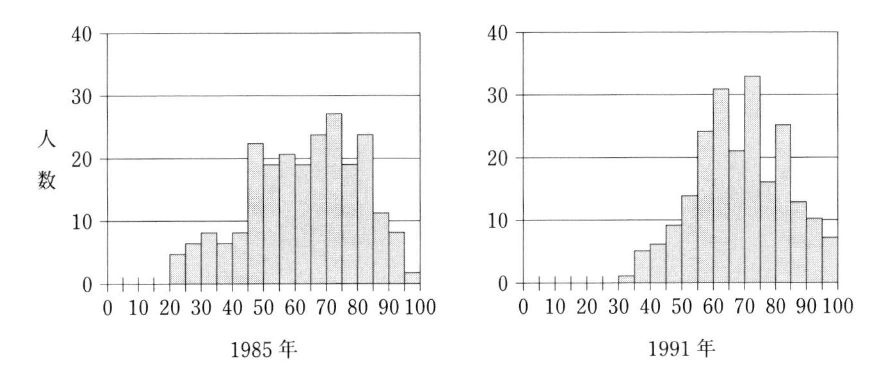

図 5-4　伝統的な最終試験の得点による1985年と1991年の比較

（注）試験内容は同一である。1985年の授業は伝統的な方法で行われ、1991年の授業ではピア・インストラクションが用いられた。平均値は1985年が62.7点、1991年が69.4点であり、最大値はともに満点の100点であった。

ることは、数理計算にあてる時間を犠牲にすることになるのではないか、と。この疑問に答えるために、私は1991年に、1985年と同一の最終試験を実施した。図5-4は、この2つの年の最終試験の得点分布を示している。概念的理解は改善したのだから、得点分布が同じであれば満足のいく結果といえるだろう。ところが、実際は、カットオフ値をこえる下位層の割合が高くなるとともに、平均値でも著しい改善がみられたのである。

4. 講義を古い形式から新しい形式に変える

以下では、私が従来の講義スタイルからピア・インストラクションに変えようとして、過去2、3年間にわたり、自分の用いる教材に対してどんなことを行ってきたかを述べていこう。まず、私は今でも古い講義ノートを使っていることを強調しておきたい。講義ノートをすっかり書きかえる必要はないのである。読者がピア・インストラクションを使いながら自分の教材を変えるためのガイドとして、以下の記述が役立つことを願っている。

(1) リーディング・アサインメント

コンセプテストは時間を取るので、以前と同じだけの時間をストレートな講義にあてることはできなくなる。前述のように、私は、すべての例題と多くの式の導出を講義から完全に削除した。これは多くの人にとって驚きかもしれないが、誰かが問題を解いているのを見ても学生はほとんど何のメリットも得ていないということを示す先行研究は、山ほどある。その上、前述の結果は、例題や式の導出を省略しても学生の数理計算能力には何ら影響を及ぼさないことを示している。

授業の最初の日、私は学生たちに、ノートや教科書をそのままストレートに講義することはしないので、関連教材（ノートや本）は事前に読んでおくことを**期待する**、と話す。学生が実際にきちんとリーディング・アサインメントをこなしていくよう、私は学生にいくらかのインセンティブを与える[7)]。その結果、ピア・インストラクションを実施する前と同じ量の教材をカバーできている。

私は、最初の講義で、セメスター全体で学生に与えるリーディング・アサインメントを示した講義スケジュールを配布し、そのスケジュールを**きっちり**守る。以前よりはずっとしっかりと。講義が思いのほか速く進んだときには（そんなことはめったにないが）、早く休み時間に入る。みんながハッピーだ。講義が計画より遅く進んでいるときには（通常はコンセプテストによって教材の難しさが明らかになった場合である)、あまり重要でない部分を飛ばして、(a)リーディング、(b)別のセクション（毎週1回のディスカッション・セッション)、(c)宿題などに回す。いくつかのケースでは、重要なポイントを強調し、コンセプテストを補充するために、次の講義の一部を使うこともある。いずれにせよ、私はいつも計画段階で、セメスターの真ん中に1回分振り返りの講義を入れておく。ゆとりをもたせてあまり窮屈なスケジュールにならないようにするためである。そうやって、セメスターのスケジュールではなく、各回の講義スケジュールに柔軟性をもたせるのである。

以上からわかるように、キーポイントは、授業時間の前に、学生に学習の一部をやらせておくことである。残念ながら、たいていの本は理想的なものではない。本は情報が多すぎて、学生たちは何が関連する情報で、何がそうでないのかを見定めることができない。そういうわけで、リーディング・アサインメントの一部は自分の講義ノートから作っている。

(2) キーコンセプト

例題と式の導出を取ってしまうと、いくつかの講義では驚くほど少ない教材しか残らない。しかし、この残りの部分こそが、キーコンセプトを含む、講義の「核となる」教材なのである。例題と式の導出を取ったら、次にやることは、学生に理解させたい4、5このキーポイントが何であるかを見定めることである。どこが最も難しいのかを考えるアドバイスを得るために、アーノルド・アロンズ（Arnold Arons）の本 *A Guide to Introductory Physics Teaching*（『初修物理学授業ガイド』）を参考にすることも多い。こうして最終的には、4、5このキーポイントを含む講義のアウトラインができあがる（表5-3参照)。

(3) コンセプテスト

上述の講義アウトラインにおける各キーコンセプトの理解をテストするために、良質の概念的問題をたくさん作ることが、この時点で重要になってくる。ここが、講義を変える際の最大の作業である。この課題の重要性を低く見積もってはいけない。ピア・インストラクションの成功は、かなりの程度、問題の質と適切性（レリバンス）にかかっているからだ。こうした問題の情報源（あ

表 5-3　流体静力学についての講義のアウトライン

①圧力の定義
②水深の関数としての圧力
③アルキメデスの原理
④パスカルの原理

るいは着想の源）については、次節でリストアップしよう。

コンセプテストには強固なルールなどないが、少なくとも以下のような基本的規準を満たさねばならない。

①１つのコンセプトに焦点をあてていること

②方程式を使えばすぐに解けるというものではないこと

③適切な多肢選択の答えをもっていること

④言葉遣いが曖昧でないこと

⑤簡単すぎず、難しすぎないこと

最初の３つのポイントは、講師に対する情報のフィードバックに直接影響するので、最も重要である。問題に１つ以上のコンセプトが含まれる場合は、問題の結果を解釈して学生の理解を正確に測ることが難しくなる。同様に、方程式を使って答えを出せる場合は、回答が実際の理解を適切に反映しなくなる。答えの選択肢も重要なポイントである。理想的には、誤答が、最もよくみられる学生の誤概念を反映しているとよい。現在のところ、各コンセプテストに対する誤答はこの規準を念頭において作られているが、他の選択肢の究極の情報源は、学生たち自身だろう。たとえば、適語補充問題を出し、最も多い誤答を勘定すれば、よくある誤概念を正確に映し出した、学生の手によるコンセプテスト問題が生成できるはずである。

最後の２つのポイントは、まったく疑いの余地のないものだろうが、前もって判断するのは他より難しい。私にはまったく明快で曖昧さのないように思われた問題が、多くの学生に誤って解釈されるのを見て驚くことが、これまで何度もあった。このような曖昧さは、問題をクラスでテストすることによって初めて取り除くことができるのである。難しさのレベルについては、図 5-5 を参照していただきたい。図 5-5 は、セメスター全体で出されたすべての問題につ

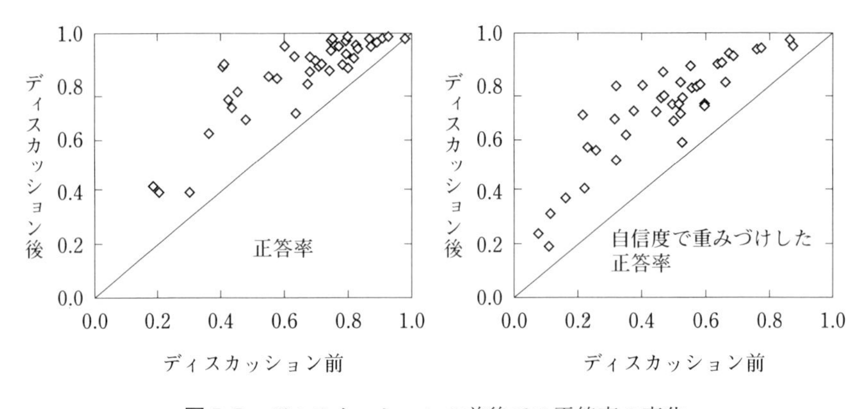

図 5-5　ディスカッションの前後での正答率の変化

（注）　右側のグラフは、正答率に自信度で重みづけを行ったデータを示している。

いての〈ディスカッション後の正答率〉対〈ディスカッション前の正答率〉を示している。すべての点が、傾き1の直線より上にあることに注目しよう（この直線上あるいは直線より下にある点は、ディスカッションがまったく役に立たなかったことを示している）。予想どおり、改善幅は最初の正答率が50% 付近のとき最も大きくなっている（40% から 90% にまで跳ね上がっているものもある）。私は、最初の正答率が 50〜80% の範囲にあるものを最適と考えている[8)]。

(4) 講義計画

問題ができあがったら、古い講義ノートを見返して、残っている教材のどの地点で新しく作った問題を入れるのかを決める。同時に、どの講義を行うべきかも計画する。ときには、問題と講義を、一方がもう一方を導くような形で組み合わせることもある。

(5) 講義

実際の講義は、以前ほど「きっちり」したものではなくなる。コンセプテストの予期せぬ結果に対応するには一定の柔軟性を保つことが必要だからだ。以前より即興的に振る舞うようになった感じがする。最初は見通しが立たずに不安かもしれないが、実際は、柔軟性が増すことで、以前よりティーチングが楽になったということができる。静寂の時間には（学生たちが思考しているとき）、休みをとれる。１分かそこら一息つき、自分の考えをまとめ直す。ディスカッションの時間には、いくつかのディスカッションに参加し、学生の頭のなかで何が進行しているか感触を得る。これによって、私は、学生が直面している問題によりうまく焦点をあて、クラスの学生たちと「接触し」続けることができるのである。

新しい講義形式は、学生から、これまでないほどの多くの質問を引き出すということにもふれておこう。こうした質問は、まさに的を射ていて、中身の深いことが多いので、私はできる限り多くの質問を取り上げるようにしている。

5. 結論

以上のように、比較的少ない努力と金銭的投資ゼロで、初修物理学科目における学生の成績を大きく改善させることが可能である。報告してきたような結果を得るのに私がやったことといえば、かなりの数の概念的問題を１回１回の講義に組み込んだだけだ。講義のそれ以外の部分では、これまでの講義ノートを使った。例題や式の導出を省略し、それをリーディング・アサインメントとして学生にわりあてた。数理計算にあてる時間は減ったにもかかわらず、概念的理解は、伝統的なタイプの試験の成績も押し上げることを、実践の結果は説得的に物語っている。最後に、学生調査の示すところによれば、学生の成功の重要な指標である満足度も大きく上昇したことをつけ加えておこう。

付録１：コンセプテストの情報源

コンセプテストはピア・インストラクションの成功のカギなので、概念的な問題を作り出し蓄積することは重要な課題である。この課題を容易にするために、そうした問題を共有する人間同士でインフォーマルなネットワークを築いていくのがよいと思う。過去２年の間に、われわれは、初修物理学でカバーされるすべての概念について問題を開発してきた。

問題とインスピレーションの両方にとって良い情報源になるものは数多く存在する。多くの標準的な初修物理学のテキストに掲載されている**章末問題**

（「例題」や「練習問題」ではなく）は出発点として役立つ。*American Journal of Physics* は、新しいコンセプテストをつくりだす上で役立ちそうな論考を数多く掲載している。さらに、以下にあげた本は、基本的概念を強調しており、数多くのよい問題を含んでいる。問題は、基本的概念を際立たせるようデザインされており、教材について最もよくみられる誤概念を明るみに出しながら学生が基本的概念を把握するのを助けるものばかりである。このリストは包括的ではないが、私が最もよく引用した情報源である。

Arons, A. B. (1990). *A guide to introductory physics teaching*. New York: John Wiley & Sons.

Epstein, L. C. (1990). *Thinking physics*. San Francisco, CA: Insight Press.

Hewitt, P. G. (1989). *Conceptual physics*. Boston, MA: Scott, Foresman and Company.

Walker, J. (1977). *The flying circus of physics*. New York: John Wiley & Sons.

付録２：フィードバックの方法

ピア・インストラクションの大きな長所の１つは、学生の理解レベルについて即時フィードバックを得られることである。しかし、そのためには、コンセプテストに対する学生の答えを追跡することが必要になる。学生の答えを計算するには、場面や目的に応じて、さまざまなやり方がありうる。われわれが用いてきたのは以下の３つの方法である。

①挙手

②記入用紙のスキャン

③携帯型のコンピュータ・ディバイス

データ収集の最もシンプルな方法は、ピア・インストラクション（のディスカッション）の後に挙手させることである。この方法は、新しいテクノロジーも投資も必要としないが、ピア・インストラクションの目標をなしとげられる。クラスの理解レベルについての感触を得ることができ、教師はそれにしたがって講義のペースを変えられる。唯一の短所は、学生のなかに挙手をためらう者がいたり、答えの分布を推計するのが面倒であったりするために、いくぶん正確さが失われることである。もう１つの小さな問題は、記録の永続性に欠けること（クラスでデータを保存しておくのでない限り）、ディスカッションの前のデータが欠落することである。

私は、ピア・インストラクションのディスカッションの短期的・長期的な有効性を数量化することに興味があったので、授業後に記入用紙をスキャンするという方法をよく使ってきた。記入用紙を配り、ディスカッションの前と後の2回、自分の答えと答えに対する自信度に○をつけてもらう。この方法を使えば、学生の出席、理解、改善、およびピア・インストラクションの短期的な有効性について膨大なデータが得られる。だが、この方法には、労力がかかり、フィードバックが遅れるという短所がある。実際、データがようやく手に入るのは、記入用紙をスキャンした後なのである。このため、私はいつも（答えを記入させるだけでなく）挙手も求める。

1年前に、われわれはBetter Education社のClassTalkという双方向的コンピュータ回答システムをインストールした。このシステムは、3〜4人の小グループでシェアできる携帯型のコンピュータを使って、コンセプテストに対する答えと自信度を、学生に入力させるものである。学生の回答は、講師のコンピュータ・スクリーンに伝えられ、学生も見られるよう投影することもできる。このシステムの主な利点は、結果の分析が即時に入手できることである。このほかにも以下の特徴や利点がある。学生の情報（名前や座席など）が入手可能であること、大規模クラスをよりパーソナルにできること、数値を問う問題や非多肢選択型の問題も扱えること、モバイル・コンピュータをシェアすることで学生同士のインタラクションが高まること、などである。考えられる短所としては、相当の投資が必要であること、講義の複雑さが増すことがあげられる。

【まとめ】

■初修物理学の従来の教育方法の問題は、概念的理解より数理計算を重視している点にある。学生たちにとって、初修物理学は数理計算を用いた解法の暗記以上のものではなく、基本的原理の理解はほとんど獲得されていない。

■この問題を克服するために編み出したのが「ピア・インストラクション」という教育方法である。ピア・インストラクションでは、コンセプテスト（概念について問う短い多肢選択問題）について、まず1人で考えて解答し、次に学生同士でディスカッションを行い、その後、再度、個別に解答し、最後に教員が問題について説明する。このやり方は、最初の正答率が50〜80%の範囲にあるとき最も効果的であり、それより正答率が高いときはディスカッションを行わずに先に進み、それより低いときはディスカッションを行わずにすぐに説明に入る。

■ピア・インストラクションによって、コンセプテストの正答率と自分の答えに対する自信度は大きく上昇する（学生は、往々にして教員以上にうまく概念を説明することができるのだ）。また、ヘスティーンズによって開発された「力学概念検査」の正答率も上昇した。さらに、概念的理解だけでなく数理計算の成績も改善した。

■ピア・インストラクションでは、コンセプテストに講義全体の時間の約1/3を要するが、例題や式の導出を省略し、それをリーディング・アサインメントとしてわりあてたり、毎週1回のディスカッションのセクションを利用したりすることで、これまでの講義ノートを使いつつ、以前と同じ量の教材をカバーすることができている。

■このように、ピア・インストラクションによって、初修物理学科目において学生の概念的理解を深め、学生の成績を大きく改善させることが可能である。

注

1） ［訳注］本節の見出しは、訳者がつけたものである。
2） ハーバード大学学士課程教育審議会が実施している授業評価の得点は、常に、物理学科で最高の部類だった。
3） この問題はEpstein（1990）から借用した。
4） ［訳注］現在では、OHPと挙手の代わりにクリッカーやLearning Catalyticsが使われている。Learning Catalyticsとは、マズール・グループによって開発されたクラウドベースの学習分析・評価システムである。クリッカー以外のデジタルツール（スマートフォン、タブレット端末、ノートパソコンなど）でもレスポンスシステムとして使用でき、多肢選択式以外の問題も出題・回答・回答分布表示が可能で、グループ編成のための情報をリアルタイムで教員にフィードバックできる。いわばクリッカーの進化形である。https://learningcatalytics.com/参照。
5） ふつう、ピア・インストラクションによる改善は、最初の正答率が50%程度のときが最も大きい。これよりもかなり高いと（図5-1のケースのように）、ほとんど改善の余地がない。一方、これよりかなり低いと、他の学生を説得して正答へと導ける学生が聴衆の中にほとんどいなくなってしまう（図5-5参照）。

6）［訳注］本来、プレテストのデータは1990年の第1回授業時のものであるべきだが、力学概念検査を始めたのが1990年のセメスターの途中だったため、代替として、1991年のプレテストが用いられている。したがって、正確な比較にはなっていない。

7）授業の始めに、**ボーナス問題**と名づけたコンセプテストを与える。ボーナス問題の出来は最終成績の一部に組み込まれる。この問題は、授業に来る前に教材を**読んでおく**ことを要求するものである点で、他の問題とは異なっている。また、回答はすぐに回収され、答えを他の学生とディスカッションすることはない。

8）［訳注］その後、この数値は30〜70％に修正されている。

文献

Arons, A. (1990). *A guide to introductory physics teaching.* New York: John Wiley & Sons.

Crane, R. H. (1968). Students do not think physics is "relevant." What can we do about it? *American Journal of Physics, 36*(12), 1137-1143.

Epstein, L. C. (1990). *Thinking physics.* San Francisco, CA: Insight Press.

Feynman, R. P. (1989). *The Feynman lectures on physics, 1,* 1-1.

Halloun I. A., & Hestenes, D. (1985a). The initial knowledge state of college physics students. *American Journal of Physics, 53,* 1043-1055.

Halloun I. A., & Hestenes, D. (1985b). Common sense concepts about motion. *American Journal of Physics, 53,* 1056.

Halloun I. A., & Hestenes, D. (1987). Modeling instruction in mechanics. *American Journal of Physics, 55,* 455-462.

Hestenes, D. (1987). Toward a modeling theory of physics instruction. *American Journal of Physics, 55,* 440-454.

Tobias, S. (1989). *They're not dumb, they're different: Stalking the second tier.* Tucson, AZ: Research Corporation.

Tobias, S. (1992). *Revitalizing undergraduate science: Why some things work and most don't.* Tucson, AZ: Research Corporation.

Wilson, K. (1991). Introductory physics for teachers. *Physics Today, 44*(9), 71-73.

【さらに学びたい人に】

■レディッシュ, E. F. (2012)『科学をどう教えるか―アメリカにおける新しい物理教育の実践―』(日本物理教育学会監訳) 丸善出版.

著者は、原子核理論物理学の研究で成果をおさめた後、物理教育に重点を移し、メリーランド大学に世界をリードする物理教育研究グループを築きあげた人物。本書では、認知科学の知見をもとに開発された物理教育統合パッケージソフト「物理スイート」が紹介されている。マズールやピア・インストラクションについても言及されている。

■ルーウィン, W. H. G. (2012)『これが物理学だ！―マサチューセッツ工科大学「感動」講義―』(東江一紀訳) 文藝春秋.

著者がMITで実践している物理学の講義の様子を生き生きと伝える本。アクティブラーニング用の特別の空間・活動ではなく、階段教室で行われる大講義だが、物理学理論への信頼にもとづく体を張った演示実験は、学生を物理学の世界に巻き込む。だが、このような授業はアメリカのエリート大学の専売特許ではない。愛知・岐阜・三重物理サークルにつどう高校教師たちによって編まれた『いきいき物理わくわく実験〈1〉～〈3〉』(日本評論社, 2002, 2011) も、興奮をもたらす実験のアイディアにあふれている。

[付記]

本章は、Mazur, E. (1997). Understanding or memorization: Are we teaching the right thing? In J. Wilson (Ed.), *Conference on the Introductory Physics Course on the occasion of the retirement of Robert Resnick* (pp. 113-124) New York: Wiley を、著作権者の許諾を得て翻訳したものである。「まとめ」と「さらに学びたい人に」は訳者の側で作成した。

第6章

【哲学】

コンセプトマップを使った深い学習

——哲学系入門科目での試み——

田口　真奈・松下　佳代

「一斉講義」というのは、学生が動機づけられており、授業者の授業スキルが優れているなどの前提条件が揃えば、最も効率的・効果的な授業形態の1つであろう。しかし、一斉講義形式の授業であっても、学生が「インプット」、すなわち「聞く」以外の活動をすることは必要である。「アウトプット」の活動は授業時間外に組み込まれることもあるだろうが、いずれにせよ、学生のアウトプットデータがなければ、教員は学生が何を、どの程度の深さで学んだのかを把握することができないからである。もちろん、目の前の学生の表情やふるまいはある種のアウトプットであり、そこから学生の理解の断片を解釈することは可能である。しかし、たとえば授業改善を行いたいという意図があれば、より詳細なデータが必要となる。また、学生によるアウトプットは授業者にとってのデータになるという以上に、学生自身の学びにつながるものでもある。

学生に何をどのようにアウトプットさせるかについては様々な手法が考えられるが、われわれはコンセプトマップというツールに着目した。一斉講義形式の授業にも比較的取り入れやすく、また、広範な概念を自分なりに咀嚼し、理解するという目的のための学習ツールとしても有効だと考えたからである。

本章では、ディープ・アクティブラーニングを促す可能性のあるツールとしてのコンセプトマップをいわゆる伝統的な講義形式の授業で導入した事例と、それを評価するためのルーブリックの開発について紹介する。

1. 取り組みの背景

筆者らは哲学が専門領域ではないが、2008年から、京都大学文学部において実施されている哲学の入門科目に深く関わるようになった。きっかけは、プレFDプロジェクトである。プレFDとは、FDの前段階において大学教員へと準備させる活動の和製英語である。文学研究科出身のオーバードクターのキャリア支援の一貫として開始された「文学研究科プレFDプロジェクト」では、どのようにオーバードクターを支援すればよいのか、またオーバードクターたちが担当する授業の質をどのようにして上げていくのかを検討することとなった（田口ほか, 2013）。

オーバードクターたちが担当したのは文学部の6つの系ごとに開設された1・2年生向けの入門科目で、複数の講師が担当するリレー式の授業であった。自分たちが研究対象としているテーマを授業で取り上げた講師が多く、内容はバラエティに富んだ興味深いものであったが、授業の形式は見事なまでに「一斉講義」ばかりであった。そうした授業で十分に学び、かつ、興味を喚起されたからこそ博士課程まで進学してきたという者たちが講師であることを考えると、授業を担当するにあたって、その授業スタイルを模倣し、それに疑問を感じることがないことは自然なことであったといえる。

実際、講師たちが京都大学の文学部で授業を行う上で、一斉講義形式の授業でも目立った問題は起こらなかったといってよい。授業中の私語は皆無といってよく、興味がない学生は授業中、机に突っ伏して寝るか、携帯電話をいじるか、読書をするか、といった形で授業から「離脱」はしているものの、授業を妨害するようなことはなかったからである。しかも、そのように授業中に「離脱」している学生であっても、授業後に記入する「授業リフレクションシート」に相応の感想を記入することなどたやすいことのようで、リフレクションシートを読む限りにおいて、講師は「自分の授業は、かなり理解された」と判断することが多かった。

学生がどの程度学んだのかを把握するということは、学習成果をきちんと評価するということであるのだが、当該授業の評価は期末のレポートでなされており、それが明らかになるのはすべての授業が終了した時点であった。さらに、レポート課題は講師のテーマごとに出題されており、その中から１つを選択する形式であったため、１つのテーマ内部での深まりしか把握できないという限界もあった。

「よい授業」を行うことを支援するプロジェクトの性質上、われわれには、学生の学びを可視化するためのツールが必要であった。なぜなら、「よい授業」とはすなわち、「学生がよく学ぶ授業」であるからである。学生が十分に学んでいるのか、不十分であるとすればどこが不十分であるのかを把握することなしに、授業改善は進まない。プロジェクト開始当初に導入した「授業リフレクションシート」（A4版片面、記名式で、授業の内容面と方法面について自由記述させるもの）は有効なツールとはなったが、そこから読み取れることには限界があり、「学生の学び」を可視化するツールとしては不十分であると考えた。従来型のレポート課題もまた、上記したように、限界があった。そこで、解決策の１つとして講師たちに導入をもちかけたのが「コンセプトマップ（concept map）」である。コンセプトマップは、それを作成することによって学習を深めることができると同時に、完成されたコンセプトマップを評価することで学生がどの程度理解したのかを把握することが可能だと考えたからである。

ただし、コンセプトマップは、もともと科学教育分野で活用され始めたこともあって、現在でも概念の階層構造が明確な自然科学分野に利用が偏っており、その他の分野は研究成果が少ない。とりわけ人文学分野での研究は、まだ緒に就いたばかりである（Kandiko, Hay, & Weller, 2013）。とくに、コンセプトマップの評価手法については、まだ確立されていない。そこで、コンセプトマップを導入するにあたっては、その評価手法も同時に開発する必要があった。

2. 深い学習とコンセプトマップ

コンセプトマップとは、概念地図ともよばれるもので、コンセプト（概念）間の関係を、ノードとリンクとリンク語（linking word）を使って描いた図であり、通常、中心に焦点質問（focus question）が置かれる。いいかえれば、コンセプトマップとは、中心テーマ（焦点質問）をめぐるコンセプト間のつながりを、階層的なネットワーク構造で図示したものである。コンセプトマップは、コーネル大学のノヴァック（Novak, J. D.）らを中心に1970年代に開発され、わが国では、Novak & Gowinの*Learning How to Learn*（1984）の邦訳が刊行された1990年代前半以降、知られるようになった。主に初等・中等教育段階の科学教育で使われてきたが（例えば、中山・稲垣, 1998）、近年では大学教育でも利用されるようになってきている。

とくに、キングス・カレッジ・ロンドンのヘイ（Hay, D. B.）らは、大学教育において、コンセプトマップを活用した研究を積極的に推進している。ヘイは、コンセプトマップは授業デザイン、学習の変化の測定、グループワークの組織化、知識や理解の共有等に利用できるとし（Hay, Kinchin, & Lygo-Baker, 2008, p. 302）、コンセプトマップのこれまでの教育利用を、表6-1のように分類している。

また、ヘイらは、深い学習の評価にコンセプトマップを用いることを提案し、いくつかの方法を開発している（Hay, 2007; Hay, 2008; Hay & Kinchin, 2008）。図6-1は、コンセプトマップから、学びの質を同定するための模式図である。「知識構造が変化しないままである」場合を「無学習（non-learning）」、「コンセプトを消したり、書き足したりといった変化はあるものの、新しいリンクがなかったり、書き足されたコンセプトがもともともっていた知識構造にリンクされていなかったりする」場合を「浅い学習（surface learning）」、「新しいコンセプトがもともとの知識構造をもとに書き足されたり、新たなリンクが足されたりする」場合を「深い学習（deep learning）」と呼んでいる。そして、実際に学生が授業前・後に描いたコンセプトマップを分析し、学生の既有の知識構造は変化しにくいことなどを見いだしている（Hay, Wells, & Kinchin, 2008）。

コンセプトマップは、オーズベル（Ausubel, D.）の「有意味学習（meaningful learning）」論を心理学的基盤とする方法である（Ausubel et al., 1978）。有意味学習は暗記学習と対比される学習様式であり、両者の対比は、深い学習と浅い学習の対比と重なりあう（Engeström, 1994; Hay & Kinchin, 2008）。したがって、有意味学習のために開発されたコンセプトマップを深い学習の評価ツールとして用いるのは、いわば自然な流れといえる。

さらに、コンセプトマップは、「相互の関係が重層的であったり、複数の概

表6-1　コンセプトマップの利用場面

利用場面	内容説明
学習の中での変化の評価	あるトピックについてのコンセプトマップを学習の中で複数回作成させ、そのコンセプトやリンクを比較することで、どのような変化が生じたかを評価することができる。
学生の誤概念の同定	個々の理解したことがらを説明する際に使われた命題を分析することによって、修正されにくい誤概念が明らかになることがある。
教える活動	コンセプトマップを利用することで、知識や理解を交流させることができるようになるため、教員と学生の間の対話の質が向上する。
授業計画	教員は授業を計画するのにコンセプトマップを利用することができる。具体的には、まず、教員自身の理解をマップ上に表し、次にそのマップを使って授業で伝える知識や情報を構造化する。
評価	コンセプトマップは、知識と理解についての形成的評価と総括的評価の両方に使うことができる。
認知構造の類型化	コンセプトマップを利用すれば、人が自分の考えを組織化したり構造化したりする際に用いる認知構造の違いがわかる。
専門知識の同定	コンセプトマップによって、専門家と素人の違いが測定可能である。
チームワーク	コンセプトマップを利用することで、異なる知識・理解やチームの役割をうまく処理し、統合することができる。

（出典）　Hay, Kinchin, & Lygo-Baker (2008, p. 303) の Table1 の一部を訳出。

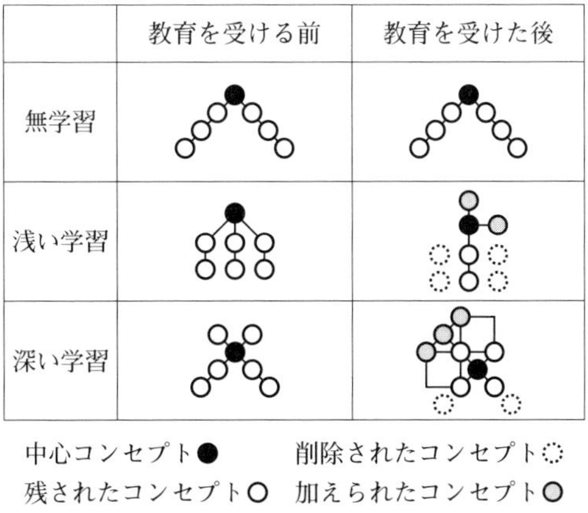

	教育を受ける前	教育を受けた後
無学習		
浅い学習		
深い学習		

中心コンセプト●　削除されたコンセプト◌
残されたコンセプト○　加えられたコンセプト◎

図6-1　コンセプトマップの変化と学習の質

（出典）Hay, Wells, & Kinchin (2008, p. 225) より一部抜粋

念が立体的に関係していたりするとき」には概念整理がしやすいツール（藤本, 2005, p. 90）であり、上述したような教員にとっての評価ツールとなるだけではなく、学生に深い理解を促す学習ツールともなりうる。ヘイらの実践にもあるように、授業前・後の2回作図をすることで、学びの質の深まりを学生自身が確認することが可能になる。また、短答式のテストのような画一的ではない方法で、自分の理解の程度を「表現」することができ、そのようにして表現された学生同士のコンセプトマップを見せ合うことによって、「他者の理解の異質性を知り、逆に自らの理解をとらえ直すという相互評価」も行えるのである（藤本, 2005, p. 91）。

最後に、コンセプトマップは授業に取り入れやすいというメリットがあることも付け加えておこう。ヘイらは、コンセプトマップは10分から20分程度でその作成方法を教えることができ、ほとんどの学生は20分から30分で十分なコンセプトマップを作成することが可能であるとしている（Hay, Kinchin, & Lygo-Baker, 2008, p. 302）。特別な教室や機材、あるいは講師以外のスタッフの増員などを必要としないで実施できることは、今回導入に踏み切ることができた大きな理由であった。

3. コンセプトマップを使った授業のデザイン

(1) 授業科目の概要

学期開始前に、上記のようなコンセプトマップのメリットを文学研究科所属のプレFD担当のコーディネータ教員に伝え、授業担当講師であるオーバードクターらにコンセプトマップを作成してもらう機会をもった。その上で、2012年度に開講された哲学系入門科目において、初めてコンセプトマップを導入することとなった。この授業は、5名の講師によるリレー式講義の形態で行われるものである。

リレー式講義は、よくデザインされていれば、1人の講師ではカバーできない広範な内容を扱えるというメリットがある。しかし、一方で、トピック間のつながりが十分に意識されることなく、細切れのトピックの寄せ集めのような授業になってしまうこともありがちである。そうならないためには、1回1回

表6-2　対象となった哲学系入門科目の概要

回	講師	授業テーマ	最終回に提示されたキーコンセプト
1～3	A	「『倫理』とは何か：ピーター・シンガーが巻き起こす論争」	ピーター・シンガー、功利主義、貧困、動物、安楽死
4～6	B	「宗教について考える」	現代の宗教哲学、ニヒリズム、空、宗教間対話、IRE（inter-religious experience）
7～9	C	「『相手を理解すること』を考える」	「他者の心」についての懐疑論、翻訳の不確定性、寛容原理、解釈関数
10～12	D	「近代日本の女性像」	――
13～14	E	「『神話の哲学』入門」	神話の哲学、脱神話化、シンボル形式、聖なるもの（マナ）、感情・被投性（気分）
15	E	コンセプトマップを用いた総括	

（注）講師Dは最終回の授業に出席できなかったため、キーコンセプトは提示されなかった。

の授業だけでなく1つの授業科目全体をデザインするという視点が不可欠である。哲学系入門科目は、初回の授業において、コーディネータ教員が半期の授業の目的を示すとともに、5人すべての講師が参加して、それぞれの授業の概要を説明していた。また、授業中にほかの講師の講義内容に相互に言及しあう場面も少なからず見られ、授業間の関連性をつけようという意識は比較的高かったと思われる。

しかしながら、学生の系分属の参考になることを目的とした授業でもあることから、前述したように、担当講師はそれぞれの研究テーマをそのまま授業のテーマとすることが多く（表6-2参照）、かなり専門的な内容が、相互に強い関連なく連続する授業であった。したがって、テーマ間の関連づけを学生の自主性にゆだねるだけでは不十分であり、まとめの時間を設けることが望ましいということになった。また、成績評価の対象となる学期末のレポートは、各講師が提示した計5つのレポート課題のうちいずれか1つを選択して論じるというものであった。前述したように、このようなレポート課題では、5つのテーマのうちの1つを深く理解できているかを評価することはできても、入門科目にふさわしい形で、全体を関連づけながら理解することができているかを評価することは困難である。このような事情から、コンセプトマップには、学生に1つの授業科目全体の深い理解を促す機会を提供すること、また、深く狭いというレポート評価の欠点を補完することが期待された。

(2) 授業の流れ

2012年度後期の授業では学期の途中（第4・5・6回）と学期の最終回（第15回）でコンセプトマップが活用された。第4・5・6回では、講師Bが担当した各回の授業の内容を学生が深く理解しているかどうかを、講師自身が把握し、授業のリフレクションに活かすことを目的として用いられた。これは、コンセプトマップの利点を試験的に取り入れてみたいと考えた講師Bが導入を希望したからである。

これに対し、最終回の授業では、5名の講師によって行われた半期の授業を振り返りながら、異なるテーマで講義された内容を、本科目の中心テーマ（焦点質問）に即して学生自身が関連づけることを目的として用いられた。中心テーマ（焦点質問）は、講師らと協議の上、入門科目の中心テーマとして妥当であるという理由から、「哲学的に考える（とは）」とした。また、今回は各講師から授業のキーとなるコンセプトを、授業の概要を説明しながら4〜5個ずつ（計19個）学生に提示した上でコンセプトマップを作成させることにした。コンセプトはいくつ使ってもよく、また自分でコンセプトを付け加えてもよいことを教示した。

最終回の授業は、具体的には、表6-3に示したような流れで行われた。なお、履修者数は、主に1・2年生からなる23名で、うち単位修得者数は14名、最終回授業に参加したのは15名であった。

〈1〉まず、授業の流れとコンセプトマップについて簡単な説明を行った後、〈2〉4名の講師（1名は欠席）が自分の担当授業のキーコンセプトを4つないし5つ板書しながら、要約を行った。その後、〈3〉当日参加していた15名の学生を2、3名ずつの7つのグループに分け、〈4〉グループごとにコンセプトマップを作成させた。この作業では、ホワイトボードのように書いたり消したり

表6-3　最終回の授業の流れ

分節	時間	内容
〈1〉	5分	本日の授業の進め方およびコンセプトマップについての説明
〈2〉	15分	講師4名によるこれまでの授業の要約とキーコンセプトの提示
〈3〉	5分	グループ分け
〈4〉	30分	各グループでコンセプトマップを作成
〈5〉	25分	学生グループのコンセプトマップ発表と講師陣からのコメント
〈6〉	5分	本科目のコーディネーター（教授）によるコンセプトマップ発表とコメント
〈7〉	5分	授業リフレクションシートの記入

写真6-1　壁に貼ったシート上でコンセプトマップを作成

できるシート（60 cm×80 cm）2枚を各グループに配布し、グループ内で対話しながら、2枚分の大きさのシート上にコンセプトマップを描くよう指示した（写真6-1）。〈5〉7グループの中から4グループを選び、自分たちの描いたコンセプトマップについて各グループ約5分で発表し、それらについて講師陣がコメントを加えた（写真6-2）。〈6〉この科目のコーディネータ教員（哲学分野の教授）が、自身のコンセプトマップを示しながら、5つのテーマを関連づける説明を行った。〈7〉最後に、毎回の授業と同様、「授業リフレクションシート」（A4版両面、記名）に、①内容面（印象に残った点、疑問点など）、②方法面（今日の授業の構成や方法についての意見、この授業への要望など）を自由記述させるとともに、コンセプトマップについての意見・感想も自由記述させた（同様の自由記述を講師にも依頼した）。

写真 6-2　自分たちが作成したコンセプトマップを発表

このように、最終回の授業は、グループワーク、プレゼンテーション、ディスカッションとコンセプトマップ作成を組み合わせたものであり、ディープ・アクティブラーニングの性格をもつよう意図してデザインされた。

4. コンセプトマップの学習ツールとしての意義

コンセプトマップの作成そのものについては、すでに講師Bが導入していたこともあり、スムーズに進み、すべてのグループが時間内にコンセプトマップを完成させることができた。

授業後のアンケートからは、コンセプトマップの学習ツールとしての意義を、学生・講師双方が感じていたことが読み取れた。まず、学生の側についていえば、(a)「この15回の講義を追体験できた気がした。まとめとして意義のある回だった」、(b)「ペアでコンセプトマップを作るのは、1人でやるより時間がかかったが、自分にはないアイディアも得られて参考になった」「他のグループの考えを見聞きすることで、自分ではまったく思いつかなかった発想、つながりがわかった」、(c)「バラバラに思えた5つの授業が1つにまとまるのは快感だった」「コンセプトマップを作成しているうちに、様々なことに気づくことができた」などの意見・感想がみられた。(a) リフレクション、(b) 知識共有、(c) 知識創造といったコンセプトマップの機能を、学生たちも感じとっていたことがうかがえる。同様に、講師の側も、「当初は、この授業にリレー

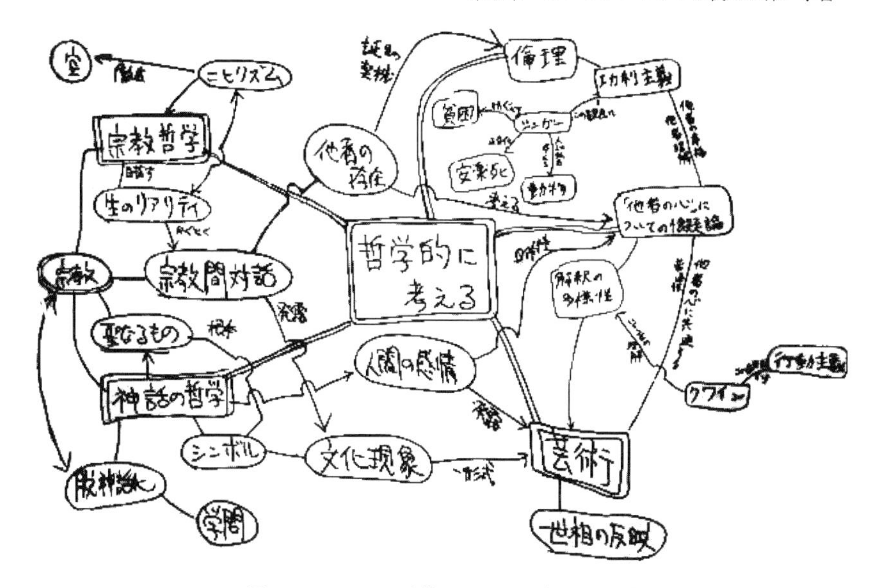

図 6-2　グループ①のコンセプトマップ

講義としての一貫性があるのかという疑問があったが、このようなまとめの回があると、一貫性があることがわかってよい」「各講師が挙げたキーコンセプトが、いずれも専門的に掘り下げたものだった。学生がそれらに上位概念などを足し、考えて、まとめられるのがすごいと思った」「物事を突き詰めると別の話につながっていくということを体験するのは、哲学としてよかったと思う」というように、概念の統合的理解や哲学の学習にとっての意義に言及していた。学生・講師とも、コンセプトマップについての否定的な意見は皆無であった。このように、コンセプトマップには、哲学分野での深い学習を促すツールとして、学生の側からも教員の側からも高い評価が与えられた。

具体的なコンセプトマップを図 6-2 および図 6-3 に示した。ここでは学生グループが作成した７つのコンセプトマップのうち、後述する評価によって最も評価が高かったグループ①と、最も評価が低かったグループ④によって作成されたものを例示した。最も評価の低い④のコンセプトマップを作成した学生のうちの１人も、「それぞれの先生の授業が、他者理解など共通のテーマでつながるものであったということがわかった。同じキーワードが与えられても人に

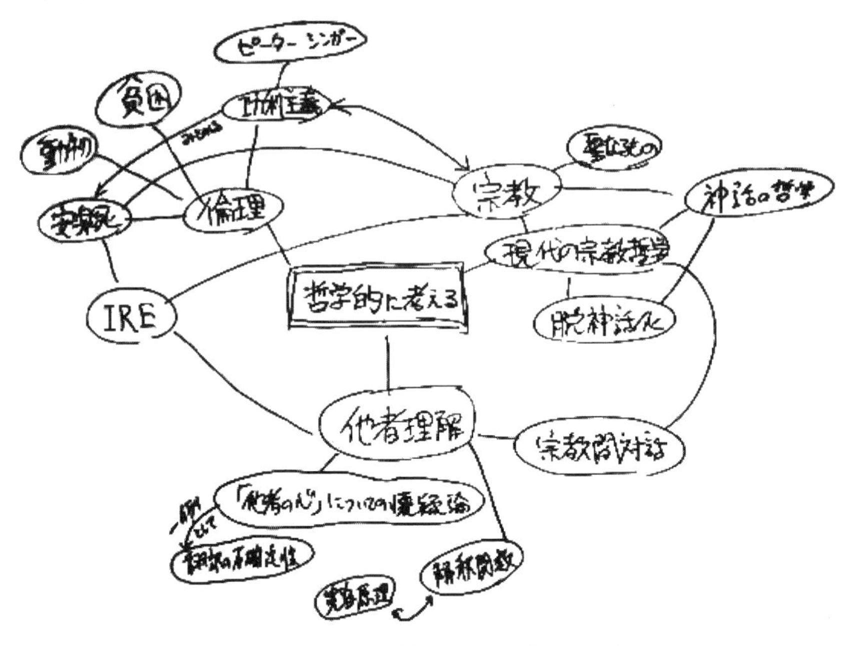

図 6-3　グループ④のコンセプトマップ

よって、それをつなぐ言葉が違うのはおもしろいと思った」という感想を述べており、学習ツールとしての意義そのものが低かったわけではないことを補足しておく。

5. 評価ツールとしてのコンセプトマップ

以上のように、半期のリレー講義が扱った複数の異なるテーマやそのキーコンセプトを、「哲学的に考えるとは」という当該分野の「本質的な問い」に答える形で、学生自身が結びつけていくという作業を通じて、学生たちは、半期の授業をリフレクションしながら、概念理解を深め、概念構造を再構築していった。つまり、この課題は、単なる評価課題ではなく、学生の学習を促す「学習としての評価」(Earl, 2003) の性格をもっていたということができる。では、コンセプトマップの評価ツールとしての有効性についてはどうか。

コンセプトマップの評価ツールとしての機能は、研究当初から主張され

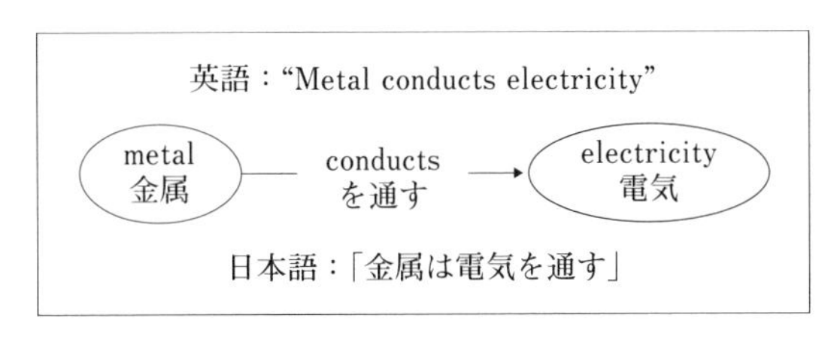

図6-4　コンセプトマップと英語・日本語の関係

(Novak & Gowin, 1984)、コンセプトマップの構造的特徴を直接得点化する方法(Novak & Gowin, 1984)、コンセプトマップの授業前・後の変化によって学習の質の違いを捉えようとする方法（Hay, 2007)、専門家の描いたコンセプトマップ（master map）と比較する方法（McClure, Sonak, & Suen, 1999; Plummer, 2008）などが提案されてきた。しかし、煩雑であったり、実行可能性の点で問題があったり、あるいは学習の質をうまく得点化することができなかったりという問題があった。そこで、筆者らは、コンセプトマップの質をルーブリックを用いて評価する方法を検討した（松下・田口・大山, 2013)。ルーブリックとは、学生のパフォーマンス（作品や実演）を評価するためのツールであり、通常、複数の規準とレベル、それを説明する記述語（descriptor）からなる評価基準表の形をとる（松下, 2012)。

コンセプトマップを評価する際に、リンク語の扱いが問題となったので、言語とコンセプトマップの関係という論点について補足しておこう。というのも、コンセプトマップに関する先行研究の多くが英語圏でなされており、そこでは問題とならないことが日本語では問題になるからである。英語の場合、言語的命題とコンセプトマップの順序は一致する。これに対し、日本語の場合は、両者が一致せず、コンセプトマップを描くときには順序を入れ替えねばならない(図6-4参照)。Hay（2007）の評価方法では、リンク語のないリンクは、意味が欠如しているという理由で評価対象から外されている。しかしながら、英語と日本語の違いを考えれば、この基準はやや厳しすぎる。実際、リンク語が書かれていなくても、コンセプト間の関係が了解可能なケースは少なくない。そのため、今回の評価を行う際にはリンク語のないリンクも有効とみなした。とはいえ、これはリンク語の重要性を軽視するものではない。リンク語がコンセプト間の関係理解の重要な指標となっていることには違いがなく、それは後述するルーブリックにも表れている。

6. コンセプトマップの評価のためのルーブリックの開発

われわれが導入したコンセプトマップを、共通の基準で評価するために、ルーブリックを開発した。ルーブリックを開発するためには、この科目の授業内容に精通した専門家による評価基準を顕在化させることが必要である。そこで、まず「コンセプトマップ検討会」を開催した。そこで得られた発話データをもとにルーブリックを開発し、その妥当性を検証するために、新たな評価者によってルーブリックを利用した評価を行ってもらった。以下にその手順を示す。

(1) コンセプトマップ検討会

コンセプトマップ検討会は、最終回の授業の３週間後に開いた。目的は、複数の専門家に学生が作成した７つのコンセプトマップを評価してもらい、ルーブリック作成のための情報を得ることである。評価者は、この科目の講師や講師予定者、TA など８名である。いずれも博士課程を修了し、本科目の授業内容に通じた専門家である。

コンセプトマップ検討会は、事前の評価と当日のモデレーション（調整作業）という２段階のステップで行った。まず事前に、７つのコンセプトマップをそれぞれ３段階で評価してもらい、その際の評価の根拠を記述してもらった。

表6-4は、コンセプトマップの構造的特徴、および８名の評価者による評定値分布を示したものである。グループ①・④・⑦は、８名の評価者による評定値がかなり一致しているが、グループ②・③・⑤・⑥は、評定値のばらつきが大きいことがわかる。

検討会当日は、まず各評価者にそれぞれのコンセプトマップの評定値とその根拠を説明してもらった後、あらかじめ整理した評定値の分布と評価観点（規準）の違いを示しながら、モデレーション作業を進めた。モデレーションの結果、評定値を確定するとともに、ルーブリックについては、５つの規準と４つのレベルを設定することが合意された。５つの規準とは、コンセプトの理解

表6-4　コンセプトマップの構造的特徴、および8名の評価者による評定値分布

学生グループ	①	②	③	④	⑤	⑥	⑦
【コンセプトマップの構造的特徴】							
コンセプト数	26	19	22	18	47	19	17
(うち提示されたコンセプト数)	(14)	(11)	(11)	(15)	(15)	(11)	(9)
リンク数	40	12	29	25	51	22	28
リンク語数	18	6	13	2	12	15	8
【評定値分布】							
3点	7	2	3	0	4	2	1
2点	1	5	4	3	3	3	7
1点	0	1	1	5	1	3	0
平均	2.88	2.13	2.25	1.38	2.38	1.88	2.13
標準偏差	0.33	0.60	0.66	0.48	0.70	0.78	0.33
最終評定値	3	2	2	1	2	2	2

(注)「(うち提示されたコンセプト数)」とは、最終回で提示されたキーコンセプト19このうち、コンセプトマップで利用されたコンセプトの数をさす。

(授業に関連したコンセプトを理解しているか)、コンセプトの創出（授業間を関連づけるために、新たなコンセプトを創り出しているか)、リンクの構造（コンセプト間の関係を適切に結んでいるか)、リンク語の適切さ（コンセプト間の関係を適切な語で表現しているか)、中心テーマとの関連性（中心テーマに即して、授業内容を関連づけているか）である。また、今回の受講生のコンセプトマップはいずれも要求される水準を満たしていたものの、他の受講生では水準を満たさない場合もあると想定されることから、レベル1を満たさないものを「レベル0」として、レベル3（excellent)、レベル2（good)、レベル1（satisfactory)、レベル0（unsatisfactory）の4レベルを設定することにした。検討会の所要時間は約2時間30分であった。

(2)　ルーブリック作成

ついで、(1)で収集した評価の根拠に関する議論の会話記録から、教育学を専門とする教員2名、大学院生1名の計3名でルーブリックを作成した。すでに5つの規準と4つのレベルを設定することは確定していたので、ここでの作

業は、各セルに記述語（descriptor）を記入していくことである。

まず、モデレーション作業中の会話記録を読みながら評価の根拠とされた箇所を抜粋していき、対応すると思われる規準・レベルのセルに記述語を書き込んでいった。次いで、重複する内容を削除したり、文章を整えたりしながら、規準ごとのレベル間の差異が明確になるようにしてルーブリックを完成させた。松下ほか（2013）によれば、ルーブリックのレベルの設定の仕方には、条件型（条件をだんだん増やしていく）、数量詞型（数量を示す単語や句を使って、数量をだんだん増やしていく）、動詞型（動詞を使って、望ましさの程度をだんだん高めていく）、形容詞・副詞型（形容詞や副詞を使って、望ましさの程度をだんだん高めていく）、などがある。このルーブリックは、主に数量詞型と形容詞・副詞型の組み合わせでレベル設定されている。

表6-5は、作成された最終版のルーブリックである。

第５節では、いくつかのコンセプトマップの評価方法を紹介したが、われわれが作成したルーブリックは、Novak & Gowin（1984）の「コンセプトマップの構造的特徴を直接得点化する方法」の方法を参照している。たとえば、「コンセプトの理解」「リンクの構造」「リンク語の適切さ」は、ノヴァックらの方法でも注目されている特徴であるが、われわれが作成したルーブリックの評価観点（規準）にも取り入れている。一方、「コンセプトの創出」と「中心テーマとの関連性」はとくに注目されてはいない。しかし、今回の実践のように、単に授業内容の理解だけではなく、半期の授業全体の総括を学生自身に行わせるような場合には、妥当かつ有効な規準であると考えられる。つまり、このルーブリックは、リフレクションや知識創造の機能を期待してコンセプトマップを用いる場合に適切なルーブリックであるといえるだろう。

(3) ルーブリックを用いた評価

ルーブリック完成後、コンセプトマップ検討会に参加したのとは別の専門家２名に、ルーブリックを用いて７つのコンセプトマップを評価するよう依頼した。２名はともに、同じ哲学系入門科目を前期に担当した講師であり、コンセプトマップを使った授業を経験したことはあるが、後期の最終回の授業は参観していない。つまり、授業中の言動などの情報なしでコンセプトマップのみを

表6-5　コンセプトマップ評価用ルーブリック

規準	規準の説明	3 excellent	2 good	1 satisfactory	0 unsatisfactory
コンセプトの理解	授業に関連したコンセプトを理解しているか。	各授業で扱われたコンセプトが豊富に含まれており、その使い方が適切である。	提示されたコンセプトはほぼ適切に用いているが、それ以外の各授業で扱われたコンセプトはあまり用いていない。	コンセプトが少ない、または不適切なコンセプトがかなり含まれている。	レベル1を満たさないもの
コンセプトの創出	授業間を関連づけるために、新たなコンセプトを創り出しているか。	授業間を関連づけるために独自のコンセプトを創出し、それを効果的に用いている。	授業間を関連づけるための独自のコンセプトを創っているが、効果的とはいえない。	授業間を関連づけるための独自のコンセプトが、ほとんど含まれていない。	レベル1を満たさないもの
リンクの構造	コンセプト間の関係を適切に結んでいるか。	適切なリンクが数多く張られている。階層性が明確で、豊かな分岐構造がみられる。複数の適切なクロスリンク*がある。	適切なリンクが張られているが、数が多くない。階層性や分岐構造が不十分である。クロスリンク*が一部に限られている。	リンクが張られているが、不適切である。階層性や分岐構造があまりみられない。クロスリンク*がない。	レベル1を満たさないもの
リンク語の適切さ	コンセプト間の関係を適切な語で表現しているか。	適切なリンク語が数多く含まれており、それによってリンクの意味が明確になっている。	リンク語がかなり含まれているが、リンクの意味が明確ではないものが多い。	リンク語が少ない、または不適切なリンク語がかなり含まれている。	レベル1を満たさないもの
中心テーマとの関連性	中心テーマに即して、授業内容を関連づけているか。	授業内容を、中心テーマに即して関連づけ、その関連性を、一貫性をもってコンセプトマップ全体で表現している。	中心テーマに即して授業内容を関連づけているが、関連づけ方が部分的である。	授業内容を関連づけようとしているが、中心テーマとずれている。	レベル1を満たさないもの

*クロスリンク＝ある授業のテーマと別の授業のテーマをつなぐリンク。

対象に評価することを求めたわけである。また、2名の評価者それぞれに、「ルーブリックを用いて評価してみての感想」「コンセプトマップによる評価法のメリット・デメリット」などを尋ねる半構造化インタビューも行った。所要時間はそれぞれ約2時間であった。

ルーブリックを用いない場合と用いた場合の2名の評価者間信頼性を検討した結果、コンセプトマップ評価はルーブリックの使用によって評価者間信頼性が向上し、一定水準を担保することができた（松下・田口・大山, 2013）。ルーブリックを用いることにより、コンセプトマップ評価における評価者間信頼性を担保することができるという示唆が得られたといえるだろう。

7. ディープ・アクティブラーニングのためのツールとしてのコンセプトマップの有効性

ここまで、コンセプトマップを導入した授業実践について紹介してきた。最後に、ディープ・アクティブラーニングを行うという目的のもとでの、コンセプトマップのツールとしての有効性をまとめておこう。

まず、この授業は最初に述べたように、全体としては「一斉講義」形式の授業で進められてきた。そこでの学びは浅いものではなかったが、少なくとも「アクティブラーニング」ではなかった。最終回の授業に参加した文学研究科のある教員は「この教室内を授業中に学生がうろうろしながら学ぶなんて、文学部始まって以来だ！」と興奮気味に感想を語った。やや誇張された表現ではあるにせよ、この授業に限らず、教員、学生ともにアクティブラーニングの経験が少ないのは事実であった。

しかし、コンセプトマップの導入によって、いともあっさりと、これまでの「講師がずっと前に立ち」「学生が90分間ずっと聞いている」という授業形態は崩された。コンセプトマップを2、3名のグループで作成させたことによりディスカッションが行われ、また、それぞれのグループによるコンセプトマップの発表というプレゼンテーションが組み込まれた。また、授業を担当した講師すべてが参加したためにティームティーチングの要素も入り、最終回の授業はダイナミックに展開した。

授業の中では、学生が発表したコンセプトマップに対して、担当講師たちが、新たなリンクを示したり、概念間のつながりをより構造的に説明したりしながら、コメントを加えた。また、授業の終盤では、コーディネータ教員である文学研究科教授が、自身のコンセプトマップを披露したことで、学生たちに対して、講師たちのコメントよりさらにいっそう、当該分野の広がりと深さを示すことになった。

最終回の授業も、プレFDプロジェクトの対象であるオーバードクターが担当したが、特別な準備や訓練をせずとも、見事に「アクティブラーニング」が展開されていたのは、「それぞれの理解を表現し、交流させることが可能である」コンセプトマップの特徴が活かされたからであるといえる。

では、深い学習の評価ツールとしてのコンセプトマップの有効性についてはどうであろうか。第2節で紹介したように、深い学習の評価ツールとしてのコンセプトマップの研究では、ヘイらの研究が知られているが、われわれが開発したルーブリックを用いた評価方法はそれと比較してどのように特徴づけられるのだろうか。

ヘイら（Hay, 2007; Hay & Kinchin, 2008）は、「深い学習」「浅い学習」「無学習」の違いを、授業前・後のコンセプトマップの変化によって捉えようとする。これに対し、本実践では、5つの異なるテーマのコンセプト群を、テーマをこえて統合できるかどうかによって「深い学習」を捉え、そのための評価基準としてルーブリックを用いた。今回の授業の内容は入門科目とはいえ、かなり専門的に掘り下げたものであり、主に1・2年生からなる受講生には、各テーマについての事前知識が乏しかったので、授業前・後のコンセプトマップを比較するという方法ではうまく機能しなかっただろう。

また、ヘイらの研究では、誰が評価を行うかが明記されておらず、実行可能性の問題は視野に入れられていない。これに対し、今回は授業を担当した講師を含む当該分野の専門家たちが評価を行っている。つまり、今回の実践における評価には「専門家の鑑識眼」（松下, 2010）が反映されており、また、教員が日常的な評価方法として用いることができるよう実行可能性も考慮されている。実際、ルーブリックを用いた評価におけるインタビューでは、2人の評価者のいずれもが、〈100人程度の受講生がいる授業でも、コンセプトマップを今回のような形で評価に使うことは可能だと思うし、使ってみたい〉と語っている。

これまで、コンセプトマップの評価方法については有効な方法が確立されていなかった。前述したように、コンセプトマップの構造的特徴を直接得点化する方法（Novak & Gowin, 1984）では、必ずしも学習の質をうまく得点化することができない。また、ヘイら（Hay & Kinchin, 2008）は、コンセプトマップをその形状によって、ネットワーク型、スポーク型（自転車のスポークのように放射状に広がるもの）、チェーン型に分けることを提案しているが、こうした形状のみから学習の質を同定することもできない。やはり、内容を知る専門家が、ノードとなっているコンセプトやコンセプト間をつなぐリンクの適切さを見て評価することが必要である。一方で、専門家が直観で評価するにまかせるのではなく、重要と思われる評価の観点や区切りを、ルーブリックの「規準」や「レベル」という形で明文化することで、他者に対しても説明可能な一貫した評価が可能になる。

このように、ルーブリックと組み合わせることで、コンセプトマップは、ディープ・アクティブラーニングの評価ツールとして大学教育実践で十分活用できるものになったといえるだろう。

【まとめ】

■本章では、哲学分野の入門科目においてコンセプトマップを導入した事例について紹介した。この科目は全体としては、講義型のリレー授業であったが、最終回の授業で、グループワークによるコンセプトマップの作成とその発表という形でアクティブラーニング型の授業形態を取り入れた。この授業は、半期の授業内容を振り返り、「哲学的に考える」という中心テーマと関連づけながら、授業で学んだ概念を構造化するという形で、深い学習を促すことにもなった。つまり、コンセプトマップは、ディープ・アクティブラーニングのための学習ツールとなりうるといえる。

■一方、コンセプトマップは、ディープ・アクティブラーニングの効果的な評価ツールにもなりうる。コンセプトマップは、これまで大学教育で多く用いられてきた記述試験やレポートに取って代わるものではないが、広い範囲の内容をどのくらい深く構造的に理解しているかを把握し評価するには、有効な方法である。

■コンセプトマップを用いて深い学習を評価する方法については、ヘイらによる研究があるが、われわれは、ルーブリックを用いて学生たちの描いたコンセプトマップを評価する方法を開発した。このルーブリックは、「コンセプトの理解」「コンセプトの創出」「リンクの構造」「リンク語の適切さ」「中心テーマとの関連性」という5つの規準と4つのレベルからなる。専門家の鑑識眼を、他者に対しても説明可能なように明文化したものである。

■ルーブリックと組み合わせることで、コンセプトマップは、ディープ・アクティブラーニングの評価ツールとして大学教育実践で十分活用できるものになったといえる。

文献

Ausubel, D. P., Novak, J. D., & Hanesian, H. (1978). *Educational psychology: A cognitive view* (2nd ed.). New York: Holt, Rinehart and Winston.

Earl, L. M. (2003). *Assessment as learning: Using classroom assessment to maximize student learning*. Thousand Oaks, CA: Corwin Press.

Engeström, Y. (1994). *Training for change: New approach to instruction and learning in working life*. Geneva: International Labour Office. エンゲストローム, Y. (2010)『変革を生む研修のデザイン―仕事を教える人への活動理論―』(松下佳代・三輪建二監訳) 鳳書房.

藤本和久 (2005)「概念地図法」『よくわかる教育評価』(pp. 90-91) ミネルヴァ書房.

Hay, D. (2007). Using concept maps to measure deep, surface and non-learning outcomes. *Studies in Higher Education, 32*(1), 39-57.

Hay, D. (2008). Developing dialogical concept mapping as e-learning technology. *British Journal of Educational Technology, 39*(6), 1057-1060.

Hay, D., & Kinchin, I. (2008). Using concept mapping to measure learning quality. *Education + Training, 50*(2), 167-182.

Hay, D., Kinchin, I., & Lygo-Baker, S. (2008). Making learning visible: The role of concept mapping in higher education. *Studies in Higher Education, 33*(3), 295-311.

Hay, D., Wells, H., & Kinchin, I. (2008). Quantitative and qualitative measures of student learning at university level. *Higher Education, 56*(2), 221-239.

Kandiko, C., Hay, D., & Weller, S. (2013). Concept mapping in the humanities to facilitate reflection: Externalizing the relationship between public and personal learning. *Arts and Humanities in Higher Education, 12*, 70-87.

松下佳代（2010）「学びの評価」佐伯胖（監修）・渡部信一（編）『「学び」の認知科学事典』(pp. 442-458) 大修館書店.

松下佳代（2012）「パフォーマンス評価による学習の質の評価―学習評価の構図の分析にもとづいて―」『京都大学高等教育研究』18号, 75-114.

松下佳代・田口真奈・大山牧子（2013）「深い学習の評価ツールとしてのコンセプトマップの有効性―哲学系入門科目でのアクションリサーチを通じて―」『大学教育学会誌』35巻2号, 121-130.

松下佳代・高橋雄介・坂本尚志・田川千尋・田口真奈・平山朋子・大山牧子・畑野快・蒋妍・羽山裕子・山本はるか・斉藤有吾・蒲雲菲（2013）「VALUEルーブリックの意義と課題―規準とレベルの分析を通して―」『第19回大学教育研究フォーラム発表論文集』, 46-47.

McClure, J. R., Sonak, B., & Suen, H. K. (1999). Concept map assessment of classroom learning: Reliability, validity, and logistical practicality. *Journal of Research in Science Teaching, 36*(4), 475-492.

中山迅・稲垣成哲（編）（1998）『理科授業で使う思考と表現の道具―概念地図法と描画法入門―』明治図書.

Novak, J. D., & Gowin, D. B. (1984). *Learning how to learn*. New York: Cambridge University Press. ノヴァック, J. D.・ゴーウィン, D. B. (1992)『子どもが学ぶ新しい学習法―概念地図法によるメタ学習―』（福岡敏行・弓野憲一監訳）東洋館出版社.

Plummer, K. (2008). *Concept-map assessments: The reliability and validity of classroom accessible concept-map assessments*. Saarbrücken, Germany: VDM Verlag Dr. Müller.

田口真奈・出口康夫・京都大学高等教育研究開発推進センター編著（2013）『未来の大学教員を育てる―京大文学部・プレFDの挑戦―』勁草書房.

【さらに学びたい人に】

■田口真奈・出口康夫・京都大学高等教育研究開発推進センター編著（2013）『未来の大学教員を育てる―京大文学部・プレFDの挑戦―』勁草書房

本章で取り上げた実践の背景がわかる。これまで研究者を育てているという意識はあっても教育者を育てているという意識は希薄であった京都大学文学研究科。「フンボルト理念のパラダイムにして最後の砦」（本書より）を自称する京都大学文学部において、「未来の大学教員を育てる」ためのプロジェクトが開始された背景、具体的なプロジェクトの進め方、成果や課題などが、プロジェクトの企画側、運営側、受け手側といった様々な当事者によって論じられている。とくにプロジェクトの立ち上げから軌道に乗るまではドキュメント形式で描かれており、読みやすい。

■ノヴァック, J. D.・ゴーウィン, D. B.（1992）『子どもが学ぶ新しい学習法―概念地図法によるメタ学習―』（福岡敏行・弓野憲一監訳）東洋館出版社.

現在、絶版になっているのが残念であるが、コンセプトマップの開発者であるノヴァック自身による著を日本語で読める。コンセプトマップ（概念地図法）の学年別の導入方法や得点化の方法などが解説されている。コンセプトマップそのものの具体例も豊富である。

■田中耕治編（2005）『よくわかる教育評価』ミネルヴァ書房

学生の学びを可視化するための様々な方法をコンパクトに知ることができる。教育評価の基本概念や方法原理までカバーされており、教育評価について多角的に知るのによい。

[付記]

本稿は、松下・田口・大山（2013）を再構成し、大幅に加筆したものである。

第7章

【教員養成】

意味のある学習を意識した授業デザイン

――教師としての素養を学び磨くというストーリー――

関田　一彦・三津村　正和

人は自ら意味づけながら学ぶ。意味も分からず、ただ闇雲に覚えただけのものは頭に残らない。一方、学生がどのように意味づけるかは、なかなか教師の思い通りにはならない。教師自身、伝えている知識・情報が学生にとって本当に意味があるのか、不確かな時もある。それでも幸い、教職課程の授業では、学習内容を活用させる、**させ方**を意味づけることは比較的容易である。難しい内容でも、「教師は生徒にわかりやすく説明できないと困るから、相手がわかるように工夫して、グループの仲間に説明してみよう」と指示すればいいのである。学生は、かりに学んでいる内容の意義や学習自体の意味は不明でも、仲間に教えるという行為の意味はすぐに理解する。そして教えるために学ぶという目的をもって課題に取り組むことになる。

本稿は第1筆者（関田）による授業実践の紹介と、第2筆者（三津村）によるその効果検証の2部構成になっている。教師としての素養を学び磨くというストーリーに学生を載せることで、学生にとって意味ある学びを誘発するように取り組んだつもりである。果たして、その取り組みは成功したのか？　読者の判断を待ちたい。その際、POD[1]元会長のD.フィンク（Fink, D.）が挙げる優れた授業者の5つの原則（2011, p. 42）が参考になるかもしれない。よろしければ判断指標の1つにしてみて欲しい。

- 意義ある学習に学生を挑戦させる
- 能動的形態の学習活動を用いる

- 科目や学生、そして、教育や学習の「面倒見の良い」教員である
- 学生と「よく交流する」教員である
- フィードバック、アセスメントや採点のための優れたシステムをもっている

1. 実践編――教職科目「教育方法」における取り組み――

(1) 教職科目「教育方法」

私が担当する「教育方法」は、中学・高校の教員を志望する３年生が大半で、一部の４年生や科目等履修生が履修する半期２単位科目である。ここ数年、前期（4月〜7月）に２クラス開講し、併せて100名少々が学修している。本学では４年次になってから教育実習に赴く学生が大半であり、３年次生の多くは現場のイメージを十分にもたないで受講している。そのため、授業で行う活動が、教師になったときにどのような意味をもつのか、ピンと来ていない学生も少なくない。一方、４年次の学期途中に教育実習を体験した学生の多くは、この授業で学んでいることの意義を再認識し、残りの授業への受講意欲に高まりを見せる。

数学・理科・国語・英語・社会の教員免許を得ようとする学生が混在するが、各教科独自の指導方法については、○○科教育法という名称の科目が別にある。そこでこの授業では、ある程度観念的で、汎用性の高い内容を扱うことにしている。具体的には、各自が思い描く授業を実際に設計する上で、そもそも授業を設計するということはどういうことなのか、インストラクショナルデザインの基礎を理解させることを目標にしている。授業設計という考え方、授業の構成要素、要素の組み合わせ、そして、いくつかの学習活動、評価方法について学ぶ。これにより、学期終了時には、自らの教育理念に基づき、教科の指導目標を踏まえた授業を構想・設計ができる（自らが行いたい授業の指導案が書ける）ようになることが期待される。

(2) 授業者のねらい（意図・ねがい）

私の「教育方法」は、教科書を解説するような、知識の正しい伝達を中心に

置く授業ではない。すでにいくつかの教職科目を履修し、自らの学校体験と併せて、教師として特定の教科内容を教える自分をイメージできるようになってきた（はずの）学生に、そのイメージをより確かにするための機会としたいと考えている。

併せて、畳の上の水練ではあるが、教師としての基礎体力を高めてもらいたいと考えている。そこで、「科目」の内容として学ばせたいこととは別に、以下のような願い（期待）をもってこの授業を設計・実施してきた。

①きちんと教育実習に参加でき、教員に採用されてからも“生き残れる”自己管理力を磨いてほしい。現場は忙しい。放課後に毎日必ず翌日の授業準備を行う時間がとれるとは限らない。短い時間でも、できることを１つ１つ要領よく処理していくことは、学年進行に見通しのもてない初任の教師にとって非常に困難なことである。学生にとってみれば、学業以外にもクラブ活動やアルバイトに忙しい毎日である。だからこそ、そうした日常でこの授業の課題に取り組む時間を捻出し、継続する時間管理スキルがあれば、現場に出ても生き残れる可能性は高かろう。

②頭でわかっても実行できないのでは困る。少なくとも、基本的な教育技術のいくつかは練習させたい。たとえば、生徒の提出物に素早く目を通し、的確にフィードバックする技能は磨いてほしい。生徒の様子を観察し、必要なら状況を訊ねながら、心身の健康状態を看ようとする構え（気持ちの持ち方）も磨いてほしい。顔色や声のトーンなど、様々なサインに気づき適切に対応することは、１度教壇に立てば新米教師にも求められてしまう。説明のポイントを絞り、メリハリのある語りを磨いてほしい。こうしたスキルは学期を通じて何度も練習すれば、少しは上達するだろう。

③協同のもつ教育効果を体験的に理解してほしい。私は集団のもつ教育力を大切に考えている。特に、学習者が協力して学習課題に取り組むことで生起するダイナミズムは、教職に就く者にとって確かに理解しておく必要があるものである。上記①②と関連するが、ヒューマンサービスとしての教職には、高い対人関係技能が求められる。グループの仲間との交流を通じた、互いの学びへの気遣いの大切さは、折に触れて繰り返し強調している。

(3) ねらい達成に向けた取り組み

この授業では以下に紹介するように、ほぼ毎回、2、3の小さな課題提出が求められる。1つ1つの配点（2〜5点）は少ないので、要求されたとおり提出できるかどうかが、大きなポイントになる。また、シラバス（授業計画表）を確認しておかないと間違えやすい課題（たとえば予習範囲は教科書の順とは異なる）もあり、自分の仕事を自覚的に行うことを促す（資料7-1)。結果として、週あたりの授業外学習が1時間半〜2時間程度必要になる課題量を設定している（課題量の考え方については、関田（2013）を参照)。

導入時の期待設定

私は学生たちには、自己管理力の向上を願って毎回の課題提出を求める、と明言しているが、同時に、すべてを提出するかどうかの判断も大事である、と強調する。体調不良も含め、必ずしも万全な状態で課題に取り組めるとは限らない。特に、他の科目の課題と重なった際に、何を優先し、何を諦めるか、という判断ができることが重要だと語ると、驚く学生が多い。「いい加減なやっつけ仕事ではグループの仲間も迷惑するし、力が分散しては他の科目でも成果が出にくいだろう。この授業の5点分を得るために2時間使うなら、その時間を他にもっと価値的に使うことも積極的に考えてみよう。頑張っていること自体に満足して、質の悪い成果物で甘んじていては、学校現場では行き詰まってしまう。」といった趣旨の話を学期始めに伝えておく。

具体的なツール

この授業では、グループ学習を基本とする授業構成と課題設定によって協同の教育効果に気づかせようとしている。主要な課題は次の4つである。

①対話ジャーナル（とコメントの練習)

「対話ジャーナル」はバークレイら（2009）が紹介している大学向け協同学習の手法の1つである。毎回、授業で学んだことを自分なりに振り返り、その意義や関連を考えてまとめる。まとめたものを翌週持参し、相方に読んでもらい、コメントをもらう。互いのコメント練習の材料として位置づけられ、正直

資料 7-1　教育方法シラバス

2012年度前期
担当者：関田一彦
連絡先：sekita@soka.ac.jp

教育方法（月曜2限）シラバス

授業のねらい

社会の先生、英語の先生、理科の先生、数学の先生、国語の先生などなど、一口に教職といっても、教えたい専門や教えたい校種は様々でしょう。この授業では、そうした個々のニーズに応えるのではなく、むしろ、どのような分野や校種にも共通する基本的な事柄を身につけてもらいたいと思います。具体的には、授業の設計とその展開方法、および評価方法について学びます。

スケジュール

月日	主な活動／話題	コラボテストの流れ	備考（提出物）
4/ 9	オリエンテーション（シラバス解説・ルーブリック説明）		
16	MM練習/コラボテスト解説	グループ調整調査	テキストまとめ
23	授業設計1	グループ編成	J1, M1
30	授業設計2		J2, M2
5/ 7	授業設計3	問題投稿締め切り	J3, M3
14	授業の方法1	コラボテスト1	J4, M4
21	授業の方法2		J5, M5
28	授業の方法3		J6, M6
6/ 4	授業の方法4		J7, M7
11	授業の方法5		J8, M8
18	学習評価1		J9, M9
25	学習評価2	問題投稿締め切り	J10, M10
7/ 2	学習評価3	コラボテスト2	J11, リフレクション
9	学習評価4：三者面談		ポートフォリオ提出
16	まとめ		ポートフォリオ返却

課題と評価：

・対話ジャーナル　22点（2点×11回）
・マインドマップ　30点（3点×10回）
・コラボテスト　28点（14点×2回）
・ポートフォリオ　9点
・リフレクション　6点
・テキストまとめ　5点

テキスト：鈴木・稲垣編著（2011）『授業設計マニュアル』北大路書房

課題解説

対話ジャーナル：毎回の授業で学んだこと（授業内容そのものではなく、学んで考えたことや気づいたこと）を所定の用紙に日誌風に書き留めます。そして次の授業時にグループの仲間同士でコメントをつけ合います。決められた時間内にコメントをもらえないジャーナルは1点になります。

テキストまとめ：テキストの1章と15章を読んで、それぞれA4サイズの用紙1枚程度にまとめます。二章分 揃って5点です。片方だけの場合は2点満点で採点します。

マインドマップ： 指定されたテキストの各章を、マインドマップにまとめます。まとめたマップを使って、その内容を授業時に仲間と説明し合います。決められた時間内で仲間に説明できなかったものは2点です。

M1：テキスト2章、M2：テキスト3章、M3：テキスト4章、M4：テキスト5章、M5：テキスト6章、M6：テキスト10章、M7：テキスト11章、M8：テキスト12章、M9：テキスト7章、M10：テキスト8章

注1）マインドマップや対話ジャーナルなど、授業時に提出すべきものを後から提出したりする場合、次の授業までに提出されたものに限り50%減で採点しますが、それ以降の提出については採点しません。

コラボテスト：グループでテスト範囲に関する問題を作り合い、その中の良い問題を提出します。そして提出された良い問題群から選ばれた問題を授業中に解きます。

コラボテスト1の作題範囲（テキストpp. 1-50）、コラボテスト2の作題範囲（テキストpp. 51-97、111-143）

学習ポートフォリオ：学期を通じてファイルしてきた学習成果物（ジャーナル、マインドマップなど）を1冊のポケットファイルにまとめたものを学習ポートフォリオと呼びます。ポケットファイルは百円均一ショップでも購入できますので、各自で用意してください。

学習ポートフォリオは学び始めシートをはじめ、配布されたプリントに必要事項を記入し、すべてファイリングされていれば7点です。未整理や紛失、未完成なものの割合に応じて1～2点の減点になります。期日に提出できなかったものは0点です。三者面談時に活用します。きちんと活用できれば2点加算されます（合計9点）。

リフレクション：約3ヶ月にわたる授業の総括として、自らにどのような力が身についたのか、自己評価するものです。詳しい手順は別にプリントを配りますが、ポートフォリオとして蓄積してきたプロジェクト関連の資料や成果物を手がかりに、自分の学びを振り返る作業です。手順に従ってきちんと記述してあれば満点（＝6点）です。粗いもの、未完成なものは減点になります。ポートフォリオ提出時に添付されていない場合は0点です。

注2）公欠の対象になる理由で欠席した授業における提出物は、次の授業までに提出すれば減点せずに採点します。ただし、実習に行く前にその旨を教員に説明し、了解を得ておくことが必要です。

注3）学期中に教育実習に行く予定の者は、その間に課される学習課題の代わりに、個別に個人課題を設定して代用することができます。代用課題希望者は実習に行く**2週間前まで**に相談ください。事前相談がないものは、評価の対象にしません。

代用課題例：向山洋一氏の1980年代の著作（編著は含まず）を1冊選び、何を期待して読み、何を学び、自らの学びについて何を考えたのか800～1000字でレポートする。（6点相当）

にきちんと書くことが期待される（資料 7-2）。コメントは、最初５分で書くところから始まり、学期が終わるころには３分以内に書けるように練習を積んでいく。

コメントは、書き手が気付いてほしい、認めてほしいと願っていることを読み取り、それに対する承認や激励を書くように指示する。さらに、相方が書いてくれたコメントに対して、その良し悪しを口頭でフィードバックさせる。ツボを外したコメントに対しては、はっきりとダメ出しをするように指示しておく。生徒の心に届かないコメントでは困るから、互いに今のうちからコメント書きの腕を磨こう、と励ます。

②予習マップ（と解説の練習）

ほぼ毎週、教科書の指定された章を予習し、ポイントをマインドマップに描く課題を課す（資料 7-3）。学生は A3 用紙にカラーで描いたマップを持参し、それを使って相方に予習内容を説明する。教科書を読んで学び、マップに整理して学び、説明（解説）して学び、相手の説明を聞いて学ぶ、という幾重にも仕組まれた内容理解の作業である（詳しくは関田・山﨑・上田（2016）を参照）。ペアでの作業を前提にして、１人４分半（２人で９分）かけて十数ページ分の内容を説明し合う（３人組ができてしまう場合は、１人あたり３分で行う）。

③コラボテスト（と作問の練習）

コラボテストは、グループメンバー全員が作問し、評価し合わないと完成しない課題であり、自分たちの取り組みの度合いがグループ得点に反映する Web システムである（高木・坂部・望月・勅使河原, 2010）。指定された範囲に関する選択式問題を各自数問作り、グループ内で解き合って、その妥当性や適切性を点検し合う。その上で、グループとして良問と判断したものを２問以上提出（システムに登録）する。教師は各グループから集まった問題を精選し、実際のテストとして授業中に実施する（関田, 2013）。また、問題が集まった段階で、事前に問題は公開され、意欲のある学生は、事前にテスト問題候補を使った練習ができる。今年度は行わなかったが、過去５年間にわたり、コラボテストを学期に 2、3 回実施してきた。

資料7-2　対話ジャーナル

対話ジャーナル

No.

氏名(　　　　　　)　学籍番号(　　　　　　)　作成日(　／　)　コメント記入者氏名(　　　　　　)

ジャーナルに何を書かせるかは、教員側の意図による。私は、①ノートの清書ではなく、授業で聞いたこと、見たこと、書いたこと、やったこと、考えたことを思い返し、そのときにそれに対してどう考えたのかを記録し、②今、改めてノートなどを振り返り、考えたこと、気づいたことを書き加えておくように指示することが多い。

なかなか書けない（適正な分量に達しない）学生が多い場合、こちらが設定した質問に答えさせる形で数回、様子を見ることもある。

質問例：

①今回の授業でもっとも重要だと思ったことは何か。なぜ、そう思うのか？

②今回学んだことで、あなたの人生に役立つ（役立てたい）と感じたことは何か。
　なぜ，そう思うのか？

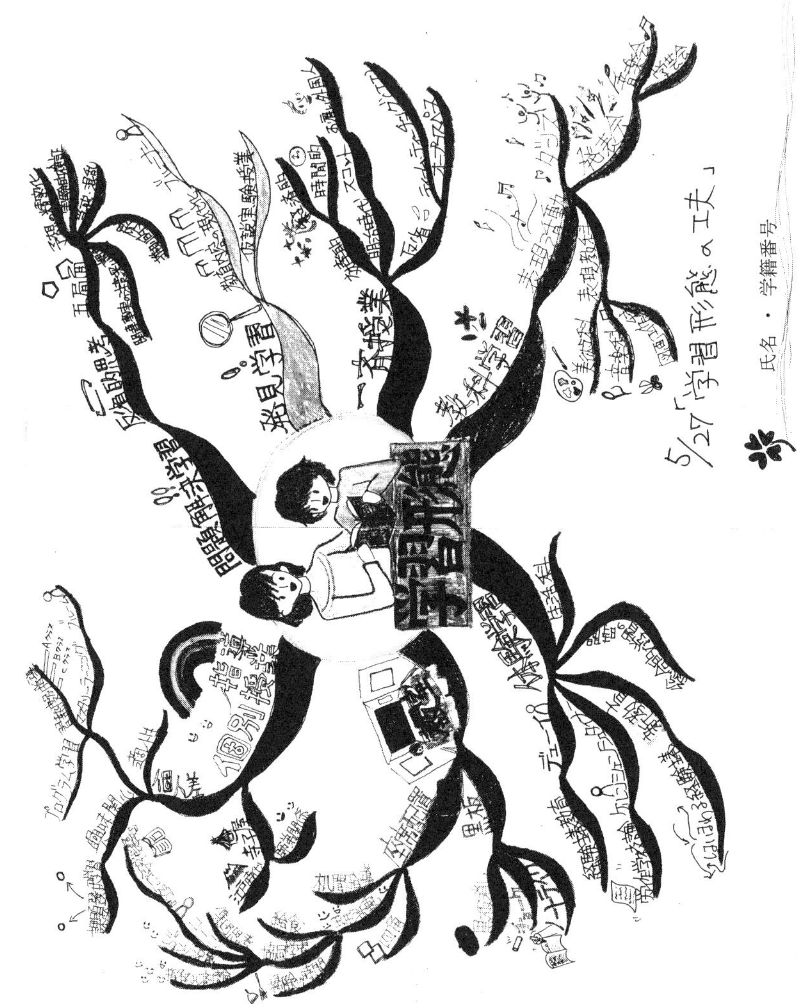

資料 7-3　学習マップ例

④ポートフォリオを使った三者面談

私は、吉田（2006）が紹介しているポートフォリオを使った三者面談を、教職課程の学生用にアレンジして実施している。この授業では毎週何かしらの学習成果物を蓄積していくために、A4サイズのポケットファイルを使って学習ファイルづくりをさせる。学期はじめに、「学び始めシート」と呼ぶ用紙（資料7-4）に自己目標を設定させ、学期終わりに「学びの旅の物語づくり」と称するリフレクションシートを作成させる（資料7-5）。それらにサンドイッチされる形で、学習成果物がファイルされる。三者面談では、教師役、生徒役、保護者役に分かれ、ロールプレイする形で、生徒役が自らの学びをポートフォリオを使って保護者役に説明する。教師役は司会と生徒の補助役に回る。教師が生徒を指導し、保護者がそれを確認するような形はとらせない。

実施前は大半の学生が三者面談にネガティブな感情をもっているが（挙手による目視）、実施後は半数以上が、この形の面談ならもう1度やってもいいかもしれない、という多少ポジティブな反応を示す。少なくともポートフォリオを使ったリフレクションを、ほぼ全員が肯定的に評価している。

(4) 私のアクティブラーニング

この授業は教員養成の基礎科目である。私にとって、この授業における学びとは、教職というキャリアに向けた成長である。そして、教職に就くという自覚を促すのが授業の目標である。教職教養として、この授業が学び手にとって意味のある体験になったのかどうか、あるいはどのように意味ある体験にしていけるかどうかが、私の授業の関心事である。

私はペアやグループでの活動を頻繁に用いる。協同学習と呼ばれる教育方法を採用したこの授業では、私が話している時間より学生同士が話している時間の方が長くなることも珍しくない（私の協同学習に関するスタンスは関田（2004, 2005）を参照）。したがって、授業時に私が直接に提示・解説できる情報は限られる。

教科として必要な情報は教科書に記載されているから、それを読んでもらえばいい。授業ではそうした予習を前提に、教科書とは異なる切り口や口上で、私が大切と考えるトピックを扱う。予習確認も含め、仲間同士で授業準備を進

資料 7-4　学び始めシート

____________________ 学び始めシート

年　　月　　日

この授業を履修することで達成したい目標（理解したいこと、身につけたいこと、など） 今のやる気を点数にすると100点満点中 点
上記の目標達成に向けて取り組む意義（目標達成したらどんな良いことがあるのか、何のために頑張るのか、など）
目標を達成するために、心がけたいことや挑戦したいこと
目標を達成するために、あなたが利用できる（利用したい）リソース（資源・援助など）
確認サイン 私は、この授業のシラバスをよく読み、授業方針や課題について理解・了承したうえで履修します。 署名 ____________

※最初に出席した授業から 1 週間以内に記入し、ポートフォリオに収めてください。

資料7-5　学びの旅の物語づくり

学びの旅の物語づくり——リフレクション・ペーパーを書こう

学期も終わりに近づき、あなたのポートフォリオ（学習ファイルとも呼ばれます）の中身もだいぶ厚くなってきた頃でしょう。ポートフォリオの使い方には様々ありますが、ここではファイルの中から自分の学び（成長）のエッセンスを抽出する作業として、リフレクション・ペーパーを書いてみましょう。

学びの旅の物語づくり

ポートフォリオに収められた数々の思い出（苦労して書いたレポートやマインドマップ、友人からの暖かいコメントいっぱいのジャーナル、などなど)、それらはあなたがこの授業を通じて一つひとつ作ってきたものです。それらの積み上げられた学習成果物は、あなたの学びを跡付ける大切な証拠でもあります。ですから、世界に一つしかない貴重な足跡をじっと見つめることで、その足跡がつけられていった日々の学習が、あなたの中に蘇ってくるはずです。

学期のはじめ、何を思ってこの科目を履修したのでしょう。最初の授業に集ったとき、はじめの課題に取り組んだとき、教科書を買ったとき、あなたは何を感じ、何を求めていたのでしょう。この授業を通して、どんな力（知識や技能）を求めていたのでしょう。

授業が進んでいく中で、求めるものを手に入れるために、どんな努力をしたのでしょう。きっと色々な冒険や挑戦、様々な出会いと試練があったはずです。大きな課題をやり終えて、今はどんな気分でしょうか。旅も終わりに近づいて、改めて自分についた力を確かめてみましょう。そのために、次の項目について具体的に（ファイルされた事実に基づいて）書き出してください。ワープロを使い、A4サイズの用紙で1～2枚の分量です。

1) 学期のはじめに立てた目標（この授業を通じて身につけたかった知識や技能)、および中間振り返りで立てた修正目標
2) 目標達成のために意識したこと、努力したこと
3) 積み重ねた学習成果物を改めて眺めなおすことで見えてきた自己の成長（できるようになったこと、わかるようになったこと、考えるようになったこと、そしてこれからの目標)

「はじめに」と「おわりに」の作り

まず、ポートフォリオを使って自分の学習を振り返る、という作業を体験した感想を書きまょう。それがこの物語の「おわりに」にあたります。そして、あなたのポートフォリオに素敵なタイトルをつけましょう。そのとき、そのタイトルの由来や込めた思いなどを含んだ序文を書きます。それが「はじめに」になります。どんなに短くても構いません。でも、自分の学びは大切にしてください。自分の学びに誠実であって欲しいと思います。世界に一つしかない、あなたの大事な学びの仕上げに相応しいものであってください。

※「はじめに」と「おわりに」には別々に印刷して、ポートフォリオの最初と最後に入れましょう。

めるグループ学習をベースにした部分が約30分、問いかけて、考えさせ、交流し、確認する、という一斉指導とグループ学習を交互に組み合わせた部分が約60分という流れが標準的である。このように学生が主体的に学習活動を行う機会が、確かに、そして効果的に組み込まれた授業を私はアクティブラーニングと考えている。

加えて、この授業が学習者のキャリア形成にいかにつながっているかを意識させることで、アクティブラーニングの質を高めたいと考えてきた。そのために、１つ１つの課題や活動の意義を意図的に語ることを試みている。具体的には以下のようなやり方である。

授業開始時にグループの仲間同士に挨拶させる際には、「同席した学友の学びを気遣うことができずに、受け持ちクラスの生徒の学びを気遣えますか？」と問い、ジャーナル交換では「コメントを読んで元気になる生徒をイメージしてコメントが書けていますか？」と促す。マインドマップによる相互説明では「短時間でポイントをわかりやすく語れるかどうか、教師に必要な技量ですね。マップのキーワードを手掛かりに、相手に合わせて説明できる力をしっかり磨いていこう」と呼びかける。

このように授業を通じて「教え方」（説明の仕方、質問の仕方、ほめ方など）の演示と練習を行うことで、学生たちは「授業で学ぶ」という意識を高めていく。

(5) 第１節のまとめ

ここまで、私の授業で使われる道具や指示の仕方など、授業テクニックに関する話が前面に出ていた。けれど、授業テクニックの話ではなく（むろんそれも大事であり、授業設計と分かちがたく結びついているが）、どのような課題をどのように配し、どのように取り組ませるか、という授業設計の話として受け止めてほしい。ワークシート１つでも、それを使ってどのように活動させるかによって学生の活動性や能動性は異なる。

成果はあったのか？

学生が学期末に行う授業アンケートによると、この授業の授業外学習時間は、週平均２時間以上であり、授業満足度は５段階で4.5前後、というのがここ数年の結果である。これは同規模の講義系科目では最上位群に入る。本学の授業は原則公開であり、稀に訪れる見学者からは、確かにアクティブラーニングが行われているとして高い評価を戴いている。しかしながら、教科書内容の定着あるいは学習体験の転移がどの程度なされているのかは、１回の授業参観からは不明である。そこで以下、第２節では、学生が残していったポートフォリオを資料とした質的分析によって、私の授業のインパクトについて検討してみたい。

2. 検証編――授業を振り返る――

(1) 方法

本章第１節では、第１著者である関田が授業者としての視点から教職科目「教育方法」での自らの教育活動を考察した。第２節の目的は、第２著者である三津村が学習者（関田の「教育方法」を過去に履修した学生）の視点から、関田の教育活動を分析することにある。三津村は、「教育方法」を過去の同一時期に履修した学習者群が学期末に提出したポートフォリオ（主に平成23年度前期履修者50人分）を閲覧し、まずは関田の「教育方法」という授業の内容把握に努めた。ポートフォリオには、学習者が学期当初に掲げた目標（「学び始めシート」）、学習活動（予習マップ、対話ジャーナル、三者面談ロールプレイ）の記録綴り、学期末の振り返り（「学びの旅の物語づくり」）が整理統合されており、学習者の学期を通した学びや成長を時系列的、包括的に確認することができる。その後、すべての学習成果物が欠落せずに付帯されているポートフォリオに限り重点的に精査し、学習者にどのような学びが発生したのかを解釈しようと試みた。対話ジャーナルには、各回の授業での学びや気づき（各回の学習内容の要旨の記述ではない）が描写されており、学習者が、半期という期間で起こった学びを振り返るにあたり、学び（方）の変容、学びの質の高まり、学習者としての成長の過程を自己省察的に見つめ直す有効な機会となっている。三津村は、ポートフォリオの内容を分析しながら、それぞれの学習者の学びに存在するエッセンスの抽出を試みるとともに関田の授業設計の特徴を把握することを目標とした。なお、ポートフォリオ分析が一通り終了してより、三津村は、関田が開講する他の科目「教育調査・統計」（平成25年度後期開講）に、一学期間を通じて授業観察目的で参加した。この授業観察は、後に実施するインタビュー調査において、学習者の語りを理解するにあたっての有益な経験となった。

三津村は、その後、授業観察・ポートフォリオ分析において生起したリサーチ・クエスチョンに対しての学習者側の視点を獲得するため、またさらに関田の授業設計とそれから派生する教育効果の複層的な分析を可能とするため、上述の学習者群とは異なる時期に関田の「教育方法」を履修した学習者群にインタビューによる追調査を実施した。インタビューは、約1時間の半構造化インタビュー形式を採用し、過去5年以内に「教育方法」を履修した計7名の調査協力者に、同科目を履修した際の学習経験の振り返りを促す質問項目を基盤にしながら、①どのような学びが発生したか、②いかなる授業者の働きかけがあり、それは（学習者に）どのような効果をもたらしたと思うか、③今日まで持続的な影響を及ぼしている効果はあるか等についての体験的な語りを促し、関田の「教育方法」の授業評価・分析を求めた。インタビューを受けた7名の調査協力者の内訳は、初等中等教育教員志望学生5名（大学生4名、大学院生1名）、教員2名である。なお、同教員2名は、学士号を取得後に大学院修士課程に進学し、現在は、助教として英語教育に従事している。ICレコーダーによって録音された音声データは、音声自動認識ソフトを用いて文字データへ変換され、質的に分析された。質的分析にあたっては、オープンコーディング、焦点化コーディングの2種のコーディングの過程を経て、概念カテゴリーを生成し、「教育方法」において生起した学びを構造的に読み解こうと試みた。

(2) 考察

関田の「教育方法」を履修した学習者にどのような学びが起こり、学習者はその学びにいかなる意味を見出したのか、そしてその学びは学習者のその後にどのような影響を及ぼしているのか、三津村に課せられた役割を端的に述べると、「教育方法」を履修した学習者の学習経験の精査とその学習経験が学習者に及ぼす持続的な影響の検証にある。調査協力に応じてくれた元学生ら（以下、元学生ら）の語りを質的に分析した結果、次の3つの概念カテゴリーを生成するに至った。それらは、①「学びへの責任」、②「学びへの意欲」、③「学びへの省察」の３要素である。元学生らは、これらの自発的な内面活動を誘発・援助する学習経験の中に意味を見出し、その経験は、その後の人生（学習また教育活動）においても一貫して肯定的な影響を与えているとの認識を共有していた。以下では、それぞれの概念カテゴリーについて考察を加える。

①学びへの責任

第１に、元学生らが意味のある学習経験の１つとして挙げるのは、学習者同士が「学びへの責任」を共有したということである。換言すると、自己の学びと相手の学びの双方に対する責任意識をそれぞれの学習者が内化し、その教育効用を共同体験したことを意味する。その教育効用とは、自他共の学びへの責任を果たすことによって、自らの学びが相手を利し、また相手の学びが自らのためになることを実体験したことを表す。関田が第１節でも言及しているように、「教育方法」においては個々の学習者が授業形成への自覚と責任意識をもたない限り授業が進まない（というよりは、成立しないと言ったほうがよい）。元学生の１人は、「教育方法」の授業構成が、「学習者が８割で、授業者が２割位のイメージ」であったと述懐する。他の証言者らも同様の認識をもっており、また科目は異なるが、三津村が授業観察した「教育調査・統計」においても同じ印象を受けた。

学習者が、学びのコミュニティを構成する一員としての責任を自覚してこそ、「教育方法」という授業が確立する。例えば、学習者は、授業の事前準備として、次回の授業で取り扱う学習内容を予習マップ（関田・山﨑・上田, 2016）の技法を用いて概念化することを求められる。また、前回の授業での学びや気づきを対話ジャーナルに書き留めて次回の授業に持参する。毎授業の冒頭において、予習マップと対話ジャーナルは、ペアワークを通して相互に開示される。予習マップでは、概念図の中に展開されている思考の概説を求められる。対話ジャーナルでは3~5分で相方のジャーナルを読み、さらにその内容への返答コメントを書かなければならない。これらの学習活動は、それぞれの学習者が課題を達成した状態で出席しない限り、学び自体が成立しない。これは一見、強制的な相互依存関係として読者の目に映るかもしれないが、インタビューにおける元学生らの証言からは、きっかけは強制的でもその後は自分たちで互恵的な相互依存関係を構築していたことが確認された。予習マップを用いたペアワーク活動においては、まずは互いの成果物の説明について傾聴することが求められ、その後フィードバックの交流が行われる。複数の元学生らは、この相互交流から学び得たことが多いと述べており、それは自らの予習マップをより良い成果物に向上させたいという能動性につながっていったことを示している。また対話ジャーナルにおいても、「[相方からの] その言葉の１つ１つが自信になっていった」と述懐しており、自らの学びや気づきが相方に肯定的に受け入れられることで自己肯定感が高まり、それがさらに相方に「少しでも有意義なコメントを返してあげたい」という好意・互助感情を反響作用のように誘発したものと考えられる。これらの活動は、自己と他者の学びに対する責任意識を高め、互いの学びに建設的に関与するように意図して設計された協同的で互恵的な学習活動が、学習者個々の自立的学習思考の涵養に寄与した可能性がある。

関田は、協同の文脈を援用することで、〈「学び」というのは、授業者–学習者という関係性の中で授業者から一方向的に付与される知識をただ受容する状態を指すのではなく、学習者自らまた学習者相互の交流の中から能動的に生み出すものである〉という「学びの創り手」としての責任を意識化させるとともに、その責任の履行がお互いを利することを共同体験させることに成功したと言える。すなわち、学びのコミュニティにおける教師の権限が可能な限り学生に委譲されたことで、学習者は、教師への依存性から解放され、学習者同士で互いを支え合いながら、個として自立する態度を獲得したものと考えられる。

> 「学生が動かないと授業が成り立たないというのは、他の授業と全然違ったなという印象でした。」
> 「授業の内容の主なものが全部学生主体だったなというのは感じます。」
> 「受けている人同士の関係みたいなのはすごく重要視されてる場というか、気がしますね。主役はあなた達みたいなメッセージがなんか色んな形で出されていたんじゃないかな。」

関田の「教育方法」に導入されているそれぞれの学習活動の仕掛けを眺めると、その根底に協同の理念を据えることにより、そこに協同の価値を誘発させようとの授業設計意図が感じられる。関田（2007）は、（逆説的に聞こえるかもしれないが、）協同教育は突き詰めて言えば、自立的学習者の育成にこそ、その目指すべき目標があるということを強調している。協同教育は、従来の授業者への集権的な教育形態また授業者-学習者間のパワーバランスの不均衡を再考察し、学習者間のインタラクションを活性化することによりそのパワーバランスを是正しようとする試みであるのと同時に、学習者個人のエンパワーメントにその主眼が置かれている。協同という行為を通して、すなわち他者とのつながり合い、支え合いの中で、個々人がより強固な存在となることを志向する。要約すると、関田の「教育方法」を履修した学習者は、自らの学びまた他者の学びへの責任を自覚し、自己の学びと他者の学びに建設的に参画しながら互いに成長しようとする体験を獲得することで、「学び」という能動行為への自立的思考を醸成し、授業者からの教授をただ待ち受けるという消極的な学習態度への挑戦を経験したと言える。

②学びへの意欲

第２に、元学生らは、自らの学びへの意欲が、教師の振る舞いによって引き出されたという経験の中にも意味を見出した。これは、上述のような仲間との協同的な学習経験から自発的な意志が醸成されたということ以外に、教師の働きかけが直接、学習者に肯定的で持続的な影響を与えたことを示唆している。学習者は、関田の教師としての振る舞いに啓発され、自らの内発的な動機づけによって学びへの一層の関与を体験したと口述するが、その体験は、将来、自らの教育活動において児童生徒の学びへの意欲をいかに引き出すのかという問いへの手がかりとなった模様である。

ここでは学習者の意欲を引き出す授業者の発話（「言葉かけ」）に着目する。元学生らは、関田の独特な語り口調に教育的な効用があることを証言した。その語りの特徴とは、「共感的な語り」、「内省を促す語り」、「ケアの語り」の３つに集約できる。前節で述べたように、関田の「教育方法」において学習者の発話率（発話時間の割合）が他の授業者の科目と比べて圧倒的に多い要因としては、まず学習者間のインタラクションを基盤とする授業設計に依拠していることが挙げられるが、教師の学習者への「言葉かけ」が学習者の能動的な発話態度に肯定的な影響を与えていることも看過できない。元学生らの証言によると、関田は、学習者のどのような発言に対しても、決して否定するのではなく、まずは共感しようとする。そして、学習者の発言を授業展開に有益なものとして賞賛する。こうした授業者の共感的な姿勢は、学習者が安全にまた快適に意見を述べやすい環境の醸成に貢献している。

「何を言っても否定は絶対しないし、否定せずに、『うん、そういう考え方もあるね』って感じでフォロー、フォローじゃないけれども、あ、でもそれもフォローって感じさせないですよね。本当にそう思ってくれたんだってふうにとらえられる。」

「何とか共感しようと話してくれている感じが強いんですよね。そういうのはもちろんプラスに働いていると思います。」

次に、「内省を促す語り」である。教師としての自覚や毎授業の冒頭における「今日は何を学びにきたのか」という学習者としての自覚を促す発問に始まり、１つ１つの学習活動がいずれ教師になった際にどのように生きるのかという意味づけを学習者に連想させる。これは、個々の学習活動が将来の教育活動にいかに連動しているのかを学習者が意識化することで、学習者はその学びに内在する教育的意義を再確認また再構築し、自ら学びへの意味づけを体験することと符合する。すなわち、現在の学びが将来、どのような文脈において生かされるのかという実現可能性や応用性を学習者にイメージさせることで、目前の学びに対して、学習者に自発的な動機づけを促しているものと推察できる。

「『今日は何を学びにきたのかな、何のためにきたの、何を勉強するの』と最初に絶対聞かれたっていうのは、とても印象深い。他の教授の方はそんなこと絶対言わないので。」

「関田先生はここを掘り起こしてくれるというか、あなたの中にあるものをもう一度見てご覧みたいな感じの言葉かけが多かった。」

「学生の中にあるものを、引き出す、うまく引き出すというか、そういうテクニックの話だったりとか、授業の構成だったりとか、そういうのはすごく勉強になった。」

「そういう元々持っている重要な将来教員になって、教育者としてやっていきたいと思っている、そういう気持ちを関田先生はそのくいっとなんか引き出すというか、あのおおらかなしゃべり方で一つひとつのことにそういう皆さんが先生になった時にもこういうことが大事だよっていう、ちゃんと意味づけをして下さる。」

また複数の学生らの証言は、授業内容とは関連のない「ケアの語り」がとりわけ印象に残っていることを示唆している。例えば、教室に遅れて入室した際に掛けられた何気ない温かな一言や、前回の授業を休んだ次の授業の冒頭でそのことに優しく言及された記憶などである。教師が学習者の状況を良く把握し、少しの変化（顔色や態度など）にも反応を示すということは、学習者にとっては、教師から自らの存在が確かに認知されているという安心感、また見守られているという信頼感につながる。高等教育においてはさほど重要視されないようなこうした教師と学生の間の交流ではあるが、関田の学習者を労わる発話や思いやる振る舞いに対して、元学生らは、学習への意識の高揚とさらなる学習への参画をもって（教師の人間的な働きかけに）応えたいと感じたことを述懐していた。これは、ある意味において「義理」の概念として理解できる。学習者の動機づけ理論は、大別して外発的なものと内発的なものに分離できよう。今日の高等教育の文脈では、外発的な働きかけ（シラバス、ナンバリング、GPA制度等）をもって学習者に学びを促すという取り組みから、いかに自発的に学びへの意欲づけまた学びへの計画及び評価を行うことができる自立型の学習者を育成するかという視点への転換が見受けられる。元学生らは、関田の語りや振る舞いは、数年経た後においても、確かな影響が残存することを口述しており、例えばその後教育実習に赴いた１人の学生は、「[子どもたちを前にして]頭に浮かべるのは関田先生の姿」であったと語っていた。「教育方法」における関田の存在は、学習者にとって（心理学で言うところの）モデリングの対象としての役割を果たしていると言える。

「あれだけ見守ってくれて下さってるわけだから、学習者としても応えていかないと、かいわそうだなっていうくらいな、そういう気持ちにさせてくれる雰囲気はありますね。関田先生があれだけ期待して下さるんだから。でも、そういう言葉が一番あってるかなっていうか。」

「[子どもたちを前にして] 頭に浮かべるのは関田先生の姿で、スタ

> イル、言い方とか言葉のかけ方みたいなのはちょっと実際ちょっとイメージしながら、真似てみたりしました。」
> 「私たちが教員志望だから、先生が私たちが教える立場になった時に中学生とか小学生、高校生だったり、そういう人たちとどうやって距離を縮めていくかという視点で、そういう話し方を使っているのかなと思います。」

③学びへの省察

第３に、自らの学びを振り返るという省察作業が、「教育方法」における個々の学習経験またそれらに内在する教育的価値を再考察する契機となったことは、学習者にとって意味のある学習経験であった。関田の授業設計においては、学期当初の目標設定、週刊の対話ジャーナル、中間振り返り、学期末ポートフォリオというように、自らの学びを省察する機会が周期的に用意されている。学習者は、こうした循環的な省察の機会を援用して、過去の学びの軌跡と現在の学びをつなぐ（時には乖離を埋める）だけではなく、現在の自分と将来の自分（目標とする自分）を連結しようとする努力を払いながら、未来に向かってより良い変容を遂げる意志を醸成することが求められる。この意思の醸成には、仲間の存在が欠かせない。関田の「教育方法」では、すべての省察作業が協同の文脈を援用して行われる。すなわち、自らの省察の記述を仲間に開示し、また仲間のそれを読むことで、互いに成長しようとする肯定的な空間が創出され、それはまた個々の省察作業の深まりを援助している。前項（「①学びへの責任」）においても類似の分析がなされたが、関田が目標とする協同的な活動には、「成長指向の相互依存」また「成長指向の相互評価」という仕掛けが確認できる。

> 「こんな方法で先生対自分じゃなくて、自分対生徒同士で、ピアアセスメントできるんだなあってことを学んだ。」
> 「コメントをしあう、ていうか、ペアでしあう、グループでしあう、皆で毎週違うシェアをしあうっていうのが、自分のためになったし、みんなのためになったのかなと思います。」
> 「コメントをしあっている中で、……［教職課程を］自分もやっていけそうだなと徐々に思っていけた。」

また元学生らの発話からは、学びへの省察作業が「教育方法」の１回１回の授業を接続する働きをしていたことがうかがえた。すなわち、関田の「教育方法」は、（他の教師の授業が１回１回独立しているように感じられるのに対して）授業の連続性が担保されているように感じられたとする。元学生の１人は、「前回の授業での学びを振り返り、そこをさらに掘り下げていく」というような授業展開がなされているので、１回１回の授業が「有機的に結びついている」と考察していた。これは、本時で獲得した知識・技能・態度をメタ認知する作業とも連動し、その作業は、一過性の学びを持続可能な学びへと架橋する触媒のようなものと考えられる。特に、週刊の対話ジャーナルは、授業の要旨を記述的に整理することを主要な目的としているのではなく、それよりも学習者としての学びの軌跡を認知領域・情意領域の両側面から捉えるように奨励することで、人間の根源的な営みとしての「学び」という行為とそれが自らの人生にどのような意味をもたらすのかを探求する自己内対話に昇華しているものと考えられる。

> 「単なる授業のまとめじゃないっていうのがいいんでしょうね。……『今日こういうことがあった』とか雑感とか、あと授業の内容から拾った自分が考えたこととかも書けるので、やりっぱなしにさせない点で、より頭に残るんじゃないか、次のステップにつながるんじゃないかと思いました。」

(3) 本節のまとめ

「2. 検証編」では、学習者はいかなる学習経験に意味を見出すのかという見地から、関田の「教育方法」を履修した元学生らの語りを整理・分析し、彼／彼女らの視点にそって、関田の教育観と授業設計、またそれらが学習者に及ぼす影響を考察した。本研究では、学習者は、(a) 自発的に関与した学習経験、および (b) その学習経験が学習者のその後に持続的な影響を与えていることの確証が担保されたときに、「意味のある学習経験」としての認識を共有することが確認できた。そして、意味のある学習経験が引き起こされる際の誘因となり得る「学びへの責任」、「学びへの意欲」、「学びへの省察」という３要素を抽出した。

関田の学習者への関わりは、授業設計者としての教師の役割を多面的に捉えることを促している。例えば、教科内容の整理・分析や学習活動の設計に留まらず、「学習環境としての教師」という側面が挙げられる。教育工学の知見は、授業設計において「（授業者が）何を教えるか」から「（学習者が）何を学ぶか」という学習者主体へのパラダイムシフトを奨励している。しかし従来の教育工学は、いわば（授業者の代替が想定されても効果的・効率的に作用するような）教授システムの構築を志向するので、授業者の人間性を問うことは少なかった。しかし、稲垣・鈴木（2011）は、学習者にとって授業を魅力あるものにするためには、「教師の振る舞い（声、目線、表情、服装、立ち居振る舞い）」への関心と考慮が必要であることを強調している。関田の「教育方法」を見ると、学習者が最終的に関田の協同の教育観またそれに依拠した授業設計・学習活動を受け入れ、かつそれに対して肯定的・積極的に関与していくことになったのは、発話や振る舞いに現れる関田の人格に依るところが大きく、教師の人間性と協同の教育観・授業設計は相補的な関係にあることを物語っている。

> 「[『教育方法』において]そういうシステムでやっていかなきゃいけないんだっていう、そう受け止められたのは関田先生の人格だったりとか性格だったりってのがあります。」

本研究は、学習者はいかなる学習経験に意味を見出し、またその意味の発見は、学びへの能動的な関与といかなる相関があるのかというアクティブラーニングに関わる問題（学習者がアクティブラーニングを内発的に発動する要因分析）についての議論でもある。アクティブラーニングを技法のみで論じようとする傾向を建設的に批判し、そこに深い学び、いわゆる学びの質が伴っているのかという「ディープ・アクティブラーニング」（本書）や「高次のアクティブラーニング」（河合塾, 2011, 2013）についての議論も展開されている。それは、内容的な観点からアクティブラーニングがもたらす学習の質に着目した議論の展開と言える。本研究における試みは、アクティブラーニングについての要因分析を行い、アクティブラーニングを発動する学習者の意志の醸成を後押しするような教師の働きかけ（授業設計や教師の発話・振る舞い）とはいかなるものかという点にも言及している。今後のアクティブラーニング研究において、よりいっそう多面的な分析が展開され（例えば、アクティブラーニングの中長期的な影響分析、アクティブラーニングが個と集団のそれぞれに及ぼす影響など）、さらなる研究と実践の往還が実現されることを期待する。

3. むすび

まず、本章を最後まで読んでいただいた読者に感謝申し上げる。冒頭でお願いした判断はいかがなものになっただろうか。

人は学んだことを使って人生の可能性を広げていく。浅い学びでは、人生を拓く力になりにくい。私（関田）は自分の授業が、学生たちの人生を拓く学びの機会であって欲しいと願う。そこで私は学生が、①今学んでいることは自分と関わり（意味）があると感じ、②学んだことを使ってみたい、試してみたいと思い、③学んだことが自身の成長につながっている（学ぶことで自分は有能になっている）と感じるような授業を心がけている。この３点を満たす授業を通じて現れる学びを「意味のある学習」と考えているが、おそらくそれが、結果的に、本書の焦点である「ディープ・アクティブラーニング」を生起する可能性は高いと考える。

フィンクは、「意義ある学習」（significant learning experiences）という言葉で、より精緻に良い授業の性格を示している。彼によれば、意義ある学習は次の６つに分類される（2011、pp.44-46）。彼は、こうした学習を組み込んだ授業を良い授業（コース設計）と見なしている。

- 別の学習に必要な基本的知識理解
- 他の学習に役立つ応用
- 学習者に新しい力（とくに知力）を与える関連づけ／統合
- 学習者がより効果的に他の人と交流する方法の学習や意義づけ
- 学習経験が新たな関心の度合いを高める（広がりを生む）学習
- 自律的学習者であるための学び方の学び

むろん、こうした学習経験は１回の授業内ですべて体験できるものではない。学期を通じた学習経験の積み重ねの中で、ディープ・アクティブラーニング、あるいは意義のある学習が現れてくるとみるべきなのだろう。私の授業は、ポートフォリオを使って、毎回の振り返りと、学期を単位とした振り返りを可能にしている。つまり、ポートフォリオに蓄積されるに相応しい学習体験を毎回の授業に仕込んでおいて、学生が振り返るときには、（自然に）自らの学びが意味のあるものであったと感じられるように、コース設計しているのである。学期全体の見通しの上になされる授業デザインの工夫の中に、ディープ・アクティブラーニングの成否はかかっている。

【まとめ】

■学生が学習内容そのものに意味を見出しにくいときでも、学習活動を意義づけることは可能である。教職科目であれば、自分が教員になったとき、どのように教え語るべきなのかを意識させる課題（活動）が有効である。そして、そうした課題や活動をどのようなメタファに包み、あるいはどのようなストーリーに載せて学生に提示するかがポイントになる。

■成長を実感できる振り返りを容易にする道具や方法はいろいろある。要は使い方である。例えばポートフォリオを使うにしても、毎回の振り返りを蓄積することで、学期全体の振り返りが可能になる。

　言い換えると、ポートフォリオに蓄積されるに相応しい学習体験を毎回の授業に仕込んでおいて、学生が振り返るときには、（自然に）自らの学びが意味のあるものであったと感じられるようなコース設計が、ポートフォリオの良さを引き出してくれる。

■学期を通じた学習経験の積み重ねの中で、ディープ・アクティブラーニング、あるいは意義のある学習が培われ、自覚できる形として現れてくるとみるべきなのだろう。学期全体の見通しの上になされる授業デザインの工夫の中に、ディープ・アクティブラーニングの成否はかかっている。

注

1）　PODの正式名称は、Professional and Organizational Development Network in Higher Education で、FDに関するアメリカ最大の専門職団体である。

文献

バークレイ, E. F.・クロス, K. P.・メジャー, C. H.（2009）『協同学習の技法―大学教育の手引き―』（安永悟監訳）ナカニシヤ出版.

稲垣忠・鈴木克明（2011）『授業設計マニュアル―教師のためのインストラクショナルデザイン―』北大路書房.

河合塾（2011）『アクティブラーニングでなぜ学生が成長するのか―経済系・工学系の全国大学調査からみえてきたこと―』東信堂.

河合塾（2013）『「深い学び」につながるアクティブラーニング―全国大学の学科調査報告とカリキュラム設計の課題―』東信堂.

関田一彦（2004）「協同学習のすすめ―互いの学びを気遣い合う授業を目指して―」杉江・関田・安永・三宅（編）『大学授業を活性化する方法』（pp. 57-106）玉川大学出版部.

関田一彦（2005）「集中講義「教育心理学」が受講者の心理的態度に与える影響」『創価大学教育学部論集』56号, 71-78.

関田一彦（2013）「学生の授業外学習時間増進に資する予習・復習課題の工夫：協同学習の視点からのいくつかの提案」『創価大学教育学論集』64号, 125-137.

関田一彦（2013）「二重テスト方式とクリッカーを併用したコラボテストの運用改善」『平成25年度ICT利用による教育改善研究発表会』私立大学情報教育協会.
（http://www.juce.jp/archives/kaizen_2013/c-05.pdf）

関田一彦・山﨑めぐみ・上田誠司（2016）『授業に活かすマインドマップ―アクティブラーニングを深めるパワフルツール―』ナカニシヤ出版.

高木正則・坂部創一・望月雅光・勅使河原可海（2010）「作問演習システム「CollabTest」の講義への適用とその評価」『教育システム情報学会誌』27巻1号, 74-86.

フィンク, D.（2011）『学習経験をつくる大学授業法』（土持ゲーリー法一訳）玉川大学出版部.

吉田新一郎（2006）『テストだけでは測れない！　人を伸ばす「評価」とは』NHK出版.

【さらに学びたい人に】

■ジョンソン, D.・ジョンソン, R.・スミス, K.（2001）『学生参加型の大学授業―協同学習への実践ガイド―』（関田一彦監訳）玉川大学出版部.

大学における協同学習（cooperative learning）について、アメリカでも最初期に出された本の翻訳である。小中学校の指導法として広まった協同学習が、大学においても求められる理由と具体的な技法の解説がなされている。今の日本の大学教員にとって得るものの多い“古典”である。

■フィンク, D.（2011）『学習経験をつくる大学授業法』（土持ゲーリー監訳）玉川大学出版部.

意味／意義ある学習に関する授業設計について、著者の長年にわたる教育コンサルテーションの経験を踏まえ、包括的に解説されている。授業設計の基本を理解した授業づくりの中・上級者向けのテキストである。英語を苦にしなければ、http://www.designlearning.org/ でワークショップや実践事例の情報が入手できる。

第8章

【歯学】

教室と現場をつなぐPBL

——学習としての評価を中心に——

小野　和宏・松下　佳代

大学教育の質的転換の要請から、問題解決を目的としたアクティブラーニングである Problem-Based Learning（PBL）が注目を集めている。さまざまな学問分野で取り入れられ、また共通教育として PBL を全学的に導入する大学もみられるようになった。しかしながら一方で、早くから PBL を実施している医療系大学のなかには PBL を廃したところもあり、学習の形態にとどまらず、PBL が機能するうえで何かしら重要なポイントがあるものと思われる。

本章では、新潟大学歯学部における PBL の実践ならびに問題解決能力を直接評価する改良版トリプルジャンプの開発について述べ、PBL が教育効果を発揮するためには、学習成果を適切に評価すること、そして評価が単なる学習の評価であるだけでなく、それ自体が学生の学習経験にもなるような「学習としての評価」であることが求められることを示す。

1. 2つのPBL

近年、大学教育の質的転換が求められている。2008年12月に出された中央教育審議会答申「学士課程教育の構築に向けて」では、「知識・理解」とともに、論理的思考力、問題解決力、コミュニケーション・スキルなどの「汎用的技能」や、チームワーク、リーダーシップ、市民としての社会的責任などの「態度・志向性」、ならびに「統合的な学習経験と創造的思考力」が学士課程教育共通の学習成果としてあげられ、知識だけでなく、その活用力を備えた学生の育成が求められた。また、2012年8月に出された同答申「新たな未来を築くための大学教育の質的転換に向けて――生涯学び続け、主体的に考える力を育成する大学へ――」では、「アクティブラーニング」をキーワードとして、より具体的な形で大学教育の質的転換が唱えられている。

このような背景のもと、課題解決を目的としたアクティブラーニング、すなわち「高次のアクティブラーニング」といわれるPBLが注目を集めている（河合塾, 2013）。PBLはProblem-Based Learning（問題基盤型学習）またはProject-Based Learning（プロジェクト型学習）の略であり、それぞれ1960年代、1990年代から、おもに問題基盤型学習は医学教育で、プロジェクト型学習は工学教育で発展してきた教育方法である。両学習デザインとも知識は学習者が自ら構築するものであるという構成主義の考えにそっており、真正性の高い課題に少人数のグループで取り組み、学習者自身が学びをマネージメントし、それを教員がファシリテータとしてサポートするという活動の枠組みを共有している。その一方で、問題基盤型学習では学習プロセスが明確に定義され、活動デザインに反映されているのに対して、プロジェクト型学習ではそれが個別の実践に委ねられているという違いがあるとされている（湯浅ほか, 2011）。

本章では、問題基盤型学習、すなわちProblem-Based Learningに焦点をあて、新潟大学歯学部の実践事例をもとに、ディープなアクティブラーニングへと学生を導くうえで、どのようなことが求められるのか、とくに学習としての評価という視点から考えてみたい。

2. PBLの実践

(1) PBLとカリキュラム

新潟大学歯学部は、国立大学歯学部として1965年に設立され、当初は歯科医師を養成する歯学科のみであったが、2004年に超高齢社会のニーズに応えるべく、口腔保健・歯科医療・福祉の連携にもとづく包括的なサービスの提供を目的として、歯科衛生士と社会福祉士の能力をあわせもつ人材を養成する口腔生命福祉学科が設置され、現在は、歯学科と口腔生命福祉学科の2学科から

表8-1　卒業時に獲得が期待される学習成果

知識・理解	
1	口腔の構造と機能を理解する
2	高齢者や障害者の身体的、心理的特徴を理解する
3	口腔の健康増進とオーラルヘルスケアの重要性を理解する
4	歯科疾患の診査、処置、予防の原理・原則を理解する
5	歯科医療の実践が基盤としている法医学、倫理的原則を理解する
6	社会福祉と社会保障の全体像を理解する
7	児童福祉、高齢者福祉、障害者福祉の理念と意義を理解する
8	医療提供体制と医療保険制度を理解する
専門的能力	
9	歯科医療において適切な感染予防対策を行う
10	歯科医療において安全の確保を行う
11	個人、集団、社会に対して有効な歯科保健指導を行う
12	インフォームドコンセントの原則を遵守する
13	科学的根拠にもとづいた歯科予防処置を実践し、その成績を評価する
14	正確な患者・利用者の記録を作成し、適切に保管する
15	適切な歯科診療補助を行う
16	社会福祉援助技術にもとづいた適切な活動を行う
汎用的能力	
17	自ら問題を見つけ、必要な情報を収集、分析、統合し、問題を解決する
18	適切に自己評価する
19	統計スキルを用いてデータを処理する
20	時間管理と優先順位づけを行い、定められた期限内で活動する
21	日本語や英語により口頭で、また文書を用いて有効なコミュニケーションを行う
22	チームのメンバーと協調し、リーダーシップを発揮する
23	必要に応じて専門家の支援やアドバイスを求める
24	ICT（Information and Communication Technology）を活用する
態度・姿勢	
25	倫理的、道徳的、科学的な意思決定を行い、結果に対して責任を負う
26	さまざまな文化や価値を受容し、個性を尊重する
27	すべての患者・利用者に対して親身に対応し、相手の権利を尊重する
28	個人情報・医療情報の秘密保持に万全を期す
29	自分の利益のまえに、患者・利用者ならびに公共の利益を優先する

（注）口腔生命福祉学科を示す。「汎用的能力」「態度・姿勢」は、歯学科、口腔生命福祉学科共通である。

なる。歯学科は6年制、口腔生命福祉学科は4年制で、1学年の学生数はそれぞれ40名、20名であり、両学科ともに、「学士課程教育を歯科医療従事者としての生涯学習の最初の段階と位置づけ、問題解決能力の育成を重視し、その

図 8-1　PBL の学習風景
（写真掲載については学生の同意を得ている）

後に続く大学院や実社会での学習のなかで専門性を主体的に向上させうる人材を養成する」という基本的認識を有している。そこで、卒業時に獲得が期待される学習成果を、「知識・理解」「専門的能力」「態度・姿勢」に、「汎用的能力」を加え、4 つの観点に分類し定めるとともに（表 8-1）、歯学教育という文脈のなかで問題解決能力を育成するために、2004 年度から、すなわち、口腔生命福祉学科では学科開設と同時に、PBL を教育課程に導入した（小野ほか, 2006; 小野ほか, 2011）。

新潟大学歯学部の PBL は、スウェーデンのマルメ（Malmö）大学歯学部の方式（Rohlin et al., 1998）に準拠している。この方式では、まず学生たちは、授業において、テューターのファシリテーションのもと、7〜8 名のグループ学習を行う（図 8-1）。最初にシナリオと呼ばれる事例から事実を抽出し、その事実から生じる疑問や考えを話し合う。次に学生たちは、疑問を解決したり、自分たちの仮説を検証したりするために、どのような知識が不足しているか確認し、学習課題を設定する。その後、学生たちは授業外で個々に学習課題について調査する。1 週間後、再び教室に集まり、調査した結果をグループで検討し、自分たちの仮説が妥当であったか否か議論して問題を解決する。このように、

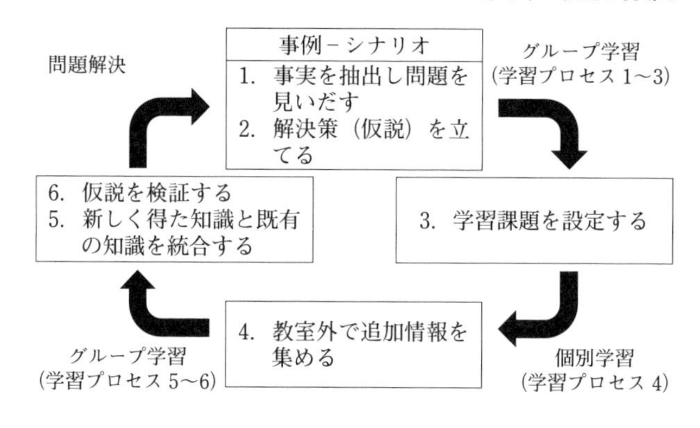

図8-2　PBLの進め方

PBLでは、授業でのグループ学習、授業外での個別学習、授業でのグループ学習という3つのステップをたどりながら学習が進められる（図8-2）。事例をもとに、グループメンバーと議論しながら、問題を解決する過程を通して学ぶことから、PBLの効果として、統合された深い知識・理解の習得、問題分析・問題解決能力の育成、対人関係能力の育成、継続的な学習意欲の涵養があげられている（Barrows, 1998）。

PBLは、歯学科では第5学年に、口腔生命福祉学科では第2学年から第4学年に行われているが、ここでは、口腔生命福祉学科のPBLカリキュラムについて述べる。

1学年は前期、後期の2学期からなり、1学期は15～16週で構成されている。学期を学習の大きな基本単位としてとらえ、それぞれの学期で中心となる学習内容を設定しており、各学期にはそれに関係する5～16の授業科目が含まれている。それぞれの学期における学習内容は、現代の社会状況を背景として選択され、単純なものから複雑なもの、あるいは口腔から個人、個人を取りまく社会に関するものと配置されている（表8-2）。また、学期内においても、各授業科目の実施順序は学習内容により決められ、第1学年を除き、通常のように毎週1回で学期を通して開講する形には必ずしもなっておらず、いわゆる、モジュール制カリキュラムになっている。

授業には、PBLをはじめ、講義、実習、演習を用い、これらを適切に組み

表8-2　それぞれの学期で中心となる学習内容

	前　期	後　期
第1学年	**大学学習法と人間としての成長** ・学習スキルの修得と主体的な学習態度 ・深い教養の涵養 ・患者・利用者をはじめとしたさまざまな人とのふれあい	
第2学年	**口腔の健康増進と歯科医療従事者としての自覚** ・口腔の構造と機能の理解 ・オーラルヘルスケアの重要性の理解 ・感染予防対策の修得 ・歯科医療従事者としての自覚	**軽度な歯科疾患の診査・処置・予防** ・一般成人を対象とした軽度なう蝕、歯周疾患の診査、処置、予防の理論と実践 ・個人を対象とした歯科保健指導の理論と実践 ・保存歯科診療補助の基本的技能の修得
第3学年	**進行した歯科疾患の診査・処置・予防** **社会福祉と社会保障の基本的理解** ・一般成人を対象とした進行したう蝕、歯周疾患の診査、処置、予防の理論と実践 ・集団歯科保健指導の理論と実践 ・小児歯科、矯正歯科診療補助の基本的技能の修得 ・社会福祉と社会保障の全体像の理解	**高齢者・障害者の理解と対応** ・高齢者や障害者の身体的、心理的特徴の理解と対応 ・口腔外科、補綴歯科診療補助の基本的技能の修得 ・児童福祉、高齢者福祉、障害者福祉の理解
第4学年	**個人および社会の視点からみたオーラルヘルスプロモーションの実践** ・歯科衛生士臨床実習、社会福祉士現場実習を通した知識・技能・態度の統合 ・地域歯科保健活動の理論と実践 ・医療提供体制と医療保険制度の理解 ・歯科医療従事者としての意識の向上	

合わせて教育を行っている。まず、第1学年前期に演習方式で開講される「大学学習法」で、論理的思考力と学習スキルを身につけさせる。その後、第2学年から卒業まで、PBLにより統合された知識を習得させるとともに、問題解決能力、対人関係能力を向上させる。また、入学後早期から継続して実際の患者に接する機会を設け、歯科医療従事者としての自覚と態度を涵養する。なお、PBL、講義、実習、演習を有機的に配置し、それぞれの学習内容に関連性をもたせている。教室で学んだことは、時を移さず模型を用いて実習する、あるいは医療・福祉の現場で実際に目にすることができるように、関連した内容の授

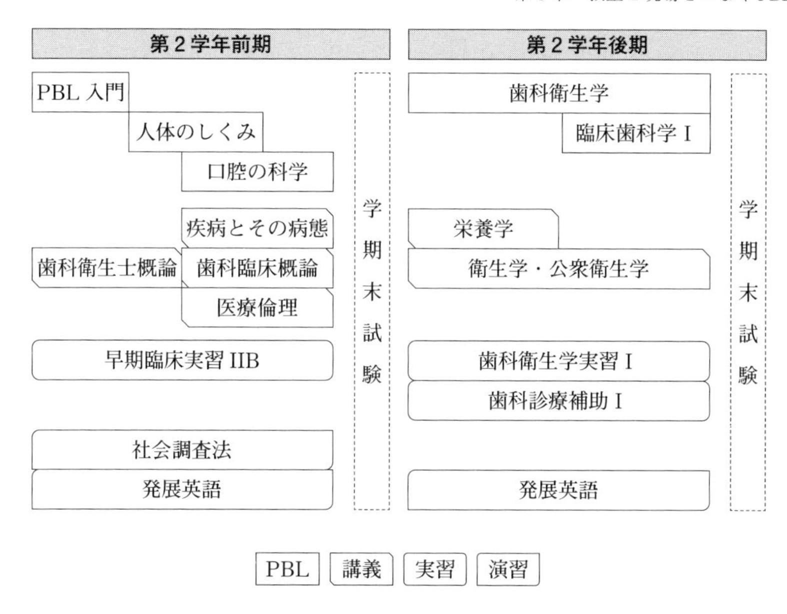

図8-3　1年間のPBLカリキュラム

業はその形態によらず、可能な限り同時期に実施している。

具体的に、1年間のカリキュラムを、第2学年を例として示す（図8-3）。

第2学年前期は専門教育への本格的な導入学期であり、PBLを理解し実践する、歯科衛生士や社会福祉士の役割と業務の実態を把握する、口腔の構造と機能を理解する、口腔疾患の病因と病態を理解する、感染予防対策を身につける、ということに重点が置かれる。前期最初の「PBL入門」でPBLの学習方法を学び、その後、「人体のしくみ」「口腔の科学」の授業科目でPBLにより学習を進めていく。また、「早期臨床実習IIB」では、総合病院、保健所、福祉相談センター、特別養護老人ホームなどの学外の施設に出向き、各施設の患者・利用者、職員とのふれあいを体験する。後期は、前期での知識と技能をもとに、PBL科目「歯科衛生学」や「歯科衛生学実習I」などにより、軽度な歯科疾患の診査、処置、予防について学習する。基本的に2学期制であるが、学生の学習が円滑に進むように各授業科目を配置し、ゆるやかな4学期制ともいえる組み立てになっている。

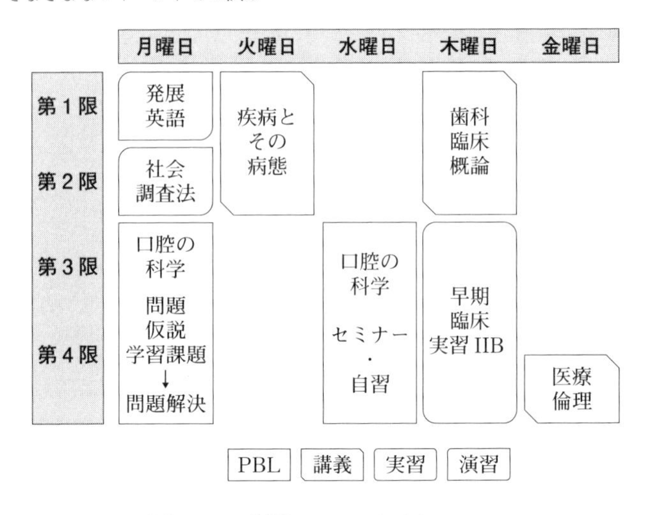

図8-4　1週間のPBLカリキュラム

次に、1週間のカリキュラムを、第2学年前期を例として示す（図8-4）。

月曜日午後に授業科目「口腔の科学」のPBLがあり、第4限に、学生たちは問題を見いだし、仮説を立て、学習課題を設定する。授業のない空き時間を利用して、あるいは自宅に帰ってから図書やインターネットなどで学習課題の調査、自習を行う。水曜日午後の「口腔の科学」では、学習課題に関連した内容のセミナーが開催される。学生たちは新しく得た知識をもとに、翌週月曜日第3限の「口腔の科学」で問題を解決する。そして、第4限に、また新しいシナリオに取り組み、この学習が繰り返される。

(2) シナリオの作成

シナリオは実際の症例を参考にして、教員自ら作成している。シナリオ作成にあたり、「シナリオのねらい」「到達目標」「望まれる学習課題」を設定するが、個々のシナリオでの学習を積み重ねることにより、最終的に授業科目での教育目標が達成される、あるいは疾患概念が形づくられるように、学習課題とそれらを学ぶ順序について検討することは重要である。たとえば、ある疾患を学生に理解させる場合、まずコンセプトマップ（概念地図）を作成し、個々のシナリオではコンセプトマップのどこを、どのような順序で学ばせるか考え、新しく学ぶ知識が学生の既存の知識構造のなかに位置づき、学習を進めることにより疾患概念が自ずと頭に浮かんでくるようなシナリオを作るよう心がけている。また、一般歯科診療でしばしば遭遇する状況で真実味があるか、学士課程教育として適した難易度か、基礎および臨床の複数の学科目を統合して学べるか、自習時間に比較して学習課題が極端に多くないか、画像や音声などを用いて学生の興味をひく工夫がなされているか、という点もシナリオを作るうえで重視している。

(3) ファシリテータの育成

PBL は少人数のグループ学習で進められることから多くの教員が必要で、ファシリテータは口腔生命福祉学科のみならず、歯学科を含め歯学部すべての教員および大学院生が担当している。基礎と臨床、教授・准教授・講師・助教を区別せず全員が参加することにより、１人あたりの負担を軽減し、また教員に平等な負担を課し、協力を得やすい環境づくりをしている。研究を重視している者、臨床を重視している者などさまざまな教員がいるが、ファシリテータとしての活動は歯学部に対する最低限の教育貢献として位置づけられ、また任期制の再任審査では教育業績として高く評価される。ただし、これにより、グループに参加するファシリテータが頻繁に変わる結果が生じ、学生からは不満が寄せられている。

このような状況から、ファシリテータの育成ならびに学生指導の連続性は大きな課題である。毎年度始めにファシリテータ説明会を開催し、ファシリテータの役割、PBL の進め方、学生指導のポイントを解説するとともに、ファシリテータ・ガイドに文書として綴じ込んでいる。また、毎回のグループ学習の内容を記録し、ファシリテータ・ガイドに保存することにより、次のファシリテータが前回のグループ学習でどのようなことが議論されたかわかるよう工夫している。さらに、シナリオによっては、たとえば福祉関係のシナリオなどは、専門としないファシリテータには理解が難しく、学生指導の参考とするために、「シナリオの解説」をファシリテータ・ガイドに収録している。

PBL を導入した2004年には、すべての教員を対象とした数日間におよぶ研修会を開催したが、結局のところ、ファシリテータとしての能力は実際の教育現場で育成するしかないとの結論に達し、現在では行っていない。むしろ、新任教員をファシリテータとして経験ある教員と組にして参加させる、あるいはグループ学習への参加後にファシリテータ間で指導のあり方を議論する機会を設けるなど、実践を通して育成する方が効果的なようである。なお、PBL 導入後 10 年近く経過し、PBL で育った大学院生がファシリテータとして参加するようになっており、学生時代の自分の経験や反省をもとに学生指導する者もみうけられるようになった。

3. PBL に対する学生の認識

PBL に対する学生の認識を把握するために、口腔生命福祉学科卒業生にアンケート調査を実施した（小野ほか, 2011）。

対象は第 1 期（2007 年度）卒業生 17 名、第 2 期（2008 年度）卒業生 20 名、第 3 期（2009 年度）卒業生 19 名の計 56 名である。卒業判定を終えた第 4 学年の 3 月に、カリキュラム・授業に関するアンケート用紙を配布し、4 段階の選択式および自由記述式で学生の意見を収集した。アンケートでは、カリキュラムに対する満足度を尋ねるとともに、カリキュラムを特徴づける PBL の意義を問うた。

調査の目的ならびに調査への協力は本人の自由意思によることを説明し、第 1 期卒業生 17 名（100%）、第 2 期卒業生 18 名（90.0%）、第 3 期卒業生 15 名（78.9%）の計 50 名（89.3%）から、同意のもと回答を得た。

カリキュラムに対する学生の満足度はおおむね良好で、「満足している」「どちらかといえば満足している」とする肯定的な意見は、3 期の平均で 70.0% であった。自由記述では、「PBL カリキュラムだった」「少人数教育がなされていた」「口腔保健・歯科医療と福祉の両方を学べた」「時間的に余裕のあるカリキュラムで、自学自習時間がとれた」「国家試験に向けたカリキュラムではなかった」とする意見がある一方、「講義が少なかった」「学年により忙しさに差があった」「国家試験対策が行われなかった」との不満もみられた。

全般に、能動的、統合的、体験的な学習を有意義ととらえており、カリキュラムの中核をなす PBL については、第 1 期卒業生 88.3%、第 2 期卒業生 77.8

%、第3期卒業生80.0%、平均して82.0%の者が「有意義だった」「どちらかといえば有意義だった」と回答した。「自分で調べて勉強する習慣がついた」「問題に取り組む力がついた」「学んだことが記憶に残っている」「討論を通じて積極性が身についた」など、自己学習の確立、問題解決能力や対人関係能力の向上をうかがわせる意見が多数みられた。

なお、先に述べたように、歯学科でも第5学年にPBLを行っており、2004年度および2005年度5年生の授業評価結果では、それぞれ83.7%、84.6%が「有意義だった」「どちらかといえば有意義だった」と回答している（小野ほか, 2006）。また、2005年度5年生が卒業後1年間の歯科医師臨床研修を修了した時点で調査した結果は、79.1%と高い値を保っており、「自分で調べて学習することを学び、臨床で課題に直面したときに役立った」「自分で学習したことなので記憶に残り、研修中にふっと思い出すことがあった」「他者との協調性が身についた」などの意見が寄せられた（小野ほか, 2009）。

これまで、学生は知識伝達型の方法により初等・中等教育を受けており、自ら積極的に発言し、グループ学習を行うことは難しいと危惧されていたが（前田ほか, 2003）、PBLは多くの学生から好意的に受け入れられていた。PBLに関する文献レビューでは、学生は講義よりもPBLを好む傾向が強いとの報告もある（Albanese & Mitchel, 1993）。

4. PBLにおける学習成果の評価

(1) 能力の評価という問題

前述の口腔生命福祉学科卒業生50名に対して、卒業時に獲得が期待される学習成果、すなわち「知識・理解」「専門的能力」「汎用的能力」「態度・姿勢」の4つの観点からなる29項目（表8-1）の達成度に関して、「理解した／できる」「ある程度理解した／ある程度できる」「あまり理解できなかった／あまりできない」「理解できなかった／できない」の4段階の基準で質問紙調査を実施したところ、卒業年度で多少の違いはあるものの、全般に、「理解した／できる」「ある程度理解した／ある程度できる」とする卒業生の割合は高い値を示した。「自ら問題を見つけ、必要な情報を収集、分析、統合し、問題を解決できる」とする学生は、「ある程度できる」とする者も含めると80%以上という結果であった（小野ほか, 2011)。

このように、学習成果の評価には、「何ができると思っているか」を学生自身に答えさせる間接評価（indirect assessment）もある。だが、その結果が学生の能力を反映しているかも含め、やはり「何ができるか」を学生自身に提示させて直接評価（direct assessment）を行うことは必要であろう。新潟大学歯学部では、学期末の筆記試験により知識・理解を評価し、問題解決能力や対人関係能力については、グループ学習のなかでファシリテータによる教員評価を行ってきた。しかし、ファシリテータは学習支援とともに、7〜8名の学生を一人で同時に評価しており、適正な評価がなされているか疑問がある。また、グループ学習で発言しない学生を評価することはできない。PBLを導入しているものの、その学習を通して育まれる能力を適切に評価できていない状況は、学習に対する学生のモチベーションを低下させるおそれさえあり、能力目標と評価の整合性を図るためにも、新たな評価方法を開発することは喫緊の課題であった。

なお、第1期卒業生から第3期卒業生56名の歯科衛生士国家試験の合格率は、第1期卒業生94.1%、第2期卒業生100%、第3期卒業生100%であった。また、社会福祉士国家試験の合格率は、第1期卒業生70.6%、第2期卒業生95.0%、第3期卒業生89.5%であった。国家試験の結果から判断すると、歯科衛生士、社会福祉士に求められる基本的な知識の習得は、おおむねなされていたといえよう。

(2) 改良版トリプルジャンプの開発

トリプルジャンプとは、PBLにおける問題解決能力、自己学習能力を評価するために、1975年にカナダのマクマスター（McMaster）大学医学部で考案された評価方法である（Blake et al., 1995)。いわば、学生と教員が一対一で行うPBLで、通常の学習過程と同様に3つのステップからなり（図8-2)、通常はグループ学習を行うステップ1とステップ3を教員とのやりとりに代えて学生を評価する。具体的には、ステップ1で学生はシナリオを読み、そこに書かれた事実から問題を見つけだし、解決策を立案する。その際、学生は自分が必要と考える追加情報を教員に質問でき、また教員はあらかじめシナリオの追加情報を準備している。解決策を検証するために、ステップ2で学生は図書館などに出向き、取捨選択しながら信頼できる情報を収集し、自己学習を行う。その後、ステップ3として、学生は教室にもどり、既有の知識にステップ2で得た知識を統合し、最終的な解決策を教員に説明する。

通常のPBLと同様な過程で評価が進められることから、評価の妥当性、とくに表面的妥当性は高いとされ、またさまざまな専門家が協力してトリプルジャンプのシナリオを作成し、吟味することにより、内容的妥当性も担保されるといわれているが、他方、評価の信頼性に関しては、主観的であること、学生と教員のやりとりを確認する他の評価者がいないこと、口頭でのやりとりで教員が学生の説明を聞き逃すことがあること、評価資料の質、学生の性格、そして評価者の熟練度の問題などから、一般に低いとみなされている（Mtshali & Middleton, 2011）。また、トリプルジャンプは学生が自己学習する時間も必要なうえ、評価に時間がかかり、教員の評価負担が大きいことも指摘されており（Newman, 2005）、これらのことから、現在ではほとんど顧みられることなく、実施している大学も少ない。しかし、トリプルジャンプに代わる、妥当性があり、かつ信頼性、実行可能性を兼ね備えた評価方法はいまだ見あたらないため、PBLにおける新たな評価方法の開発を目指して、2012年からトリプルジャンプの改良に取り組んだ。開発にあたっては、評価の場を設定した形成的評価とし、評価を受けることが学生にとって意味のある経験となるよう留意した。

改良したトリプルジャンプは、これまでと同様にステップ1でシナリオから問題を見つけだし、解決策を立案し、学習課題を設定するが、その過程を60分間でワークシートに記述させる。ステップ2は学習課題を調査し学習するだけでなく、その結果をもとに解決策を検討し、最終的な解決策を提案するまでを含めて1週間とし、その過程もワークシートに記述させる。改良版トリプルジャンプは、これまでのトリプルジャンプのステップ1からステップ3を、いいかえれば、PBLの学習プロセスを、ステップ1・2として、口頭に代えて文書で評価するものであり、さらにその評価にあたってはルーブリックを用いることが大きな特徴である。それに加え、改良版では、シナリオの状況を再現して、教員を相手にロールプレイさせることにより、解決策の実行までをルーブ

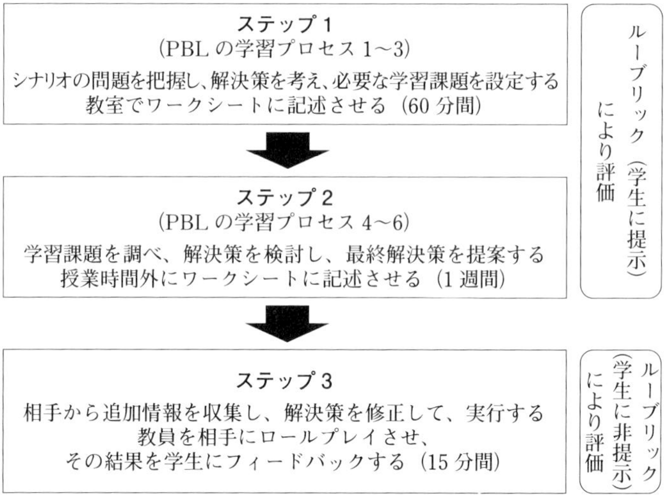

ステップ 1
(PBL の学習プロセス 1〜3)
シナリオの問題を把握し、解決策を考え、必要な学習課題を設定する
教室でワークシートに記述させる（60 分間）

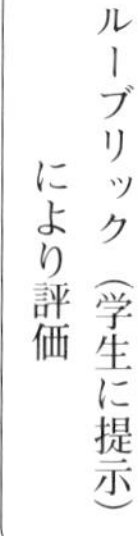

ステップ 2
(PBL の学習プロセス 4〜6)
学習課題を調べ、解決策を検討し、最終解決策を提案する
授業時間外にワークシートに記述させる（1 週間）

ステップ 3
相手から追加情報を収集し、解決策を修正して、実行する
教員を相手にロールプレイさせ、
その結果を学生にフィードバックする（15 分間）

ルーブリック（学生に非提示）により評価

図 8-5　改良版トリプルジャンプの構造

リックを用いて評価することも特徴の一つで、評価結果のフィードバックを含め、15 分間のステップ 3 を設けている（図 8-5）。ステップ 1・2 で、ワークシートを導入したことにより、同時に多くの学生が受験でき、後にワークシートを評価する時間は必要なものの、教員が評価の場に拘束される時間は著しく短縮された。また、ステップ 1・2 とステップ 3 のそれぞれでルーブリックを用いることにより、評価の信頼性を高めることができると期待される。実際、次に述べるが、ルーブリックを用いて学生を評価したところ、おおむね高い評価者間信頼性が得られたことから、改良版トリプルジャンプは、評価の信頼性というこれまでのトリプルジャンプの課題を解決したといえる（小野ほか, 2014）。

(3) 改良版トリプルジャンプのカリキュラムへの導入

2013 年度前期に、口腔生命福祉学科 2 年生の学生 24 名を対象として、改良版トリプルジャンプを実施した。

この時期には、先に述べたように、授業科目「人体のしくみ」「口腔の科学」が開講されており、そこでの学習内容に関連したシナリオをトリプルジャンプ用として新たに作成し（図 8-6）、またステップ 1・2 で使用するワークシートわたしって、ダメな歯学部生？

あなたは新潟大学歯学部の2年生です。4月から専門科目の授業が始まり、解剖学や生理学を学んでいますが、PBLという新しい学習方法にまだ慣れず、また学習内容も急に難しくなったように感じられ、不安を抱えながら悪戦苦闘の毎日です。

そんなある日、全学のサークルで知り合った友人の佐藤彰くん（工学部3年生）が、左の頬を腫らして近づいてきました。彼は3日前に、近くの歯科医院で、下顎の左側智歯を抜去したとのことですが、いまだに左側の下唇に麻酔がかかっているような感じが残っており、ご飯粒がついていてもわからないといいます。また、抜歯してから口を大きく開けられなくなり、飲み込むときにノドの左側に痛みもあるとのことで、食事がとりにくいと訴えています。

あなたが歯学部の学生であることから、なんでこんなことが起きているのか説明してほしいと頼まれましたが、あなたはどう答えてよいかわからず黙っていました。彼は不安そうな顔をして、「次のサークルのときでいいから」と言って別の友人のところに去っていきました。彼の後ろ姿を見ながら、将来、歯科医療従事者になるものとして、せめて「大変だね」のひと言でもかけてあげればよかったと、あなたはちょっと後悔しました。

図8-6　トリプルジャンプのシナリオ

ステップ1

1-1. シナリオから読みとれる「事実」を列挙してください。また、各事実の関係を、「○」や「→」などを使って図示してください。

1-2. 事実から、このシナリオにおける「問題」を述べ、問題とした理由を説明してください。

2. 問題に対して何をもって解決とするか「目標」を定め、目標に到達するための「解決策」を述べてください。また、あなたが解決策を着想するにいたった過程を、これまでの学習や経験とも結びつけて説明してください。

3. 問題の解決に必要な知識や情報を補うための「学習課題」を設定し、なぜその課題を学ぶ必要があるのか説明してください。

ステップ2

4. 「学習結果」を述べ、その情報源（引用した図書や文献、ウェブサイトなど）を記載してください。

5-1. あなたの考えた「解決策」の有効性や実行可能性を検討してください。検討のために、新たな知識や情報が必要であれば、追加学習を行ってください。

5-2. もし、すべての解決策が不適切と判断した場合は、2にもどり、解決策の着想から学習を再開し、その内容を赤字で追記してください。

6-1. 5での検討をもとに、問題に対する「最終的な解決策」を述べてください。

6-2. 6-1で導きだした解決策をより効果的に実行するうえで、相手から「追加情報」が必要な場合は、その情報と必要な理由を述べてください。

図8-7　ステップ1・2のワークシート

表 8-3　ステップ 1・2

観 点	問題発見～最終		
	1. 問題発見	2. 解決策の着想	3. 学習課題の設定
観点の説明	シナリオの事実から、問題を見いだす。	解決の目標を定め、いくつかの解決策を立案する。	問題の解決に必要な学習課題を設定する。
レベル 3	問題を見いだし、シナリオの事実から、推察しうる原因も含め、問題とした理由を述べている。	いくつかの解決策を立て、これまでの学習や経験とも結びつけて、解決策の立案過程を述べている。	学習課題を的確に設定し、解決策と学習課題の関連から必要性を述べている。
レベル 2	問題を見いだし、シナリオの事実から、問題とした理由を述べている。	いくつかの解決策を立て、解決策の立案過程を述べている。	学習課題を設定し、解決策と学習課題の関連から必要性を述べているが、重要な学習課題が一部欠如している。
レベル 1	問題を見いだしているが、問題とした理由の説明は不十分である。	解決策を立てているが、立案過程の説明は不十分である。あるいは、解決策が 1 つのみである。	学習課題が漠然としており、何を学ぶべきか焦点が絞られていない。あるいは、必要性の説明が不十分である。
レベル 0	レベル 1 を満たさない場合は		
留意事項	ワークシート 1 を評価	ワークシート 2 を評価	ワークシート 3 を評価
	このシナリオでは、相手の不安な気持ちを汲み取って、質問にしっかり答えることができていないことが問題である。原因としては、PBL に慣れておらず、解剖学や生理学を学んでいるものの、学習した知識が深い理解にいたっていないと推察される（シナリオ解説参照）。	このシナリオでは、智歯抜去あるいは下顎孔伝達麻酔により下唇の知覚鈍麻が起きるメカニズムを解剖学的に説明する、智歯抜去後に開口障害や嚥下痛が生じるメカニズムを炎症の波及という点から解剖学的に説明する、相手の不安や食事が不自由な状況に対して共感的態度を示すことが解決策である（シナリオ解説参照）。	重要な学習課題とは、下顎智歯抜去（麻酔も含め）の方法と合併症、下歯槽神経の走行と支配領域、炎症の波及と局所解剖（筋と筋隙）、共感的態度の 4 つをいう（シナリオ解説参照）。

のルーブリック

解決策の提案

4. 学習結果とリソース	5. 解決策の検討	6. 最終解決策の提案
信頼できるリソースから、学習課題を調査する。	解決策の有効性や実行可能性を検討する。	問題に対して最終的な解決策を提案する。
利用可能なさまざまなリソースを駆使し、信頼性に注意して、正しい内容を学習している。	いくつかの解決策を比較検討し、それぞれの有効性や実行可能性を考察している。同時に、解決策の限界にも思いをめぐらしている。	シナリオの状況に適した、妥当な最終解決策を提案している。解決策をより効果的に実行するために、追加情報の必要性に気づいている。
リソースの信頼性に注意して、おおむね正しい内容を学習している。	いくつかの解決策を比較検討し、それぞれの有効性や実行可能性を考察している。	シナリオの状況に適した、妥当な最終解決策を提案している。
リソースの信頼性についての注意が不十分で、学習内容にいくつかの誤りが含まれている。	解決策の検討は不十分である。あるいは、複数の解決策について比較検討していない。	最終解決策の提案にいたっていない。あるいは、解決策、学習結果、結論の間に矛盾や飛躍がある。

ゼロを割り当てること。

ワークシート４を評価	ワークシート５を評価	ワークシート６を評価
さまざまなリソースとは、学術論文、専門図書、教科書、専門家、インターネットなどをさす。	すべての解決策が不適切と判断し、学習をやり直した場合は、２回目（赤字）の内容を加味して評価する。	このシナリオでは、相手の不安に対して共感的態度を示しながら、智歯抜去後に生じた「下唇の知覚鈍麻」「開口障害」「嚥下痛」の考えうる原因について、専門的な立場から説明することを最終的な解決策としている（シナリオ解説参照）。なお、追加情報として、智歯の状態、伝達麻酔の有無、抜歯操作、症状の推移などを聴取することを想定している（シナリオ追加情報参照）。

表 8-4　ステップ 3

観点	解決策	
	7-1. 追加情報の収集（追加情報の収集と問題の再把握）	7-2. 情報の統合（追加情報の統合と解決策の内容修正）
観点の説明	症状が生じた原因を説明するうえで必要となる追加情報を、友人とのやりとりを通じて収集し、必要に応じて問題の再把握を行う。	症状が生じた原因を説明するうえで有用な情報を、追加情報も入れて統合し、必要に応じて解決策の内容修正を行う。
レベル 3	智歯の状態、伝達麻酔の有無、抜歯操作、症状の推移など、症状が生じた原因を説明するうえで必要な追加情報を、すべて、的確に収集している。	友人からの追加情報も統合することによって、智歯抜去により症状が生じた原因を、智歯抜去と下歯槽神経の走行、智歯抜去による炎症の波及と咀嚼筋隙との関係から深く柔軟に理解している。
レベル 2	智歯の状態、伝達麻酔の有無、抜歯操作、症状の推移など、症状が生じた原因を説明するうえで必要な追加情報を、ある程度収集している。	友人からの追加情報も一部統合することによって、智歯抜去により症状が生じた原因を、智歯抜去と下歯槽神経の走行、智歯抜去による炎症の波及と咀嚼筋隙との関係から適切に理解している。
レベル 1	智歯の状態、伝達麻酔の有無、抜歯操作、症状の推移など、症状が生じた原因を説明するうえで必要な追加情報のごく一部を収集している。	友人からの追加情報の統合は行っておらず、智歯抜去により症状が生じた原因を、智歯抜去と下歯槽神経の走行、智歯抜去による炎症の波及と咀嚼筋隙との関係から文字情報としてしか理解していない。
レベル 0	レベル 1 を満たさない場合	
留意事項	単なる会話ではなく、目的をもって質問しているかに注目する。	説明内容から判断する。

と（図 8-7）、その評価に用いるルーブリック（表 8-3）、ならびにロールプレイを評価するステップ 3 のルーブリックを作成した（表 8-4）。なお、ステップ 3 では、解決策を実行するうえで必要と考える追加情報を、相手役の教員に質問できることから、あらかじめシナリオの追加情報も準備した。

ステップ 1・2 のルーブリックは、PBL の学習過程にしたがって、「問題発見」「解決策の着想」「学習課題の設定」「学習結果とリソース」「解決策の検

のルーブリック

の実行

7-3. 共感的態度 (相手への共感)	7-4. コミュニケーション (相手にあわせた解決策の表現)
不安な気持ちや食事が不自由な状況を思いやり、友人に共感的態度を示す。	症状が生じた原因を友人にわかりやすく説明する。
不安な気持ちや食事が不自由な状況を思いやり、同情や励ましの言葉をかけながら、友人の質問に答えている。今回に限らず、力になれることがあれば今後も協力する意思を示している。	内容とその関連から、話の順序や組み立てを考え、平易な言葉で、相手の理解を意識しながら説明している。
不安な気持ちや食事が不自由な状況を思いやり、同情や励ましの言葉をかけながら、友人の質問に答えている。	話の順序や組み立てはおおむね整っているが、相手の理解を得るうえで専門用語の使い方や表現にやや問題がみられる。
不安な気持ちや食事が不自由な状況を認識しているが、おもに友人の質問への回答に終始している。	話の順序や組み立てが混乱しており説明が理解しにくい。あるいは、事前に準備した内容を読みあげているだけである。

にはゼロを割り当てること。

言語・非言語の両面で判断する。	話癖や声のトーン、会話のスピードなどは評価に含めない。

討」「最終解決策の提案」の6つの観点をもち、「問題発見」から「学習課題の設定」まではステップ1に、「学習結果とリソース」から「最終解決策の提案」まではステップ2に相当する。また、記述語が書かれているレベルは3段階であるが、「レベル1」に満たないものは「レベル0」とし、実質的に4段階となっている。「レベル3」は、口腔生命福祉学科の教育課程修了時、すなわち第4学年には到達してほしいレベルに設定されており、さまざまな評価課題に対応

できる一般的で長期的なルーブリック（松下, 2012）である。

一方、ステップ3のルーブリックは、ロールプレイでの「解決策の実行」を評価するもので、「追加情報の収集（情報の収集と問題の再把握）」「情報の統合（追加情報の統合と解決策の内容修正）」「共感的態度（相手への共感）」「コミュニケーション（相手にあわせた解決策の表現）」の4つの観点からなり、シナリオの内容に依存する課題特殊的なルーブリック（松下, 2012）となっている。「追加情報の収集」と「情報の統合」は、相手からの追加情報をもとに、最終解決策を再度検討し、修正する思考過程を評価しており、その過程は基本的にステップ1・2の過程と同じであるが、より現実場面に近く、臨機応変に考える必要があり、難易度は高い。

学生にトリプルジャンプ実施の目的と手順を説明し、PBLが始まって3ヵ月後の学期途中の通常の授業時間外に、まずステップ1を全員同時に行った。ステップ1終了後、ステップ2は各自で個別に行うよう学生に指示し、ワークシートの提出期限と提出先を通知した。ワークシート提出締め切り1週間後にステップ3を開始したが、1日学生6名として、受験日は学生の希望に任せ、4日間で実施した。ワークシートならびにロールプレイの評価は、口腔生命福祉学科第2学年前期の教育にたずさわる3名の教員で行った。また、ロールプレイの相手役は著者の1人が務めた。なお、トリプルジャンプは形成的評価であるが、その参加は総括的評価である学期末試験を受験するための要件となっている。

(4) 改良版トリプルジャンプの学習効果

改良版トリプルジャンプの学習効果を検討するために、ステップ3終了後に、学生アンケート調査を実施した。調査の目的ならびに調査への協力は本人の自由意思によること、また協力の諾否や回答内容は成績や進級にいっさい関係ないことを説明した。アンケートは、「そう思う」「ある程度そう思う」「あまりそう思わない」「そう思わない」の4段階の選択式で、「シナリオは好奇心をくすぐるものであった」「ワークシートは学習を進めるガイドになった」「ルーブリックはステップ1・2の学習とその振り返りに役立った」「ステップ3のロールプレイにより学習は深まった」「ロールプレイでの教員からのフィードバッ

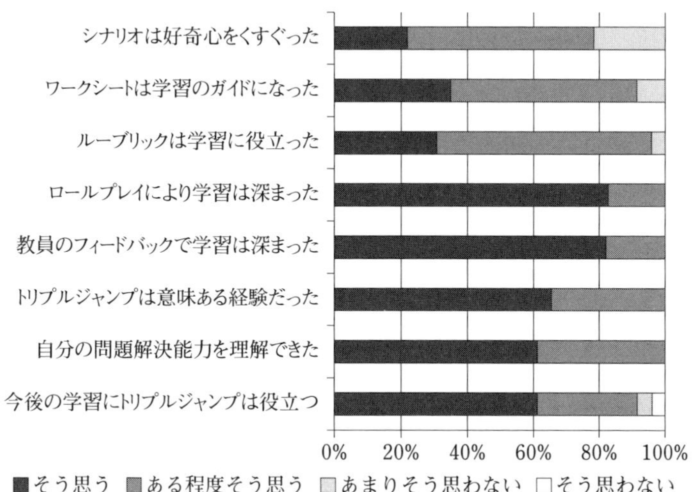

図 8-8　改良版トリプルジャンプに対する認識

クにより学習は深まった」「トリプルジャンプは意味のある経験であった」「トリプルジャンプで自分の問題解決能力を理解できた」「今後の PBL での学習に今回のトリプルジャンプの経験は役立つ」の 8 項目を質問し、最後に自由記述式で意見・感想を求めた。

その結果、学生 24 名のうち 23 名からアンケートの提出があり、回収率は 95.8% であった。

全般に、肯定的な意見が多く、とくに、「ステップ 3 のロールプレイにより学習は深まった」と「ロールプレイでの教員からのフィードバックにより学習は深まった」との質問に対して、80% 以上の学生が「そう思う」と回答し、「あまりそう思わない」「そう思わない」とする否定的な意見はみられなかった。また、「トリプルジャンプは意味のある経験であった」「トリプルジャンプで自分の問題解決能力を理解できた」「今後の PBL での学習に今回のトリプルジャンプの経験は役立つ」との質問に対しても、60% 以上の学生が「そう思う」と回答し、「ある程度そう思う」とする者を含めると、90% 以上という値を示した（図 8-8）。

改良版トリプルジャンプに対する自由記述の意見・感想は 16 名から寄せら

表 8-5　改良版トリプルジャンプに対する意見・感想

カテゴリー 1：緊張と達成感 「先生がたくさんいて、久しぶりに緊張しました」「先生がたくさんいらっしゃってとても緊張したが、自分の精一杯の力を出しきれたと思うのでよかった」「先生がたのおかげでリラックスしてできました」
カテゴリー 2：現実場面の想起と学習の深化 「自分なりに佐藤くんに理解してもらうという目的のためにしっかり調べることができ、自分の理解も深まったのでよかったです」
カテゴリー 3：PBL の学習方法と現時点での能力の理解 「自分の PBL のやり方について見直すことができた」「調べることは大変だったけど、自分の能力を見直すことができたので、やってよかったと思いました」「トリプルジャンプをしたことで、コミュニケーション能力が低いと実感し、さまざまな面での自分の課題がはっきりとしました」「自分では気づけない部分を知れて、本当によかったです」「自分では気づかなかったところを教えていただき、とてもありがたかったです」
カテゴリー 4：今後の PBL への積極的な参加の意思 「今度からは他人に頼らず自分でしっかりやろうと思った」「これからも PBL の学習を真剣に取り組みたい」
カテゴリー 5：意味のある経験としてのトリプルジャンプの認識 「いつもグループでやっていることを一人でやるのは大変だったが、少しは PBL の力がついたと思う」「先生がたのアドバイスをたくさん聞けてよい経験になりました」「とても有意義なものでした」「はじめての勉強スタイルで、はじめは困惑したが、とてもためになったと思います」「思ったより楽しかったです」

れ、分析の結果、緊張と達成感、現実場面の想起と学習の深化、PBL の学習方法と現時点での能力の理解、今後の PBL への積極的な参加の意思、意味のある経験としてのトリプルジャンプの認識、という 5 つのカテゴリーが抽出された（表 8-5）。学生はトリプルジャンプを「緊張と達成感」をもって行い、そのなかで、「現実場面の想起と学習の深化」「PBL の学習方法と現時点での能力の理解」を得て、「今後の PBL への積極的な参加の意思」を固め、「意味のある経験としてのトリプルジャンプの認識」にいたっていたということができる（小野ほか, 2014）。

5. ディープ・アクティブラーニングを目指して

日本の大学教育で、学習成果が広く注目されるようになったのは、先に述べた中央教育審議会答申「学士課程教育の構築に向けて」において、学士課程修了段階での学習成果が「学士力」と名づけられ、その達成度の評価が求められるようになってからである。この答申は、日本の大学教育の世界に、「教員が何を教えるか」よりも「学生が何を学んだか」に力点を置く「成果にもとづく教育」の考えを正式にもちこむことになった（松下, 2012）。

PBLをはじめとしたアクティブラーニングは、知識・理解の習得はもちろん、問題解決能力や対人関係能力など高次の統合的な能力を育成するうえで有効な方法であるが、それらの能力を直接評価することは容易ではない。学生の成長を願って、アクティブラーニングを導入しても、最後は必ずといってよいほど、学習成果をどう評価するかという難しい問題に直面する。どのような評価方法を用いるかは、教員が本当に重視しているものは何であるかを暗黙のうちに学生に伝えるといわれており（松下, 2007）、アクティブラーニングに対する学生のモチベーションを高めるうえでも、安易な評価方法に逃げることなく、能力目標と評価の整合性を図ることは重要であろう。

また、評価が単なる学習の評価であるだけでなく、それ自体が学生の学習経験にもなるような「学習としての評価（assessment as learning）」となっていることが望まれる。たとえば、改良版トリプルジャンプでは、ステップ３でシナリオの状況が再現され、教員を相手にして実際に解決策を実行するというタスクが課せられることから、シナリオの問題を、将来、社会や仕事のなかで自分自身が遭遇するかもしれない身近な問題と受け取りやすく、問題解決に向けて「深い学習（deep learning）」がなされていた。

このように、アクティブラーニングをディープ・アクティブラーニングへと発展させるうえで、カリキュラムや教材、学習環境とともに、評価がきちんとなされているか、とくに学習としての評価が行われているかという点は、大きなポイントの一つではなかろうか。本章で紹介した改良版トリプルジャンプは、PBLで学んだ学生の学習成果を評価するために開発された方法であり、ワークシートによる筆記課題とロールプレイという実演課題を組み合わせ、２つの異なるタイプのルーブリックを用いたパフォーマンス評価である。この取り組みが、読者の皆さまにとって少しでも参考になれば幸いである。

【まとめ】

■新潟大学歯学部では、歯学教育という文脈のなかで問題解決能力を育成するために、2004 年度から、PBL（Problem-Based Learning）をカリキュラムに導入した。ただし、PBL と講義、実習、演習を適切に組み合わせることによって、講義などで得た知識を PBL のなかで統合し、深い理解にいたるよう、学期や週のカリキュラムを編成している。

■PBL を成功させるには、カリキュラムだけでなく、真実味があり適度な難易度をもつシナリオの作成や、教員集団全体によるファシリテータの分担とその育成もポイントになる。

■卒業生への質問紙調査の結果からは、PBL を中核とするカリキュラムは学生に好意的に受け入れられていること、また、期待された学習成果を獲得できたと思っている学生が高い割合に上ることが示された。だが、PBL を通して育成される問題解決能力など高次の統合的な能力を適切に評価できていない状況は、学習に対する学生のモチベーションを低下させるおそれがあり、能力目標と評価の整合性を図るためにも、新たな評価方法を開発することは喫緊の課題であった。

■PBL における問題解決能力を直接評価するために、われわれは改良版トリプルジャンプを開発した。改良版トリプルジャンプは、ワークシートによる筆記課題とロールプレイという実演課題を組み合わせ、2 つの異なるタイプのルーブリックを用いたパフォーマンス評価である。学生の能力を一定の信頼性をもって評価でき、またワークシートを導入したことにより、従来型に比べ教員の評価負担は軽減された。

■学生アンケート調査の結果から、改良版トリプルジャンプは、単に学習の評価であるだけでなく、それ自体が学生の学習経験にもなるような「学習としての評価」として働き、学生を深い学びへと導くことが明らかになった。アクティブラーニングをディープ・アクティブラーニングへと発展させるうえで、評価は重要な働きをするといえる。

文献

Albanese, M. A., & Mitchell, S. (1993). Problem-based learning: A review of literature on its outcomes and implementation issues. *Academic Medicine, 68*, 52-81.

Barrows, H. S. (1998). The essentials of problem-based learning. *Journal of Dental Education, 62*, 630-633.

Blake, J. M., Norman, G. R., & Smith, E. K. (1995). Report card from McMaster: Student evaluation at a problem-based medical school. *The Lancet, 345*, 899-902.

河合塾編著（2013）『「深い学び」につながるアクティブラーニング―全国大学の学科調査報告とカリキュラム設計の課題―』東信堂.

前田健康・千田彰・松久保隆・村上俊樹・吉山昌宏（2003）「問題発見・解決型（Problem-based Learning: PBL）教育法に関する研究―歯学教育の国際化を目指して―」『日本歯科医学教育学会雑誌』19巻, 212-219.

松下佳代（2007）『パフォーマンス評価―子どもの思考と表現を評価する―』日本標準.

松下佳代（2012）「パフォーマンス評価における学習の質の評価―学習評価の構図の分析にもとづいて―」『京都大学高等教育研究』18号, 75-114.

Mtshali, N. G., & Middleton, L. (2011). The triple jump assessment: Aligning learning and assessment. In T. Barrett, & S. Moore (Eds.). *New approaches to problem-based learning: Revitalising your practice in higher education*. New York: Routledge, pp.187-200.

Newman, M. J. (2005). Problem based learning: An introduction and overview of the key features of the approach. *Journal of Veterinary Medical Education, 32*, 12-20.

小野和宏・松下佳代・斎藤有吾（2014）「PBLにおける問題解決能力の直接評価―改良版トリプルジャンプの試み―」『大学教育学会誌』36巻1号, 123-132.

小野和宏・大内章嗣・前田健康（2011）「学習者主体PBLカリキュラムの構築―新潟大学歯学部口腔生命福祉学科7年のあゆみ―」『新潟歯学会雑誌』41巻, 1-12.

小野和宏・大内章嗣・魚島勝美・林孝文・西山秀昌・安島久雄・小林正治・瀬尾憲司・齋藤功・程珺・山田好秋・前田健康（2006）「歯科医学教育へのPBLテュートリアルの導入―新潟大学歯学部の試み―」『日本歯科医学教育学会雑誌』22巻, 58-71.

小野和宏・八木稔・大内章嗣・魚島勝美・林孝文・齋藤功・興地隆史・前田健康・山田好秋（2009）「新潟大学歯学部歯学科の新教育課程とその評価」『新潟歯学会雑誌』39巻, 29-40.

Rohlin, M., Peterson, K., & Svensäter, G. (1998). The Malmö model: A prob-

lem-based learning curriculum in undergraduate dental education. *European Journal of Dental Education, 2*, 103-114.
湯浅且敏・大島純・大島律子（2011）「PBL デザインの特徴とその効果の検証」『静岡大学情報学研究』16 巻, 15-22.

【さらに学びたい人に】

■ウッズ, D. R.（2001）『PBL（Problem-based Learning）—判断能力を高める主体的学習—』（新道幸恵訳）医学書院.

本書は PBL で学ぶ学生のために書かれたものである。PBL とは何か、また PBL で求められるスキルや学習に取り組む姿勢などをわかりやすく説明している。

■吉田一郎・大西弘高（編著）（2004）『実践 PBL テュートリアルガイド』南山堂.

PBL テュートリアルの理論と実践について、医学教育での豊富な経験と研究をもとに解説している。また、PBL テュートリアル導入の手引きとして、国内外における医科大学の実践事例を紹介している。

第9章

【リーダーシップ教育】

新しいリーダーシップ教育と ディープ・アクティブラーニング[1)]

日向野　幹也

筆者は2006年度から、わが国で初めての、学部必修で多クラス同時並行展開・産学連携・プロジェクト型のリーダーシップ教育を実施してきた[2)]が、実のところ2009年頃までアクティブラーニングという概念を知らなかった。しかし振り返ってみると、意図してきたことも、実際に行ってきたことも、紛れもなく学生のアクティブラーニング支援であった。本章では、新しいリーダーシップ教育がアクティブラーニング支援の好例であることと、ほぼ全てのアクティブラーニング支援は実はリーダーシップ教育と相同であること、さらに（ディープ・）アクティブラーニングは「学生のリーダーシップ」という観点から明快に定義し直せること、学習が「ディープ」であるとは、教員の支援（補助輪）なしでもいつでもどこでも学習の結果を活かせることであること、等を論じて、新しいリーダーシップ教育論が、（ディープ・）アクティブラーニング論にとって強力なツールになりうることを示す。

1. 新しいリーダーシップとは何か

「リーダーと聞いてどんな人を思い浮かべますか？」これはMBAや経営系の学部のリーダーシップの授業の初回の、１つの典型的な始まりかたである。受講生から織田信長、高校の恩師、キング牧師などさまざまな例があがる。両親と答える者もいる。これらの例をいくつかの軸（権限の有無や、ビジョンの有無等）で分類して、受講生たちのリーダー像を浮かび上がらせ、リーダーシップとリーダーの違いは何か、という話に移っていく。しかし多くの日本の企業リーダーシップ研修において、こうした導入部は必要ない。リーダーとは権限者や経営者のことであり、リーダーシップとは権限者や経営者のもつべきスキルと知識のことだと考えられているからである。

ところが、そうしたいわば組織のトップや上位階層だけのリーダーシップでは環境の激変に即応できないばかりか、変化を作り出すこと（イノベーション）もできないことが徐々にはっきりしてきた。そのため、一部の企業では最近、権限者だけがリーダーシップを発揮すべきであるという考え方から、徐々に全員がリーダーシップを発揮すべしという方針に転換しつつある[3)]。特に外資系企業ではこの比率はさらに高いように思われる。全員が発揮すべきである、ということは、命令権限のない者も発揮すべしという意味であり、日本の通念でいうリーダーシップとは異なってくるかもしれない。しかし今後日本の企業においてもますます必要な場面が増えると思われる「多国籍チームでのリーダーシップ」については「権限がなくても発揮できる自然発生的なリーダーシップ」が世界標準になると予想される。したがってリーダーシップの語義についても、日本ローカルの意味ではなく、世界標準に合わせておいたほうがいいと考える。

(1) 自然発生的なリーダーシップ

権限のない者が発揮するリーダーシップはどのように発生するか。それは組織が成果をあげる必要性があって、その必要性に気づいた者が周囲の者に声をかけて一緒に動こうとするときに始まる。この「組織」は会社でも家庭でも町内会でも、また友人同士であってもよい。時にはまったく面識のない者同士でも発揮されることがある（街なかで誰かが突然倒れたときに手分けして救急車を呼んだり、人工呼吸を始めたりするとき等）。こうした権限がなくても発揮できるリーダーシップ（leadership without authority）は、自然発生的リーダーシップ（emergent leadership）と呼ばれ、権限者から任命されて発生するリーダーシップ（appointed leadership）や、選挙によって選ばれる場合（elected leadership）と区別される。また、この種のリーダーシップは複数の者によって発揮されることも多いので、結果として、共有されるリーダーシップ（shared leadership）になりやすい。

(2) 船頭多くして

複数のリーダーがいてもよいと聞いて、一定年齢上以上の日本人ならすぐ思い出すのが「船頭多くして船、山に登る」という格言である。船頭が多いと命令が混乱して船が座礁するというほどの意味であろう。船頭が多いと船がうまく動かないのは、リーダーがおおぜいいすぎるせいではなく、船頭たちに真のリーダーシップがないせいである（伊賀, 2012, pp. 68-70）。つまり、船を安全確実迅速にどこそこの港に向けて運航する、というミッションについて完全に合意があれば、リーダーシップのある船頭たちなら、誰が号令をかけようと構わない、と1人の船員であることに徹して仕事をするだろう。そうならないのは、たとえば号令を出す快感という自己都合を、船の運航パフォーマンスよりも優先してしまう船頭がいるからであり、その船頭には真のリーダーシップが不足しているのである。したがって、組織に属する全員が真のリーダーシップスキルをもっていることは何の障害にもならないどころか、真のリーダーシップスキルをもっているメンバーが多ければ多いほど、成果は出やすい。

(3) 役職や権限と関係のないリーダーシップ

こうしたリーダーシップは、社会通念とは違うのでリーダーシップと呼ばないほうがいい、という意見をいただくことがある。しかし私は、他にいい言葉がないからといってリーダーシップという言葉を避けるという迂回戦術よりも、これをリーダーシップと呼び続け、それは本当にリーダーシップなのかと問われたらそのたびに実は権限とは関係ないのです、と説明するほうがよいと考える。なぜならそうした意味でのリーダーシップが世界標準になりつつあるからである。また、これをリーダーシップと呼ばないでほしいという人は、日本の場合リーダーシップをカリスマ性や権限に近いものと考えていることが多い。また、leadershipという言葉が常に自然発生的リーダーシップを意味するとは限らないのは米国でも同様であるが、ただ米国では、（カリスマ性よりは）権限にもとづくリーダーシップを意味することが日本より多いようである。（間接的な例証として、英語の "leadership" は「リーダーたち」ないし「政権担当者たち」という集合名詞になることすらある。）つまりリーダーシップは、米国でも日本でも権限によるものと誤解されがちであるが、日本ではそれにプラスしてカリスマと混同されることも多いのである。

さて、それでは役職や権限とは関係なく発揮される、権限があってもそれをふりかざさずに発揮できるようなリーダーシップは、企業ではどのような場面で登場するのか。ここではとりあえず「ビジョンを示して他人を巻き込む」ような行動があれば、それはリーダーシップであると定義しておく。

まず、社内での地位が対等な社員同士でリーダーシップが発生するならば、それは役職とは関係のないリーダーシップであり、権限がなくても発揮できるリーダーシップ」（leadership without authority）とも呼ばれる。次に、上司や先輩に対して発揮される部下の側からのリーダーシップ（アイデアを出して上司や先輩の協力を要請する）があれば、それも同様である。同じことは、社内の組織横断的なプロジェクトチームで、他部門の上位者を含む人々に対して若手が発揮するリーダーシップにもあてはまるだろう。社外ならどうか。顧客との関係は、上司に近いものだったり、逆に部下に近いものだったり、対等だったりするだろう。どの場合にもリーダーシップを発揮する場面がありうることはわかりやすいと思われる。こうした意味のリーダーシップであれば、企業の内外で常に発揮されていると思われる。しかし、それを組織が公式に奨励するかどうかで、リーダーシップを発揮することのリスクが異なってくる。公式に奨励されていないと、リーダーシップを発揮した場合に、もしも成果が上がっても「余計なことをしやがって」と逆に評価を下げることもありうるし、成果が上がらないならもっとひどいことになるだろう。逆に権限がなくても発揮できるリーダーシップを公式に奨励する企業であれば、若い社員に対してもリーダーシップ研修を行う傾向があるだろうし、採用についてもリーダーシップを重視するだろう。また、新人の採用にあたってもリーダーシップを重視すると思われる。

(4) リーダーシップの最小３要素

権限も役職もカリスマ性も要らないとして、それでは何があればリーダーシップと呼べるだろうか。リーダーシップの定義ないし条件であるが、これについては決定版の理論はないと言ってよい状況である。しかしリーダーシップ教育を行う以上、いずれかの理論は使わねば話が始まらない。決定版の理論がないのであるから、教育上はまず１つわかりやすいものを教え、それを自分の経験を整理したりフィードバックを交換したりするのに使ってもらって、しばらく間隔をあけて次にまた別のものを教えるのがよかろう。その意味では、最初に教えるものとしては、一番シンプルな三隅（1966）の PM 理論がよさそうだが、PM 理論では２つの要素である P（成果達成能力）と M（集団維持能力）のどちらに入るかわかりづらい（あるいは両方に入るとしか言えない）行動がよく出てきてしまう[4)]。そこで、ここでは、PM 理論以上に著名なクーゼス・ポズナー（1988）を参考にして、教室でグループワークを行う学生が覚えておいて、自ら振り返ったり同僚にフィードバックしたりするときに使いやすいように私がカスタマイズした「リーダーシップ最小３要素」を説明したい。筆者はここで新しいリーダーシップ理論を提案するのではなく、従来ある理論の一部を、特定の目的のために取り出しているだけである。別の目的には適さないだろうし、「リーダーシップには他にも重要な要素がある」という批判は当然に予想している。

第１の条件は明確な成果目標を設定する（目標設定　set the goal）ことである。成果目標がないのであればリーダーシップの出番はない。また、この成果目標は自分で考え出したものでもよいし、他人の言い出したものを自分の目標として引き受けるのでもよい。また、チームの活動過程においてたとえば今の１時間のミーティングの成果目標、明日までの成果目標、来週までの成果目標、というように期間別に重層的な目標があってももちろんよい。

第２に、自分がその成果目標のためにまず行動する（率先垂範　set the example）ことである。ただし、ここで終われば１人で動いているだけなのでリーダーシップとは言えない。

第３に、自分だけでなく他人にも動いてもらえるように、成果目標を共有し、それだけでは動きづらい要因があればそれを除去する支援をする（他者支援　enable others to act）。

この３つのどれが欠けても、学生のグループワーク等ではリーダーシップを発揮したとは言えないし、3つがあれば曲がりなりにも何がしかのリーダーシップを発揮したと言えるだろう[5)]。

学生のグループワークの例で言えば、時々見られるのは第1と第2はできているのだが、第3ができていないために結果として1人だけで仕上げてしまって、他のメンバーのことを「フリーライダー」とみなしているような場合である。1人で仕上げてしまった人は周囲との成果目標の共有や、動いてもらうための他者支援が足りなかったために、結果として1人だけで進めていくことになったという場合が少なくない。

2. 新しいリーダーシップ教育は広義のアクティブラーニングを発生させる

「リーダーシップ」という科目は、学部で開講されていることはあまり多くはないが、MBA においては今や定番である。それらの授業で必ずアクティブラーニングが起きているとは限らない。特に、偉大な政治家や成功した経営者のもっているリーダーシップを念頭においている、やや古いタイプのリーダーシップ教育の場合、講義だけの授業も充分にありうるからである。講義だけでは、アクティブラーニングは発生しない。この点は一般の専門科目と同じことである。

これに対して、新しい意味でのリーダーシップ・スキルを涵養するリーダーシップ教育科目が効果をあげるためには、アクティブラーニング方式で行う必要がある。というのは、リーダーシップ教育の王道は、「受講生が自分でリーダーシップ行動を実際にとってみる→その行動について周囲の受講生や教員のフィードバックを受け取る→フィードバックも参考にして自分のリーダーシップ行動を振り返る→自分のリーダーシップ行動の改善計画を立てる→自分でリーダーシップ行動を実際にとってみる（以下繰り返し）」というサイクルを作ることであるから、教員はそのサイクルをファシリテートするだけである。つまり、「学習に対する学生の能動的な参加を取り入れた教授・学習法」つまり広義のアクティブラーニングになるのである。

3. 新しいリーダーシップ教育科目ではディープ・ラーニングも生まれる

(1) 専門科目との連携

新しいリーダーシップを涵養する科目が専門学部内で開催されている場合、専門科目との連携を作る1つの方法は、リーダーシップ科目側で授業の一環として問題解決プロジェクトを行い、その問題解決に他の専門科目の知識を利用できるような問題設定を行えばよい。経営学部であれば、マーケティングや会計学といった専門科目の知識を活かせるようなプロジェクトを設定すればよい。言い方を変えると、専門科目はインプットの時間帯で、リーダーシップ科目はアウトプットの時間帯と位置づけられるのである。ただ、リーダーシップ科目において問題解決プロジェクトが置かれているのは、そのなかでリーダーシップ経験を積んでもらうためであるから、知識をアウトプットする場としての位置づけが全てではないことは忘れてはならない。ともあれ、こうした連携によって専門科目の知識が活用され、さらに深く専門科目を学ぶ意欲が刺激される点でディープ・アクティブラーニングが生じるのである。

(2) キャリア教育としての意味

リーダーシップ教育がディープ・ラーニングを生むのは専門科目と連携している場合だけではない。たとえば、授業の一環としてチームメートと仕事していくときに、従来であれば「相性がわるい」とあきらめてしまうような相手がいても、それは単に相手や自分にリーダーシップが不足しているからにすぎないので、別段好きでなくても成果目標で合意できれば成果につなげることができることを発見したとしよう。こうした経験は、教室のなかだけでなく、学生生活、さらには社会人になってからの生き方を変える可能性をもっているという意味でキャリア教育であり、過去の経験の解釈やその後の生き方を変えうるという意味ではディープ・ラーニング（松下, 2009; 溝上, 2013）なのである。

この点で、リーダーシップ科目が1つの専門学部のなかではなく、学部をまたがって設置されていて、多くの学部の学生が履修しているような場合、あるいは学生部や学生相談所などで開催される正課外科目である場合も、リーダーシップ涵養に成功していればディープ・ラーニングは発生する。

(3) スポーツなどの活動との連携

これに関連するものとして、体育会などのスポーツ活動に即して行うリーダーシップ教育にふれておきたい。リーダーシップ教育には、何度も繰り返すが、高い成果目標を設定したうえでリーダーシップ行動に対してフィードバックを得て改善していくことが重要である。体育会や吹奏楽[6]の場合、競技における勝利という明快な成果目標があり、ちょうどリーダーシップの授業でのグループワークでチームに貢献するように、競技と練習の過程において「権限がなくてもリーダーシップを発揮」してチームに貢献することが求められる。

さらに、体育会は従来から２つの意味で企業に似ている。１つは、上述したように成果目標が明確であること。企業であれば利益を上げねばならないし体育会であれば勝たねばならない。もう１つは上下関係がはっきりしていることである。大学のなかで上下関係がはっきりしているのは体育会と職員組織であるが、その点は体育会のほうがさらに上かもしれないほどである。体育会の厳しい上下関係のなかで、権限のない者がリーダーシップを発揮しようとすると、企業組織のなかにおいて部下が上司に対してリーダーシップを発揮するのとほぼ同様の障害に直面する。すなわち、リーダーシップとは適切な指示・命令を出すことだと思い込んでいて、さらにわるい場合にはその指示・命令が適切でないこともあるにもかかわらずその自覚がなく、当然ながら部下（下級生）の、権限のない者がリーダーシップを発揮すると、自分に対する非難や、組織に対する反抗とうけとめるような上司（上級生）の存在である。これを防ぐには日頃から活動に則した形での360度フィードバック（周囲の人々から、設問に答える方式でフィードバックをもらう）[7]等を常に行っておくのがよい。

在学中に、長期にわたって、厳しい上下関係のあるなかで権限がなくてもリーダーシップを発揮した経験は、体育会に所属していない学生には滅多にできない経験であり、きちんと言語化できていればキャリア教育上も大きな価値がある。企業の採用担当者は、体力や上下関係への慣れや理不尽さへの耐性で体育会出身者を採用するのではなく、「上下関係のあるなかでの『権限がなくてもリーダーシップを発揮した』経験者である」という観点で体育会出身者を再評価してみてはどうか。そのような人材は、グローバル基準でのよい上司・よい部下の候補者であることにもっと注目してほしい。

また、全国の大学体育会（と高校の部活動）には、こうしたリーダーシップ教育を取り入れていただきたい。文武両道をかかげる体育会は多いが、そもそも、体育会の活動が武で、授業での勉強が文だという理解は皮相である。体育会活動のなかにも文と武がある。適切に設計すれば、体育会の活動自体のなかなかに、体力・技能養成（武）と、グローバル基準のリーダーシップスキルの涵養（文）という要素を組み込むことができるのである。

4. アクティブラーニングは学生側の新しいリーダーシップを前提にしている

学生が新しい「権限がなくても発揮できるリーダーシップ」をもっていると、（リーダーシップ以外の）科目のクラスのアクティブラーニングを促進することは理解しやすいだろう。「権限がなくても」であるから、教室にいる誰でもよい、最初に疑問を感じたり何かを思いついたりした学生が、ためらうことなく発言し、これに刺激された他の学生もどんどん発言するようになる。①教室全体の学びを最大にするというゴールを共有した学生が、②自ら発言し、③それによって、学びを最大にするというゴールの共有と、この教室で発言することは安全なのだという理解の共有とが教室じゅうにいわば伝染していき、教室が「学習するコミュニティ」になるのである。こうしたリーダーシップを最初に発揮する学生は誰でもよい。その意味では「権限がなくても発揮できる自然発生的なリーダーシップ」である。この場合に「権限・役職にもとづくリーダーシップ」にあたるものは、たとえば教員から任命されたり選挙で選ばれたりした学生のリーダーシップ（学級委員やゼミ長）であろう。2種類のリーダーシップは併存しても、学習のためには問題ない（学級委員やゼミ長が自分の役目を奪われたと感じて抵抗すれば問題だが、それはリーダーシップの質が悪いということになろう）。

このことはどんな科目についてもほぼあてはまる。自らすすんで学ぼうとし、他の学生を巻き込む学生が教室に１人でも２人でもいれば、その影響力はむしろ教師よりも強力である。教員であれば、「あのクラスには◯◯君がいたからなあ」と思い出す「燃える学級」の経験は何度かあるのではないか。その◯◯君は自分が熱心なだけではなく、他の学生を巻き込んでいたのではなかったろうか。そういう◯◯君が１人の抜群にできる学生でなく、もっと小さな影響力でもいいので、クラスのあちこちに代わる代わる現れれば、それはそれで最強のクラスである。そういうことこそまさに学生のリーダーシップであり、「ピア・ラーニング」である。

このように、学生のリーダーシップが発揮されるときにこそ多くの学生にアクティブラーニングが発生する。その意味で、アクティブラーニングには学生の側のリーダーシップが前提されているのである。教師だけがいかにアクティブラーニング的な授業をしようとお膳立てを整えても、学生側にある程度のリーダーシップがなければ、学生同士が影響しあって発生するアクティブラーニングは実現しない。

そうだとすれば、これは大学（や中学・高校の）カリキュラム・デザインにも重要な含意をもつ。つまり、学校がアクティブラーニングやピア・ラーニングによって授業を活性化したいのであれば、まず学生・生徒に（それから教職員にも！）、初歩的なリーダーシップスキルを身につけてもらうか、あるいはリーダーシップを発揮しやすいような環境を作るかする必要がある。

ただし、教室で発揮される学生のリーダーシップが教室内ないし授業内で完結してしまうのでは、ディープ・ラーニングにはならない。授業で発揮することを覚えたリーダーシップスキルを教室外に持ち出して、自分の生活や人生の他の場面でも活かしてこそのディープ・ラーニングである。したがって、学生が「あの先生の授業のときだけ発言できる」という状態で終始していては目的未達成なのである。学生が学校の内外でリーダーシップを発揮できるようにもっていく必要がある。そこまで行って初めてディープ・ラーニングとしてのリーダーシップ教育と言えるのではないか。

5. リーダーシップ教育としてのアクティブラーニング支援
――アクティブラーニングの新しい定義――

ここまで来ると「アクティブラーニング支援とリーダーシップ教育は親和性が高い」ことは明らかだろう。さらに進んで、教室内でアクティブラーニングを起こそうと教員が準備することは、学生に教室でリーダーシップを発揮してもらうための準備とほぼ同じである。教員がアクション・ラーニング[8)]やカウンセリングやコーチングのスキルを習得するのは全てこれに含まれるし、ピア・インストラクションの諸装置も同じである。学生が自分たちでリーダーシップを発揮して学びとるほうが、意欲もわき、定着もよいからである。

ここから、アクティブラーニングの新しい、使いやすい定義を行うことが可能である。すなわち、「**アクティブラーニングとは、学生のリーダーシップによる学習**」なのである。一人の学生が「教室での学びを最大にすること」を成果目標に設定して、(他の学生に最初どう思われるかということの優先順位を下げ)、勇敢に発言・質問してみる（自ら行動する）と自分の理解が深まる。そこで周囲はそれに引きずられたり、最初の学生に促され（支援され）たりして、発言・質問しはじめる。その結果、教室全体での学習が進む。この過程はリーダーシップ（本章第1節(4)）そのものではないか。このようなアクティブラーニングの定義は、「グループワーク、ディスカッション、プレゼンテーションなどの活動を組み込んだ授業形態」のように形態論的ではないし、さらに、「学習に対する学生の能動的な参加を取り入れた教授・学習法の総称」に比べても、本質的に重要な、学生の相互作用による学習を明示的に取り込んだものになる。なお、この「学生の相互作用」の要素を入れないと、大教室の一方向的な授業で、授業の終わりやオフィスアワーに「積極的に」「能動的に」（しかし個人的に）教員のところに質問に行く学生がアクティブラーニングを行っていることになってしまい、教室のなかで、学生たちが相互に影響しあって学ぶという面を定義から切り捨てていることになる。

また、この定義が「使いやすい」のは、教員が、教室の現在の状況をリーダーシップの最小3要素に即して順にチェックすることによって、何ができていて何が足りないかを理解することが容易だからである。①教室内で皆の理解が最大になることが狙いなのだという成果目標（およびそのために必要なサブ目標）が共有されているか、②誰か一人の学生が最初に発言や質問をしてくれるかどうか、③②の学生以外にも誰かが発言・質問してくれているか、そのために必要な支援ができているか、といったチェックリストである。何が欠けているかに応じて具体的な対策を教員がとることができるだろう。繰り返しになるが、この対策は、リーダーシップ教育そのものに非常に近い。すなわち、教室内の学習を最大化するという目標を共有したうえで、学生にリーダーシップを発揮させるような支援を行えば、それは即アクティブラーニング促進になるのである。もちろん、アクティブラーニングで行う科目の学習目標はリーダーシップそのもの以外にあるのだが、その科目の教室でアクティブラーニングを発生させようとすれば、そのために教員の行う学生支援はリーダーシップ教育の要素を含まざるをえないというのがここでの主張である。

6. 「補助輪」メタファー——ディープ・ラーニングの意味——

それでは、ディープ・ラーニングについてはどうか。仮にこの科目がエリック・マズール教授（本書第５章執筆）と同じく初修物理学であるとしよう。教室でアクティブラーニングが発生するためには、学生たちが物理学を理解するという学習目標を共有して皆でリーダーシップを発揮してくれるように教員が支援することが必要である。教員の準備や仕掛けが功を奏してアクティブラーニングが発生したとして、このコースがさらにディープ・アクティブラーニングをも発生させているかどうかのわかりやすい指標としては、授業時間外に、たとえば空中を飛ぶボールの軌道をみて放物線とのズレを意識したり、ボールは落ちてくるのになぜ月は落ちてこないか考えたり等、世界に対する見方が変わったかどうかであろう。授業時間外・教室外での思考や行動に影響があるかどうかが分かれ目である。

それでは、この授業がリーダーシップ涵養を第１の目標とするリーダーシップ教育科目であった場合はどうであろうか。アクティブラーニングを目指した初修物理学の授業以上に、意識的に教室内で学生のリーダーシップ発揮が求められるであろう。対照的に、いったん教室の外に出ると、発言を促し励ましてくれる教員も、張り合う同僚もいない。しかしそこでリーダーシップを発揮できるかどうかが、このリーダーシップ授業がディープ・ラーニングを生んだかどうかの分かれ目なのである。学外に行かないまでも、この学生が別の時間に一方向の講義型授業の教室に入った場合はどうか。大教室で手を上げて最初に質問する学生になるだろうか。学校外での、友人関係、アルバイト先、インターンシップ先、家庭ではどうか。そうした場所でもリーダーシップを発揮できるようであれば、さきのリーダーシップ教育科目では「他者と関わりながら、対象世界を深く学び、これまでの知識や経験と結びつけると同時にこれからの人生につなげていけるような学習」、すなわちディープ・アクティブラーニングが発生していたと言えるのであろう。

初修物理学もリーダーシップも、教室内でだけ理解し発揮されていれば、それは教員のお膳立てのもとにだけ機能しているので、「補助輪」つき（with training wheels attached）で自転車に乗っている状態であると言える[9)]。これらの授業時間外に、教室外で（あるいは別の教室で）物理学の知識が活用でき、リーダーシップを発揮できるなら、それは補助輪なしで運転できていることになる。第3節で新しいリーダーシップ教育はディープ・アクティブラーニングを生みやすいことを説明し、その例として「キャリア教育になる」「専門科目と連携できる」「スポーツにも応用できる」ことも説明したが、これらも、要は補助輪なし状態で（リーダーシップの教室外で、授業外で）1人で運転できることに関連していると言える（上下関係の厳しい体育会での下級生のリーダーシップ発揮に至っては、補助輪を外したうえに、長く曲がりくねった上り坂を登っていくようなもので、その意味では上級編である）。

さて、補助輪無しで運転できるようになった人は、その後の人生で何が違ってくるのか。リーダーシップそのものについて言えば、面識のない人相手に（あるいは上位権限者に対しても）リーダーシップを発揮できるようになるだろう。他に、初修物理学（歴史学でも法学でもライティングでもよいが）のクラスでアクティブラーニングを経験し、それが効果的であった経験から、さらに新しい知識やスキルを学ぶときには仲間を募って一緒に学ぶことでエンゲージメントが高まり効果的に学習できることを知っており、必要ならアクティブラーニングを組織するファシリテータの役をかってでるだろう。これもディープ・アクティブラーニングの１つの成果である。

このようなラーニングを発生させるためには、補助輪のさじ加減が大切である。補助輪を使い始めの子供は、うまくバランスがとれないので補助輪の接地頻度が高い。しかし慣れてくると補助輪が接地する頻度が減り、それにともなって周囲の者（典型的には親）は徐々に補助輪の支柱を上に曲げて、自転車本体がかなり傾かないと補助輪が接地しないようにしていく。結果としては滅多に補助輪を使わないようになるが、それでも補助輪があるので転倒しにくいという安心感は残っている。ついに補助輪を外す日が来て、単独で走行できるようになるのである。

これになぞらえると、補助輪は、教室で学生がリーダーシップを発揮できるように教員が安全性を保証したり励ましたりすることである。それが功を奏して学生が発言できるようになったら、教員は徐々に補助輪を上げていかねばならない。すなわち励ましの回数を減らしていったり、セーフティネットのレベルを下げていったりするのである。

リーダーシップ教育の世界では著名なハーバード行政大学院のハイフェッツ教授の「サイレント・クラス」(silent class)（ハイフェッツ（2007）およびパークス（2007）参照）は、補助輪を外した状態をクラス内で作り出すために使うことができる。教員の周到に用意した環境でリーダーシップを学んできた学期の後半になったある日、教員が教室に来ても何も言わずに座っているだけ。このとき、それまでの授業の成果を発揮して、教員の力を借りずに学生同士で学習するような活動をクラス内で組織できれば、それは補助輪を外した状態であり、教室を後にしてからもそのようにできる可能性がある。逆に、教室が無法状態になってしまったり、「何か話してください」と教員に頼む学生が出てきたりすると、それはまだ補助輪が必要な状態ということになる。教員としてはこのサイレント・クラスを通じて、卒業したら毎日がこのサイレント・クラスの状態なのだから、学習を続けるために自分でリーダーシップを発揮しなくてはいけないというメッセージを与えているのである（逆に学期の最初のほうにサイレント・クラスを実施して、自分たちが教員なしでは何も学習できないことを一度認識してもらうというふうに使うこともできる）。

このように、アクティブラーニングが教室内にとどまらず、教室外や卒業後にも展開されていくようなディープ・アクティブラーニングにつながるためには、教室内にある補助輪（学生のリーダーシップ発揮を支援する教員の準備や仕掛け）を補助輪として教員も学生も認識し、両者合意のもとに補助輪依存の程度を徐々に下げていくのが１つの方法であろう。サイレント・クラスはそのわかりやすい事例であると言える[10)]。

7.「内向的な人」とアクティブラーニング

最後に、ディープ・アクティブラーニングは、ディープ・ラーニングに至る唯一の道であるかどうかについてふれておきたい。ディープ・ラーニングの定義には、リーダーシップはもちろんのこと、友人とともに学ぶとか、ソーシャルな学びといったことは入ってこない。一人で静かに勉強したり考えたりするのが得意で好きな人（知的でなおかつ「内向的な人（introverts[11)]）」）は、そうでない人に比べて、一方向型の授業からでもディープ・ラーニングに達しやすいかもしれない。だとすれば、ディープ・ラーニングに至る最善の道がアクティブラーニング経由であるという前提は万人に当てはまるわけではないことになろう。多くの学生にとってアクティブラーニングが有効であるとしても、少なくとも一部にはそれを必要としないか、場合によっては苦痛に感ずる学生もいるということである（ちなみに、ニュートンもアインシュタインも内向型であったと言われている）。授業を設計する側に、アクティブラーニング支援と一緒にリーダーシップ教育も行うという明確な意図があるならまだよい。しかし、そうでない場合には、ディープ・ラーニングに達するために、本人にとっては余計な迂回（学習目標にないリーダーシップスキル習得を経由させられる道）を強いることになってしまう。

とはいえ、リーダーシップ教育本体の観点からすれば、集団のなかに、そうした内向性のメンバーが必ずいることを意識して、むしろ性差や文化の違いと同様に、外向性と内向性もダイバーシティとして活用できるようなリーダーシップは価値が高いことも学べるのではないか。また、内向的な人が権限をもつに至ったときは、外向的な部下との相性がいいという興味深い報告もある[12)]。

内向的な人に対しては「もう少し外向的になりましょう」という助言が与えられることが多いようであるが、内向性は異常や病気のような、必ず治すべきものではないし、内向的な人でも自分が大切だと思うことに関しては外向的な人と同じような行動をとれる人が少なくないという議論[13)]があることを考えると、内向的な人が（外向的になろうと努力するのではなく）リーダーシップ教育を受ける価値は高いのではないか。今後の研究が期待されるトピックである。

【まとめ】

■本章で提唱する新しいリーダーシップとは、役職や権限やカリスマとは関係のないリーダーシップである。「成果目標を示して他人を巻き込む」ような行動があれば、それはリーダーシップであるということができる。このリーダーシップには、①明確な成果目標を設定する、②自分がその成果目標のためにまず行動する（率先垂範）、③他人にも動いてもらえるように働きかける（他者支援）、という「最小３要素」が含まれている。

■新しいリーダーシップを涵養する科目は、自然にアクティブラーニングになる。そればかりか、一般のアクティブラーニング科目も全て、多かれ少なかれ学生の教室内のリーダーシップを前提にしており、学生がアクティブに学ぶための支援は、リーダーシップスキル涵養の科目内容に近くなる。

■このことから、アクティブラーニングの新しい定義として「学生のリーダーシップ発揮を通じた学習」が有用である。この定義は学習のソーシャルな面を含み、なおかつ学生支援として何が必要かのリストも作りやすいという利点がある。

■アクティブラーニングがどれだけディープになるかは、アクティブラーニング支援という補助輪を外していくことを行って、学生が学校の外や卒業後も教員の支援無しで学習を組織できるようになれるかどうかにかかっている。

■ただし、「内向的」な学生にとっては、学習目標にリーダーシップ涵養が入っていないままでアクティブラーニングを強いるのは、苦痛な迂回としてとらえられる危険がある。逆に、学習目標を明示したうえで内向的な学生にリーダーシップ教育を行う価値は高いかもしれない。

■このように、リーダーシップ教育論は、アクティブラーニング論やディープ・ラーニング論にとって、新しい強力なツールである。

注

1）本章を執筆するにあたり、次の方々から有益なコメントをいただいた。記して感謝する。長谷川元洋（金城学院大）、泉谷道子（松山大）、友野伸一郎、谷口哲也（河合塾教育研究部）、山本啓一（九州国際大）、石川淳、松本茂（立教大）、および編者・松下佳代（京都大）。

2）詳しくは日向野（2013）および日向野（河合塾編著（2014）所収）を参照されたい。

3）立教大学経営学部が2010年に行った調査『企業のリーダーシップ開発に関する調査報告書』（調査対象＝日系上場企業500社、日系未上場企業500社、外資系企業200社など）によると、リーダーシップが求められる社員の階層として、経営層（86.1%）、管理職（94.1%）、中堅・若手（79.2%）に加えて、新入社員についても34.7%の企業がリーダーシップを求めている。

4）PM理論には、金井（2005）の言うように、多くの理論を整理して俯瞰できるような軸としての価値がある。ところが実際のリーダーシップ行動がPなのかMなのか識別するために使おうとすると、PとM両方が入ってくることが多いという実用上の問題点がある。二元論（dualism）としては優れていても、二分法ないし二分類として用いるのには無理があるということかもしれない。

5）クーゼス・ポズナー（1988）の挙げた「5つの実践指針」を、記憶しやすいように3つにまとめたものである。

6）日本の中学・高校におけるいわゆる文化部系の部活動のなかで、吹奏楽は非常に競技指向が強く、毎年行われる全日本吹奏楽連盟主催の大会では、東京・普門館の全国大会進出・優勝を究極のゴールとして、地区大会・府県大会・支部大会と勝ち抜き戦が行われる。父兄・卒業生・学校をあげての長期間の応援ぶりは高校野球に近いものがあると言っていい。楽器編成はブラスバンドとは全く違い、曲目はクラシックのオーケストラ曲が中心である。

7）360度フィードバック全般について詳しくは、南雲・相原（2009）、リーダーシップ開発の360°フィードバックについてはマッコーレイ他（2011）第1章などを参照されたい。

8）アクティブラーニングとよく似た呼称の「アクション・ラーニング」（マーコード（2004）、清宮（2008）等を参照）にも、「学生がリーダーシップを発揮しやすくなるような環境や支援」の側面がある。高校でアクティブラーニングを推進するための準備として、全国の高校教員にアクション・ラーニングを経験してもらうという運動を、小林昭文氏（前・越ヶ谷高校教員）が精力的に展開している。アクション・ラーニングは、アクティブラーニングとは全く別のもので、質問力・コーチ力・ファシリテーション力をつけるための一種のグループ・コーチングのテンプレートである。

小林氏がなさっていることを翻訳すると、「AL（アクション・ラーニング）は、AL（アクティブラーニング）の導入に役立つ」、つまり主に教員側の技法としてアクション・ラーニングを知っていると、アクティブラーニング的な学習環境を設計しやすいという面を強調されているように思える。私は学生側にも注目してみる。結論から言うと、アクション・ラーニングによってアクティブラーニングが行われるようになるのは、学生がリーダーシップを発揮しやすくなるからではないか。アクション・ラーニングのコーチ役になることを意識していると教員は知識をインプットすることには消極的で、ひたすら学生に考えさせたり、コミットメントを上げてもらったり、行動を起こしてもらったりするための質問を繰り返す。これが学生のリーダーシップ（成果目標を共有し、自ら行動し、周囲をも巻き込む）を引き出すのである。学生個人が行動するだけでは教室は活性化しない。1人の学生の行動が他の学生に影響を与えるからこそ活性化するのである。すなわち学生のリーダーシップが重要なのである。このように、教員のアクション・ラーニング的姿勢は学生のリーダーシップを介して、教室全体のアクティブラーニングに結実する。言い換えると、アクティブラーニングとアクション・ラーニングの結節点は、実は学生のリーダーシップなのである。教育技法としてのAL（アクション・ラーニング）が学生のAL（アクティブラーニング）をもたらすのは、アクション・ラーニングが学生のリーダーシップ発揮を支援するからなのである。AL発の列車がALに着くのはリーダーシップ駅を経由するからである。

9)　「補助輪」メタファーは、認知心理学等でいう足場かけ・外し（scaffolding）に非常に近い。しかしここでは2つの理由から敢えて「補助輪」を使いたい。第1に、自転車は自分でこいでいないと動かないのでリーダーシップのような動きのあるものに適していること、第2に、リーダーシップと専門知識・業務知識の関係を説明するときにも、自転車のメタファー（前輪と後輪）を使うからである。

10)　予告なしのサイレント・クラスほど極端でなく、徐々に補助輪を上げていくような過程でリーダーシップ教育で使われるものとしては、たとえば、①クラス運営を学生に公式に任せるという方法がある。これは、来週はサイレント・クラスをやるよ、と予告し、ファシリテータを予め決めておくようなことに相当する。また、他に、②リーダーシップジャーナル（日誌）をつけるという方法もある。授業の中のディスカッションのグループやクラスの中で自分がリーダーシップを発揮することができるようになったら、今度はクラスの外や大学・学校の外でリーダーシップを発揮することを奨励する意味で、たとえば過去1週間に自分がどんなリーダーシップ行動をとったか記録して同僚やクラスと共有し、フィードバックを受けるというものである。最初はジャーナルに書くためにリーダーシップ行動をとらねばならないという一見本末転倒とも思える現象が起きがちだが、それでもリーダーシップをとることを習慣にするという意味では大きな効果がある。

11）Cain（2012）.

12）Cain（2012）第2章「外向的リーダーと内向的リーダー」。

13）Cain（2012）, 邦訳 p. 263.

文献

相原孝夫・南雲道朋（2009）『組織を活性化し人材を育てる360度フィードバック』日本経済新聞社.

Cain, S. (2012). *Quiet: The power of introverts in a world that can't stop talking.* New York: Broadway Books. ケイン, S.（2013）『内向型人間の時代』（古草秀子訳）講談社.

Heifetz, R., & Linsky, M. (2002). *Leadership on the line.* Boston, MA: Harvard Business Review Press. ハイフェッツ, R. 他（2007）『最前線のリーダーシップ』（竹中平蔵訳）ファーストプレス.

日向野幹也（2013）『大学教育アントレプレナーシップ―新時代のリーダーシップの涵養―』ナカニシヤ出版.

伊賀泰代（2012）『採用基準』ダイヤモンド社.

金井壽宏（2005）『リーダーシップ入門』日本経済新聞社.

河合塾（編著）（2014）『「学び」の質を保証するアクティブラーニング―3年間の全国大学調査から―』東信堂.

Kouzes, J. M., & Posner, B. Z. (1988). *Leadership challenge.* San Francisco, CA: Jossey-Bass. クーゼス, J. M.・ポズナー, B. Z.（2010）『リーダーシップ・チャレンジ』（金井壽宏監訳・伊東奈美子訳）海と月社.

Marquardt, M. J. (2004). *Optimizing the power of action learning.* Palo Alto, CA: Davies-Black Press. マーコード, M. J.（2004）『実践アクション・ラーニング入門』（清宮普美代・堀本麻由子訳）ダイヤモンド社.

McCauley, C. D. (2003). *Handbook of Leadership Development*, Jossey-Bass, 2nd edition. マッコーレイ他（2011）『リーダーシップ開発ハンドブック』（金井壽宏監訳）白桃書房.

松下佳代（2009）「主体的な学び」の原点―学習論の視座から―」『大学教育学会誌』31巻1号, 14-18.

溝上慎一（2013）「何をもってディープ・ラーニングとなるのか？―アクティブ・ラーニングと評価―」河合塾（編）『「深い学び」につながるアクティ

ブ・ラーニング―全国大学の学科調査報告とカリキュラム設計の課題―』(pp. 277-298) 東信堂.
三隅二不二 (1966)『新しいリーダーシップ 集団指導の行動科学』ダイヤモンド社.
Parks, S. D. (2005). *Leadership can be taught: A bold approach to a complex world.* Boston, MA: Harvard Business Review Press. パークス, S. D. (2007)『リーダーシップは教えられる』(中瀬英樹訳) 武田ランダムハウス.
清宮普美代 (2008)『質問会議』PHP 研究所.
鈴木雅則 (2012)『リーダーは弱みを見せろ―GE、グーグル最強のリーダーシップ―』光文社新書.

【さらに学びたい人に】

■伊賀泰代 (2012)『採用基準』ダイヤモンド社／鈴木雅則 (2012)『リーダーは弱みを見せろ　GE、グーグル最強のリーダーシップ』光文社新書／クーゼス, J. M.・ポズナー, B. Z. (2010)『リーダーシップ・チャレンジ』(金井壽宏監訳・伊東奈美子訳) 海と月社.

新しいリーダーシップについては、伊賀 (2012) とクーゼス・ポズナー (2010) が読みやすい。また、鈴木雅則 (2012) は新しいリーダーシップが米国の新旧の２つの超有名企業にあっても標準であることを、両社の社員対象のリーダーシップ研修担当者としての経験からわかりやすく説明している。

■日向野幹也 (2013)『大学教育アントレプレナーシップ―新時代のリーダーシップの涵養―』ナカニシヤ出版.

大学にアクティブラーニング型のリーダーシップ教育を導入する際の困難や、困難を克服すべく教職員や学生が発揮しうるリーダーシップについてはこちらを参照されたい。

エピローグ

「ディープ・アクティブラーニング」のアイディアにいたる糸を個人的にたどると、2008年12月にさかのぼる。岡山大学で開催された大学教育学会課題研究集会でのシンポジウム「学生の主体的な学びを広げるために」においてコメントを求められた私は、「主体的な学びの原点」という報告を行った。「能動的学習（アクティブラーニング）」や「学生参画型授業」といった形で組織される〈主体的な学び〉は必ずしも〈質の高い学び〉につながるとは限らない。〈主体的な学び〉が〈質の高い学び〉につながるための付加的条件は何なのだろうか——このとき〈質の高い学び〉を具体的に考えるために引き合いに出したのが「深い学習」だった（拙稿「『主体的な学び』の原点―学習論の視座から―」『大学教育学会誌』31巻1号, 2009年。杉谷祐美子（編）『大学の学び―教育内容と方法―』玉川大学出版部, 2011年所収）。

当時ちょうど、序章で引用したエンゲストロームの本を読んでいて、北欧やイギリスで影響力をもつ「深い学習」論に関心をもったことも手伝っているが、それ以上に、大学教員としての自分の経験から、大学での学習を語るには、「アクティブさ」（能動性、活動性、主体性）だけでなく「深さ」にも注目することが必要だと感じていた。わが国のアクティブラーニング論を牽引する1人で、本書の第1章を執筆してもらった同僚の溝上慎一さんも、大学学習における知識の重要性という点から、「深い学習」に関心を寄せていた。

そこで、溝上さんや他の同僚の協力を得て、京都大学高等教育研究開発推進センター主催で、「深い学習」に関連した国際シンポジウムを年1回のペースで開催してきた。2011年12月の「Deep Learningにもとづく大学教育のあり方」（フェレンス・マルトンほか）、2012年10月の「ピア・インストラクションによるアクティブラーニングの深化」（エリック・マズールほか）、そして、2013年10月の「深いアクティブラーニングを創発させる学習評価とテクノロジー―Learning Catalytics を中心に―」（エリック・マズールほか）である。バークレー教授には、2013 年 1 月に開催した大学教育改善に関する国際シンポジウムにおいて、本書第 2 章と同じテーマで講演していただいた。他の執筆者も、これらのシンポジウムに参加して、アクティブラーニングに「深さ」の軸を交差させることに賛同してくださった方々である。マルトン教授とマズール教授にはすでに公刊されている論考のうち、本書の趣旨に最も合うものを自薦していただいた。

以上が本書の出版にいたる前史である。最後をしめくくるエピローグに前史を書くというのも妙な話だが、本書の全体を貫く糸を感じとっていただけるのではないかと思う。

この 6 年の間に、アクティブラーニングをめぐる状況は大きく変わった。2008 年の学士課程答申、2012 年の質的転換答申を経て、アクティブラーニングは今や、文科省のお墨付を与えられた教育方法である。「アクティブラーニング」という言葉を知らない大学人はほとんどいなくなった。一方、「深い学習」も、大学教育研究者の間で次第に認知されつつある。だが、アクティブラーニングに「深さ」の軸を交差させるやり方は、マルトンらが切り開いた学習アプローチだけでなく、理解、関与、意味／意義、質、成長など多様である。

「ディープ・アクティブラーニング」はいまだ体系化された理論ではなく、むろん定まった処方箋でもない。しかし、通り一遍のアクティブラーニングに物足りなさを感じている人々に、これからの大学教育がめざす 1 つの方向性を示すものにはなりうるのではないか。そう願っている。

本書の刊行にあたっては、河合塾教育研究開発本部から刊行費の一部をご援助いただいた。ここに記して感謝申し上げる。河合塾では、全国の大学への質問紙調査と先進事例の実地調査の結果を、アクティブラーニング事業の三部作として公刊してこられた（本書第 1 章参照）。本書の「ディープ・アクティブラーニング」は、これらとは独立に構想されてきたものだが、大学教育は「単にアクティブラーニングを導入することだけが目的ではなく、いかに学生を『深い学び』に導くのかが問われる段階へ到達してきている」という問題意識は両者の間で共有されている。

最後に、本書の企画・編集にあたっては、勁草書房の藤尾やしおさんに大変お世話になった。藤尾さんとはこれまで何冊も一緒にお仕事をしてきた。出版事情の厳しいなか、本書を世の中に送り出すお手伝いをしてくださったことに心からお礼を申し上げたい。

2014 年 8 月 31 日
松下　佳代

人名索引

【ア行】

【カ行】

【サ行】

【タ行】

【ハ行】

【マ行】

事項索引

【A—Z】

【ア行】

【カ行】

【サ行】

【マ行】

【ヤ行】

【ラ行】

【ワ行】

執筆者紹介（執筆順）

松下佳代（まつした　かよ）[プロローグ、序章、第6・8章、エピローグ、第2・3・5章翻訳]

京都大学高等教育研究開発推進センター 教授。京都大学博士（教育学）。

京都大学大学院教育学研究科博士後期課程学修認定退学。京都大学教育学部助手、群馬大学教育学部助教授、京都大学高等教育教授システム開発センター助教授を経て、2004年より現職。専門は、教育方法学、大学教育学。とくに能力、学習、評価をテーマに研究と実践を行っている。

主な著作に、『パフォーマンス評価』（日本標準, 2007)、『〈新しい能力〉は教育を変えるか－学力・リテラシー・コンピテンシー－』（ミネルヴァ書房, 2010）[編著]、『対話型論証による学びのデザイン－学校で身につけてほしいたった一つのこと－』（勁草書房, 2021）など。

溝上慎一（みぞかみ　しんいち）[第1章]

学校法人桐蔭学園 理事長、桐蔭横浜大学 学長・教授。京都大学博士（教育学）。

神戸大学教育学部卒業、大阪大学大学院人間科学研究科博士前期課程修了。京都大学高等教育教授システム開発センター助手、講師、高等教育研究開発推進センター准教授、教授を経て、2018年9月に学校法人桐蔭学園へ。2019年同理事長、2020年より現職。専門は、青年心理学（現代青年期、自己・アイデンティティ形成、自己の分権化）と高等教育（学生の学びと成長、アクティブラーニング、学校から仕事へのトランジション、高大接続）。

主な著作に、『自己形成の心理学－他者の森をかけ抜けて自己になる－』（世界思想社, 2008)、『現代青年期の心理学－適応から自己形成の時代へ－』（有斐閣選書, 2010)、『高校・大学から仕事へのトランジション－変容する能力・アイデンティティと教育－』（ナカニシヤ出版, 2014）[松下佳代との共編]、『アクティブラーニングと教授学習パラダイムの転換』（東信堂, 2014）など。

森　朋子（もり　ともこ）[第1章コラム]

桐蔭横浜大学副学長、教育研究推進機構センター長・教授。大阪大学博士（言語文化学）。

大阪大学大学院言語文化研究科博士後期課程単位取得退学。島根大学教育開発センター准教授、関西大学教育推進部教授を経て、2020年より現職。専門は学習研究。とくに協調的学びのプロセスの解明をテーマに実践的研究を行っている。

主な著作に、「初年次セミナー導入時の授業デザイン」『初年次教育の現状と未来』（初年次教育学会編, 世界思想社, 2013）[分担執筆]、「アクティブラーニングを深める反転授業」『アクティブラーニングの技法・授業デザイン』（安永悟・関田一彦・水野正朗編, 東信堂, 2016)、『アクティブラーニング型授業としての反転授業［理論編］［実践編］』（森朋子・溝上慎一編, ナカニシヤ出版, 2017)、論文には、「初年次教育のエスノグラフィ」『日本教育工学会論文集』（33巻1号, 31-40, 2009）など。

Elizabeth F. Barkley（エリザベス・F・バークレー）［第2章］　（第1版第1刷当時）
フットヒル・カレッジ（Foothill College）芸術・コミュニケーション学部教授。Ph. D.（UCバークレー）。
専門はアメリカ音楽、音楽教育。ピアニストとして訓練を受け、UCバークレーのアメリカ文化研究センターで、多文化的観点からアメリカ音楽の研究を行ってきた。音楽教育で、カーネギー・スカラーやカリフォルニア州プロフェッサー・オブ・ザ・イヤーにも選ばれている。また、アクティブラーニングや協働学習／協同学習による学生の関与を中心に、大学教育全般における研究・実践・コンサルテーションでも知られる。
主な著作に、*Great Composers and Music Masterpieces of Western Civilization*（Pearson, 2003）［R. Hartwellとの共著］、*Collaborative Learning Techniques: A Handbook for College Faculty*（Jossey-Bass, 2004）［K. P. Cross, C. H. Majorとの共著］、*Crossroads: The Multicultural Roots of America's Popular Music in America*（Prentice-Hall, 2007）、*Student Engagement Techniques: A Handbook for College Faculty*（Jossey-Bass, 2010）など。

Ference Marton（フェレンス・マルトン）［第3章］　（第1版第1刷当時）
ヨーテボリ大学（University of Gothenburg）名誉教授。元ヨーテボリ大学教育学部教授（教育心理学、授業研究）。Ph.D.（ヨーテボリ大学）。
ヨーテボリ大学准教授、教授を経て、現在は同大学名誉教授。深い学習と浅い学習、現象記述学（phenomenography）、学習のバリエーション理論といった独自の概念・方法論によって、生徒・学生の学習の質的研究を行うとともに、それにもとづくティーチングについて実験的・実践的研究を進めてきた。スウェーデンだけでなく、オーストラリア、イギリス、香港などでも教育・研究活動を行い、その活躍は国際的に知られる。
主な著作に、*The Experience of Learning*（Scottish Academic Press, 1997）［D. Hounsell, N. J. Entwistleとの共著］、*Learning and Awareness*（Lawrence Erlbaum, 1998）［S. A. Boothとの共著］、*The University of Learning: Beyond Quality and Competence*（Routledge Falmer, 1998）［J. Bowdenとの共著］、*Classroom Discourse and the Space of Learning*（Lawrence Erlbaum, 2004）［A. Tsuiとの編著］など。

安永　悟（やすなが　さとる）［第4章］
久留米大学文学部教授。九州大学博士（教育心理学）。
九州大学大学院教育学研究科博士後期課程単位取得退学。九州大学教育学部助手、久留米大学法学部助教授、久留米大学文学部助教授を経て、1996年より現職。専門は教育心理学、協同教育。とくにLTD話し合い学習法を基盤とした協同による活動性の高い授業づくりをテーマに研究と実践を行っている。
主な著作に、『活動性を高める授業づくり―協同学習のすすめ―』（医学書院, 2012）、「協同学習―授業づくりの基礎理論―」『初年次教育の現状と未来』（初年次教育学会編, 世界思想社, 2013）［分担執筆］、『LTD話し合い学習法』（ナカニシヤ出版, 2014）［須藤文との共著］など。

Eric Mazur（エリック・マズール）［第5章］　（第1版第1刷当時）
ハーバード大学教授（物理学・応用物理学）。同大学応用物理学科長。Ph. D.（ライデン大学）
ハーバード大学助教、同大学准教授を経て、2007年より現職。専門の光物性の研究と並んで、教育研究でも国際的に知られる。大規模講義における双方向的な教授法として開発されたピア・インストラクション（Peer Instruction）は、現在では世界各地で実践されている。また、2012年度からは、PBL（プロジェクト型学習）にも積極的に取り組み、成果をあげている。2011年には、Dr. Brian Lukoff、Prof. Gary Kingとともにクリッカーの進化形であるLearning Catalyticsを開発し、教育テクノロジーの新局面を切り開いた。
主な著作に、*Peer Instruction: A User's Manual*（Prentice Hall, 1997）, Using JiTT with Peer Instruction（*Just in Time Teaching Across the Disciplines,* Ed. S. Simkins & M. Maier, Stylus Publishing, 2009）［分担執筆］, Catalyzing Learner Engagement Using Cutting-Edge Classroom Response Systems in Higher Education（*Increasing Student Engagement and Retention Using Classroom Technologies: Classroom Response Systems and Mediated Discourse Technologies,* Ed. C. Wankel, Emerald, 2013）［分担執筆］など。

田口真奈（たぐち　まな）［第6章］
京都大学高等教育研究開発推進センター准教授。大阪大学博士（人間科学）。
大阪大学大学院人間科学研究科博士課程修了。京都大学高等教育教授システム開発センター（現・京都大学高等教育研究開発推進センター）研修員、メディア教育開発センター准教授、ハーバード大学デレック・ボク教授学習センター客員研究員を経て、2008年より現職。専門は、教育工学、大学教育学。
主な著作に、『授業研究と教育工学』（ミネルヴァ書房, 2012）［水越敏行・吉崎静夫・木原俊行との共著］、『未来の大学教員を育てる―京大文学部・プレFDの挑戦―』（勁草書房, 2013）［出口康夫・京都大学高等教育研究開発推進センターとの共編著］、『教育工学における大学教育研究』（ミネルヴァ書房, 2020）［村上正行との共編著］など。

関田一彦（せきた　かずひこ）［第7章］
創価大学教育学部教授。イリノイ大学博士（教育学）。
イリノイ大学大学院博士課程修了。創価大学教育学部、講師、助教授を経て2005年より現職。2007年より、同大学の教育・学習支援センターのセンター長を兼任。専門は教育心理学、なかでも教授学習活動における動機づけの観点から、教育方法（とくに協同学習）について実践的研究を行っている。
主な著訳書に、『学生参加型の大学授業』（玉川大学出版部, 2001）［監訳］、『大学授業を活性化する方法』（玉川大学出版部, 2004）［杉江修治・安永悟・三宅なほみとの共著］、『はじめて学ぶ教育心理学』（ミネルヴァ書房, 2010）［吉川成司・鈎治雄との共編著］、『大学教育アセスメント入門』（ナカニシヤ出版, 2013）［山﨑めぐみ・安野舞子との共訳］、『授業に生かすマインドマップ―アクティブラーニングを深めるパワフルツール―』（ナカニシヤ出版, 2016）［山﨑めぐみ・上田誠司との共著］など。

三津村正和（みつむら　まさかず）［第 7 章］
創価大学大学院教職研究科講師。アリゾナ州立大学博士（教育学）。
インディアナ大学教育学大学院修士課程修了。アリゾナ州立大学教育学大学院博士課程修了。創価大学教育学習支援センター特別センター員、同大学通信教育部非常勤講師等を経て、2014 年より現職。専門は、多文化教育、いじめ予防教育、演劇教育。とくに演劇を通した教師の人権意識の涵養をテーマに研究と実践を行っている。
主な著作に、Ethnodrama as Transformative Learning in Multicultural Teacher Education（*The Arts and Emergent Bilingual Youth: Building Culturally Responsive, Critical, and Creative Education in School and Community* Contexts. Eds. S. Chappell & C. Faltis, Routledge, 2013）［分担執筆］、「他者との積極的な関わりを促進する学びの空間づくりーシアターゲームの活用ー」『リメディアル教育研究』（8 巻 2 号, 87-94, 2013）、「協同教育から見たフォーラムシアター」『創価大学教育学論集』（65 号, 111-124, 2014）［関田一彦との共著］、「変革的教育としての参加型演劇」『創価大学平和研究』（28 号, 73-94, 2014）など。

小野和宏（おの　かずひろ）［第 8 章］
新潟大学大学院医歯学総合研究科口腔保健学分野教授。新潟大学博士（歯学）。
新潟大学大学院歯学研究科歯学臨床系専攻博士課程修了。新潟大学歯学部助手、講師、助教授、また文部科学省短期在外研究員としてスウェーデンのマルメ大学歯学部への留学を経て、2005 年より現職。専門は、口腔外科学、歯学教育学。
主な著作に、「レポート評価におけるルーブリックの開発とその信頼性の検討」『大学教育学会誌』（35 巻 1 号, 107-115, 2013）［松下佳代・高橋雄介との共著］、「PBL における問題解決能力の直接評価ー改良版トリプルジャンプの試みー」『大学教育学会誌』（36 巻 1 号, 123-132, 2014）［松下佳代・斎藤有吾との共著］など。

日向野 幹也（ひがの　みきなり）［第 9 章］
早稲田大学グローバルエデュケーションセンター教授。早稲田リーダーシップ開発プログラム（LDP）統括責任者。経済学博士（東京大学）。
東京大学大学院社会科学研究科博士課程単位取得退学。東京都立大学経済学部専任講師、助教授、教授を経て、2005 年立教大学社会学部教授、2006 年同経営学部教授、2016 年より早稲田大学教授。専門はリーダーシップ開発。とくに、権限がなくても発揮できるリーダーシップの涵養。2006 年度より、我が国初の学部全員必修科目を含むリーダーシッププログラム「BLP」を立ち上げ、2013 年度には全学プログラム GLP、2016 年には早稲田 LDP を立ち上げた（BLP は、世界アクションラーニング機構より WIAL Academic Sector Award for 2014 を受賞）。
主な著作に、『大学教育アントレプレナーシップ』（ナカニシヤ出版, 2013）、『高校生からのリーダーシップ入門』（筑摩書房, 2018）など。

ディープ・アクティブラーニング
大学授業を深化させるために

2015年 1 月20日　第1版第 1 刷発行
2022年 1 月20日　第1版第11刷発行

編著者　松　下　佳　代
京都大学高等教育研究
開発推進センター

発行者　井　村　寿　人

発行所　株式会社　勁　草　書　房（けい・そう）

112-0005 東京都文京区水道2-1-1　振替　00150-2-175253
（編集）電話　03-3815-5277／FAX 03-3814-6968
（営業）電話　03-3814-6861／FAX 03-3814-6854
三秀舎・中永製本

ISBN978-4-326-25101-8　　Printed in Japan

https://www.keisoshobo.co.jp